Ein Wort zuvor

DER VORNAME BLEIBT einem lebenslang. Er ist Teil der Identität. Und er ist Moden unterworfen. War der eigene Name, beispielsweise Gabriele, gestern noch ganz brauchbar, gilt er heute plötzlich als veraltet.

DIESES AUF UND AB hat eine lange Tradition. Seit Jahrhunderten wechselt die Mode in Sachen Vornamen ebenso wie die in Kleidung. Nach den Namen aus dem Griechischen und Lateinischen kamen jene aus dem Germanischen und aus dem Alten Testament, später die aus dem Neuen Testament. Dann kam die Begeisterung für die französische Sprache auf und mit ihr die für französische Vornamen. Irgendwann wurde es plötzlich chic, aus männlichen Namen weibliche Formen zu bilden oder Doppelnamen zu geben. Und mit der Wiederentdeckung des Mittelalters kamen die germanischen Namen erneut zum Zuge. Danach waren Namen aus England und Amerika der Renner. Und jetzt? Jetzt sind wieder Namen gefragt, die zu Zeiten von Kaiser Wilhelm II. hoch im Kurs standen, wie etwa Pauline, Victoria oder Emma.

EIN TREND IST allerdings durchgehend seit Langem zu beobachten: In Deutschland sind klangvolle Namen gefragt. Dieses Buch will Ihnen dabei helfen, einen besonders klangvollen, rundum passenden Namen für Ihr Kind zu finden, eventuell auch unter den Abkürzungen.

Cornelia Nitsch

A

Mädchennamen von A bis Z

Abela: weich und weiblich, abgeleitet von Abel. Aus dem Hebräischen. Bedeutung: Vergänglichkeit, Hauch. Gilt ebenso als niederdeutscher Kosename für → Alberta und → Apollonia. Abkürzungen: Abby, Alia, Alja, Ela.

Abelina, Abeline: leicht, zärtlich, verwandt mit → Abela und → Avila, weibliche Formen von Abel. Aus dem Hebräischen. Bedeutung: Vergänglichkeit, Hauch. Abkürzungen: Abby, Abelke, Alia, Alja, Ela, Lina, Line.

Abigail: beschwingt, heiter. Vor allem in englischsprachigen Ländern beliebt. Ein biblischer Name. Aus dem Hebräischen. Bedeutung: Vaterfreude. 18. Jh.: Die zweite First Lady der USA hieß Abigail Smith Adams, Ehefrau des Präsidenten John Adams. Hatte als Ratgeberin ihres Mannes großen Einfluss auf die Politik. Abkürzungen: Abbi, Abby, Alja, Gail.

Ada, Adda: attraktiv, international. Passt immer. Ein biblischer Name. Aus dem Hebräischen. Bedeutung: schmücken, verzieren. Die Ada aus dem Alten Testament ist eine unter mehreren Frauen von Esau. Gilt als Urmutter. 19. Jh.: Ada Auguste Byron, Tochter des berühmt-berüchtigten Dichters Lord Byron. Begeisterte sich für Mathematik, in jener Zeit ganz ungewöhnlich. Lernte ihren exzentrischen Vater übrigens nie kennen.

Adalia, Adalie: international, dazu liebenswert. Als Kosenamen abgeleitet von → Adelheid. Aus dem Althochdeutschen. Bedeutung: edel. Abkürzungen: Ada, Adda, Alia, Alja, Dela, Dele, Della, Ela, Ella, Lida, Lina, Line.

Adaliz, Adaliza, Adalizia. Auch **Adeliz, Adeliza, Adelizia:** alte Namen, heute kaum noch bekannt. Aus dem Französischen.

Hergeleitet von → Adelheid und → Alice. Aus dem Althochdeutschen. Bedeutung: edel. 11. Jh.: Eine Tochter von Wilhelm I. (»Wilhelm der Eroberer«), Herzog der Normandie, König von England, hieß Adelizia. Abkürzungen: Ada, Adda, Liz, Liza, Lizzy.

Adela, Adele: verwandt mit → Adelheid. Aus dem Althochdeutschen. Bedeutung: edel. Ende 18./Anfang 19. Jh.: Mit der damaligen Begeisterung für das Mittelalter kamen diese alten Namen wieder in Mode. Die Schwester des Philosophen Arthur Schopenhauer und Tochter der Schriftstellerin Johanna Schopenhauer hieß Adele. 19. Jh.: Die Schauspielerin Adele Spitzeneder versuchte sich in München als Bankerin, anfangs sogar sehr erfolgreich, denn sie zahlte Spitzenzinsen. Auf Dauer ging die Sache allerdings schief, und Adele landete im Kittchen. In Frankreich: Adèle; in Spanien: Adelita. Abkürzungen: Ada, Adda, Alja, Dela, Delia.

Adelaide: romantisch, mädchenhaft. Seit dem 18. Jh. bekannt, aus Frankreich. Abgeleitet von → Adelheid. Aus dem Althochdeutschen. Bedeutung: edel. Adelaide lautete der zweite Vorname von → Victoria, Tochter der Königin Victoria von England und späteren Kaiserin von Deutschland. Abkürzungen: Ada, Alia, Alja, Ela, Ida, Lia.

Adelheid. Auch **Aleid, Aleida, Alheid, Alheide, Alheidis:** im Mittelalter oben auf der Hitliste beliebter Mädchennamen, mit der Romantik im 18./19. Jh. erneut in Mode gekommen, inzwischen selten zu hören. Aus dem Althochdeutschen. Bedeutung: edel. 10. Jh.: Als besonders edel galt Adelheid von Burgund, mit Kaiser Otto I. vermählt. Sie wurde als liebreizend und großzügig gepriesen. Namenstag: 16. Dezember. In den Niederlanden: Alita, Aliz. Kosenamen: Aleka, Letta, Letteke, Lettie, Letty. Abkürzungen: Ada, Adda, Aja, Alda, Alea, Aleida, Aleide, Alia, Alja, Heide, Heidi.

Adelia: weich, ansprechend und vor allem in Italien gebräuchlich. Verwandt mit → Adela und → Adelheid. Aus dem Althochdeutschen. Bedeutung: edel. Abkürzungen: Ada, Adda, Delia, Lia.

Adelina, Adeline: liebenswert, fröhlich. Ursprünglich Kosenamen von → Adalie, → Adele und → Adelheid. Aus dem

Althochdeutschen. Bedeutung: edel. Abkürzungen: Ada, Adda, Aja, Alia, Alina, Aline, Alja, Lia, Lina, Line.

Adina: mädchenhaft, weich, zart. Ein alter Name, der ganz modern wirkt. Ursprünglich Kosename von → Ada. Aus dem Hebräischen. Bedeutung: schmücken, verzieren. 19. Jh.: Dank Gaetano Donizetti ist der Name bekannter geworden. In seiner Oper »L'Elisir d'Amore« verliebt sich der schüchterne Bauer Nemorino in die junge, reiche Pächterin Adina. Abkürzungen: Ada, Adda, Dina.

Adriana, Adriane: in vielen Ländern bekannt und gefragt. Hergeleitet von Adrian. Aus dem Lateinischen. Bedeutung: Mann aus der Stadt (H)adria. 2. Jh.: Der römische Kaiser Hadrian baute eine prächtige Villa in Tivoli bei Rom, die er Adriana nannte. In den Niederlanden: Aria; in Rumänien: Riana. Abkürzungen: Ada, Ana, Ria.

Adrienne: liebenswert. Aus dem Französischen, auch in England gefragt. Hergeleitet von Adrian. 18. Jh.: Der Name ist durch das Liebesverhältnis zwischen dem erfolgreichen Feldherrn Moritz von Sachsen und der berühmten Tragödin Adrienne Lecouvreur schon damals im Gespräch gewesen. Außerdem schrieb der Italiener Francesco Cilea eine Oper über die tragische Heldin. Abkürzungen: Ada, Rena, Ria.

Aemilia, Aemilie, Aemiliana. Auch **Ämilia, Ämilie:** ein alter Name. Heute wieder gefragt in der Form → Emilia, Emilie. Aus dem Lateinischen. Bedeutung: aus dem Geschlecht der Aemilier. Abkürzungen: Aemie, Aemy, Amy, Milia, Milli.

Agatha, Agathe. Auch **Agata:** im 19. Jh. sehr beliebt, inzwischen auch wieder aktueller. Aus dem Griechischen. Bedeutung: die Gute. In der Oper »Der Freischütz« von Carl Maria von Weber kommt eine Agathe vor. 20. Jh.: Agatha Christie, englische Schriftstellerin, unterhält uns mit ihren Krimis. In Italien: Agata, Agatina; in Russland: Agafia, Agascha. Abkürzungen: Aga, Agi, Aggi.

Agascha: aus dem Russischen. Der Name ist mit → Agatha in Zusammenhang zu sehen. Aus dem Griechischen. Bedeutung: die Gute. Abkürzungen: Aga, Agga, Gascha.

Agda: wie ein frische Brise. Kommt aus Schweden. Verwandt mit → Agatha. Aus dem Griechischen. Bedeutung: die Gute.

Aglaia, Aglaija. Auch **Aglae:** glänzend und schmuck. Aus dem Griechischen. Bedeutung: Glanz. In der griechischen Mythologie zählt Aglaia, Tochter von Zeus und Eurynome und ansprechend wie ihr Name, zu den drei Charitinnen, den gütigen Göttinnen des Charmes. Abkürzungen: Aga, Agda, Agi, Aggi, Lia.

Agnes, Agnesa: alt, aber nicht verstaubt. Ursprünglich aus dem Griechischen. Bedeutung: die Reine. 15. Jh.: Agnès Sorel, kluge, einflussreiche Maitresse des französischen Königs Karl VII. Sie soll Gerüchten zufolge, vielleicht im Auftrag von König Ludwig XI., ermordet worden sein. Eine weitere Berühmtheit: Agnes Bernauer, zart und blond, heimlich mit dem bayerischen Thronfolger Albrecht verbandelt, wurde wegen dieser unstandesgemäßen Liebe verhaftet und umgebracht. Friedrich Hebbel und Carl Orff haben ihre traurige Geschichte erzählt. In Italien: Agnese, Agnete; in Spanien: Inés. Abkürzungen: Ada, Agda.

Agneta, Agnete. Auch **Agnetha:** weich und mädchenhaft, ähnlich → Agnes, Agnesa. Aus dem Griechischen. Bedeutung: die Reine. 20. Jh.: Der Name wurde durch die schwedische Komponistin und Sängerin Agnetha Fältskog populär, die wesentlich am Welterfolg der Popgruppe ABBA beteiligt war. Abkürzungen: Etta, Neta, Netta.

Aila: frisch, unverbraucht. Aus dem Nordischen. Verwandt mit → Helga. Bedeutung: gesund, heil. Auch in arabischen Ländern bekannt. Bedeutung dort: die Erhabene.

Aimée: romantisch, ausdrucksvoll. Vor allem in Frankreich bekannt. Hergeleitet von → Amata. Aus dem Lateinischen. Bedeutung: die Geliebte.

Aina: aus dem Finnischen, passt gut zu vielen deutschsprachigen Nachnamen. Bedeutung: die Einzigartige.

Aisha. Auch **Aischa, Aische:** weich und geheimnisvoll. Aus dem Arabischen. Bedeutung: Leben. Ein in arabischen Ländern häufiger Name. 20./21. Jh.: Eine Tochter des verstorbenen jordanischen Königs Hussein I. heißt Aisha.

Aislinn: wie ein frischer Wind aus Irland. Aus dem Gälischen. Bedeutung: Traum, Vision. In England: Isleen. Abkürzungen: Aila, Linn, Lyn, Lynn.

Aja: kurz, klangvoll. Aus dem Italienischen. Bedeutung: Hüterin. 18./19. Jh.: Goethes Mutter wurde Aja genannt, weil sie gerne temperamentvolle Kinder um sich hatte – so wild und wüst wie die vier Heimonskinder aus der damals beliebten Heldendichtung. Danach sollen die Heimonskinder am Hof Karls des Großen ihr Unwesen getrieben haben. Die Mutter dieser Kinder hieß Aja. Der wahre Name von Frau Goethe: Catharina Elisabeth.

Akelei: farbig wie die Blume gleichen Namens. Aus dem Lateinischen. Abkürzungen: Aki, Leila, Lina.

Alana, Alanna: international, angenehm. Aus dem Gälischen. Bedeutung: die Schöne. Abkürzungen: Ala, Lana, Nana.

Alba: ein schlichter, traditioneller Name. Aus dem Lateinischen. Bedeutung: weiß. Wird manchmal auch als Kurzform von → Alberta und → Albertina begriffen. Zu diesem einfachen, doch edlen Namen passt eine alte, zart duftende Rose, die bereits zu Zeiten der alten Griechen und Römer kultiviert wurde: Rosa Alba.

Alberta, Alberte: abgeleitet vom männlichen Albert. Aus dem Althochdeutschen. Bedeutung: edel, glänzend. Ein zu Anfang des 20. Jhs. entdeckter winziger Stern heißt Alberta. Niederdeutsche Kosenamen: Abelke oder → Abelina, Abeline. Abkürzungen: Alba, Alja, Allie, Ally, Berta, Berte.

Albertina, Albertine: ursprünglich wohlklingende Kosenamen, hergeleitet von → Alberta. Aus dem Althochdeutschen. Bedeutung: edel, glänzend. 18./19. Jh.: Die Großmutter der Königin Luise von Preußen hieß Marie Luise Albertine. In die Geschichte ist sie als »Prinzessin George« eingegangen.

Alda: klar, griffig. Passt immer. Gilt als Kurzform von Namen mit der Anfangssilbe »Al« wie etwa Aldegunde. Aus dem Althochdeutschen. Bedeutung: edel. Schon in den karolingischen Epen heißt Rolands Braut Alda. Daran erinnert das Gedicht »Donna Alda« von Joseph von Eichendorff aus dem 19. Jh.

Aldina, Aldine: ungewöhnlich, aber nicht zu abgehoben. Ursprünglich Kosenamen von → Alda. Auch als Kosename von Namen mit der Anfangssilbe »Al« wie etwa Aldegunde. Aus dem Althochdeutschen. Bedeutung: edel. Abkürzungen: Alda, Dina, Dine.

Alea: im Klang ähnlich wie Lea, aber anderen Ursprungs. Wie so viele Vornamen mit dem Anfangsbuchstaben »A« eine verselbstständigte Kurzform von → Adelheid. Aus dem Althochdeutschen. Bedeutung: edel.

Aleida, Aleide. Auch **Aleid:** aus dem Niederdeutschen. Angelehnt an → Adelheid. Aus dem Althochdeutschen. Bedeutung: edel. Abkürzungen: Ada, Ela, Ida, Lia, Lida.

Alena, Alene. Auch **Aleen:** populär geworden mit der wachsenden Beliebtheit von → Lena. Kurzformen von → Magdalena. Aus dem Griechischen. Bedeutung: aus Magdala stammend. Andere Fachleute sehen darin Kurzformen von → Margarethe und → Alexandra. Kosename: Alenka. Abkürzungen: Aja, Alea, Lena, Lene, Nena.

Alesia. Auch **Alessia:** interessant, dynamisch. Abgeleitet von → Adelheid. Aus dem Althochdeutschen. Bedeutung: edel. Manchmal auch gesehen als Kurzform von → Alexandra. Aus dem Griechischen. Bedeutung: schützen, verteidigen. Abkürzungen: Allie, Ally, Lea, Lessia, Lexa, Sia, Sita, Zia.

Alessa. Auch **Allessa:** lässig, modern wie so viele Kurzformen, heute international. Passt zu den meisten Nachnamen. Verwandt mit → Alessandra und → Alexandra. Aus dem Griechischen. Bedeutung: schützen, verteidigen. Abkürzungen: Alex, Lea, Lessa, Lessia, Lessy.

Alessandra: melodiös, erinnert an Italien. Unabhängig von Moden. Eine südliche und beliebte Variante von → Alexandra. Aus dem Griechischen. Bedeutung: schützen, verteidigen. Abkürzungen: Alex, Lea, Lessa, Lessia, Lessy, Sandra, Sandy.

Aleta. Auch **Aletta, Alette:** frisch, fröhlich, flott. Ursprünglich Kosenamen von → Adelheid. Aus dem Althochdeutschen. Bedeutung: edel. Vor allem in den Niederlanden aktuell. Abkürzungen: Allie, Ally, Eta, Etta.

Alexa: kurz, locker, lässig und unkompliziert. Längst international. Eine moderne Form von → Alexandra. Aus dem Griechischen. Bedeutung: schützen, verteidigen. Abkürzungen: Alex, Allie, Ally, Lexa.

Alexandra: edel, zeitlos, international und seit Jahrhunderten beliebt. Aus dem Griechischen. Bedeutung: schützen, verteidigen. 19./20. Jh.: Die letzten russischen Zarinnen hießen

Alexandra. Auch die Ehefrau des Königs Albert Eduard von England und Kaisers von Indien trug diesen Namen. Genannt wurde sie allerdings Alix. In Polen und Russland: Aleksandra, Aleksascha. Kosenamen: Alessa, Alessia, Aljona. Abkürzungen: Alessa, Alessia, Alex, Alexa, Alexia, Alexis, Alia, Alix, Sandi, Sanja, Sascha, Sasha, Xandi.

Alexandrina, Alexandrine: verselbstständigte Kosenamen von → Alexandra. Aus dem Griechischen. Bedeutung: schützen, verteidigen. Abkürzungen: Alessa, Alessia, Alex, Alexa, Alexia, Alexis, Alia, Alix, Alja, Dina, Ina, Ria, Sandra, Sasa.

Alexia, Alexis: ziemlich populär geworden, verwandt mit → Alexandra und → Alexa. Aus dem Griechischen. Bedeutung: schützen, verteidigen. 21. Jh.: Eine Prinzessin der Niederlande, zweite Tochter von Thronfolger Willem Alexander und seiner Frau → Maxima, heißt Alexia. Abkürzungen: Alex, Lexia.

Alice. Auch **Alicia, Alyce:** märchenhaft, verträumt, rund um den Erdball bekannt. Zählt zu den besonders beliebten Vornamen. Der Name bezieht sich auf alte französische Namensformen von → Adelheid wie → Adaliz, Adaliza, Alizia. Aus dem Althochdeutschen. Bedeutung: edel. Manche sehen eine Verwandtschaft mit → Elisabeth oder mit → Alexandra. Der Name war und ist in Königshäusern beliebt. 19. Jh.: Der englische Schriftsteller Lewis Caroll erfand die bei Groß und Klein gleichermaßen beliebte »Alice im Wunderland«. 20./ 21. Jh.: Eine besonders kämpferische Alice ist die deutsche Autorin und Journalistin Alice Schwarzer, die seit Jahrzehnten für die Rechte der Frauen kämpft. Eine weitere Namensform: Aliz. In Irland: Ailis; in den Niederlanden: Alisia; in Polen: Alicja; in Spanien: Alicia. Kosenamen: Alesia, Alinda, Alinde, Alisa, Allissa. Abkürzungen: Alia, Alison, Allison, Alix, Liz.

Alina, Aline: unkompliziert, seit Jahrzehnten gleichbleibend beliebt unter den Mädchennamen. In Ost-, Nord- und Südeuropa gleichermaßen bekannt. Der Name hat jedoch unterschiedliche Wurzeln: Meist gilt er als Kurzform von → Adelina, einem Kosenamen zu → Adela. Aus dem Althochdeutschen. Bedeutung: edel. In Schweden gilt er als Variante von → Helena. Aus dem Griechischen. Bedeutung: die Glänzende. Bedeutung in Polen: die Fröhliche, die Schöne. Der

Name ist auch in Arabien bekannt. Bedeutung dort: die Erhabene. 12. Jh.: Hoch angesehen war Alina, die Nichte des berühmten Bernhard von Clairvaux, Äbtissin des Zisterzienserstiftes von Poulangy. Namenstag: 28. August. Alina ist als kleiner Stern sogar am Himmel zu finden (ein Asteroid). Abkürzungen: Aja, Ala, Ali, Alja, Allie, Ally, Ina, Lina, Line.

Alisa, Alissa. Auch **Allisa, Allissa:** individuell. Aus dem Griechischen. Bedeutung: Glück. Wird auch als Nebenform von → Alice verstanden, verwandt mit → Adelheid. Andere sehen eine Verwandtschaft mit → Elisabeth oder mit → Alexandra. 19. Jh.: In der Oper »Lucia di Lammermoor« von Gaetano Donizetti ist Alisa die engste Vertraute von Lucia, die in eine tragische Liebesgeschichte verstrickt ist. Abkürzungen: Alia, Lisa, Lise, Lissa, Lissie, Lissy.

Alisia: mädchenhaft, romantisch. Eine vor allem in den Niederlanden bekannte Form von → Alice, verwandt mit → Adelheid. Aus dem Althochdeutschen. Bedeutung: edel. Andere sehen eine Verwandtschaft mit → Elisabeth oder mit → Alexandra. Abkürzungen: Allie, Ally, Lia, Lisa, Lisia, Sia, Zia.

Alison, Allison: modern, munter, heiter. In England bekannter. Eine besondere Form von → Alice und → Adelheid. Aus dem Althochdeutschen. Bedeutung: edel. Andere sehen den Namen in Zusammenhang mit → Elisabeth oder mit → Alexandra. Abkürzungen: Allie, Ally, Lisa, Lise.

Alita. Auch **Alida, Alide, Allitda:** alte Namen, die recht modern klingen. Eine vor allem in den Niederlanden bekannte Form von → Adelheid. Aus dem Althochdeutschen. Bedeutung: edel. Abkürzungen: Ada, Adda, Aja, Alia, Alja, Ally, Ida, Ita, Lida, Lita.

Alix: frisch wie eine Brise. Zunehmend beliebter. Kurzform von → Alexandra. Aus dem Griechischen. Bedeutung: schützen, verteidigen.

Aliza: ungewöhnliche Schreibweise. Hergeleitet von → Alice, verwandt mit → Adelheid. Aus dem Althochdeutschen. Bedeutung: edel. Abkürzungen: Allie, Ally, Liz, Zia.

Alja. Auch **Alia:** originell, attraktiv. Passt immer. Aus dem Russischen. Abgeleitet von → Alexandra. Aus dem Griechischen. Bedeutung: schützen, verteidigen.

Alke, Aleka, Aleke: hoch im Norden beliebt, im Süden ziemlich unbekannt. Abgeleitet von → Adelheid. Aus dem Althochdeutschen. Bedeutung; edel.

Alkje: zärtlich. Aus dem Niederländischen. Kosename all jener Vornamen, die mit der Silbe »Al« beginnen.

Allegra: beschwingt. Längst international. Aus dem Italienischen. Auch bekannt aus der Musik. Bedeutung: heiter, munter. Seit dem Spätmittelalter im Gespräch, zumindest in Italien. Abkürzungen: Alba, Alja, Alli, Allie.

Allysa, Alysa: flott und frisch, in England bekannter. Verwandt mit → Alisa und → Alice. Diese Namen beziehen sich ursprünglich auf → Adelheid. Aus dem Althochdeutschen. Bedeutung: edel. Andere sehen eine Verwandtschaft mit → Elisabeth, → Alexandra oder Alicja.

Allyson, Alyson: besondere Formen von → Alice und → Alison. In England üblicher. Aus dem Althochdeutschen. Bedeutung: edel. Andere sehen den Namen in Zusammenhang mit → Elisabeth oder mit → Alexandra.

Alma: ein alter Name, einfach und prägnant. Im 19. Jh. fast ein Modename. Der Name hat verschiedene Wurzeln mit unterschiedlichen Bedeutungen. Aus dem Hebräischen, Bedeutung: die junge Frau; aus dem Lateinischen, Bedeutung: die Nährende; aus dem Spanischen, Bedeutung: die Seele; aus dem Ungarischen, Bedeutung: der Apfel; aus dem Nordischen, Bedeutung: die Schützerin. Viele sehen in dem Namen schlicht eine Abkürzung von → Amalia. Eine ziemlich kapriziöse Alma aus dem 19./20. Jh.: Alma Mahler-Werfel, Muse, Geliebte, Ehefrau von Künstlern wie etwa dem Komponisten, Dirigenten und Operndirektor Gustav Mahler, dem Architekten Walter Gropius und dem Dichter Franz Werfel. Mit Letzterem verließ sie Deutschland während des Nationalsozialismus.

Almut, Almuth. Auch **Allmut, Allmuth:** traditionell. Aus dem Althochdeutschen. Bedeutung: edel, Geist und Gemüt. 10./11. Jh.: Eine aus einem Adelsgeschlecht stammende Almut gründete ein Kloster und wurde dessen Äbtissin. Namenstag: 13. März. Weitere Namensformen: Adelmod, Adelmut, Almod, Almud, Almudis, Almute. Abkürzungen: Ada, Adda, Ala, Alda, Ally, Altje, Muna.

Aloisa, Aloisis. Auch **Aloysia:** abgeleitet von Alois. Aus dem Althochdeutschen. Bedeutung: vollkommen, weise. Eine bewunderte Aloisia aus dem 18./19. Jh.: die begabte Hofsängerin Aloisia Weber, die sich auch Aloysia Lange nannte. In jungen Jahren lernte sie Mozart kennen, der sie unterrichtete, mit ihr musizierte, sich in sie verliebte, später aber ihre Schwester Constanze heiratete. Abkürzungen: Alis, Aliz, Lo, Lolo, Loisa.

Althea: ungewöhnlich. In England bekannter als bei uns. Aus dem Griechischen. Bedeutung: die Heilende. Abkürzungen: Allie, Ally, Thea.

Alva: ausgefallen, aber nicht exotisch. Aus dem Schwedischen. Kurzform von → Alwina. Aus dem Althochdeutschen. Bedeutung: edel und Freund. 20. Jh.: Alva Myrdal, schwedische Soziologin, Politikerin, Sozialreformerin. Sie hat beim Aufbau der Unesco mitgewirkt und 1982 den Friedensnobelpreis erhalten.

Alwina, Alwine. Auch **Alvina, Alvine:** früher beliebt, heute fast vergessen. Aus dem Althochdeutschen. Bedeutung: edel und Freund. Im 18./19. Jh. war der Name besonders gefragt. So verkehrte im Hause Goethe in Weimar eine Allwina (eine alte Namensform) Frommann. Am Himmel steht das Sternchen Alwine. In England: Alwyne. Abkürzungen: Alva, Ina, Vinni, Winni, Winnie.

LIEBER EIN MÄDCHEN!

Ein männlicher Stammhalter als höchstes Glück werdender Eltern? Das scheint passé zu sein. Eine Studie des Rostocker Max-Planck-Instituts für demografische Forschung hat sich vor einiger Zeit die Kinderwünsche von Müttern näher angesehen. Das Fazit: Immer mehr Frauen würden sich – wenn sie es beeinflussen könnten – für ein Mädchen entscheiden. Einer der Gründe: Mütter glauben, von Töchtern im Alter liebevoller und einfühlsamer umsorgt zu werden als von Söhnen. Söhne, früher eher für die finanzielle Unterstützung ihrer Eltern im Alter zuständig, haben diese besondere Aufgabe verloren, denn mit dem Aufbau des Sozialnetzes hat sich die Abhängigkeit der Älteren von den Jüngeren weitgehend gegeben.

Amabella, Amabelle. Auch **Amabel:** romantisch, aber leicht mit Annabella, Annabelle zu verwechseln. Aus dem Lateinischen. Bedeutung: die Liebenswerte. Kurzform in England: → Mabel. Abkürzungen: Ama, Amy, Bella, Belle.

Amalia, Amalie: ein Klassiker. Bereits im 18./19. Jh. Favorit unter den Vornamen. Abgeleitet von Amalberga, Amalburga oder Amalfrieda. Aus dem Althochdeutschen. Bedeutung: tapfer. Dank Goethe und durch die nach ihr benannte Bibliothek in Weimar bis heute im Gespräch: Herzogin Anna Amalia von Sachsen-Weimar. 21. Jh.: Auch Prinzessinnen heutiger Zeit werden noch oder wieder Amalia genannt: Die erste Tochter des holländischen Thronfolgers Willem Alexander und seiner Frau → Maxima heißt Catharina-Amalia. In Frankreich: → Amélie. Abkürzungen: Amei, Ami, Amie, Amy, Ammy, Lia, Lili, Lilly, Lily, Malchen, Mali, Malka.

Amalina, Amaline: abgeleitet von Namen wie Amalfrieda oder Amalinde. Heute sehr selten. Aus dem Althochdeutschen. Die Silbe »Amal« bedeutet tapfer. Ursprünglich Kosenamen von → Amalia, Amalie. Abkürzungen: Ama, Amei, Ami, Amie, Amy, Ina, Lina, Line.

Amalinde, Amalindis: alte Namen mit langer Geschichte. Aus dem Althochdeutschen. Bedeutung: tapfer und Lindenholzschild. Abkürzungen: Ama, Amy, Lina, Linde.

Amanda: ein Klassiker. Aus dem Lateinischen. Bedeutung: die Liebenswerte. Abkürzungen: Ama, Ami, Amie, Amy, Manda, Mandi, Mandy.

Amaranta, Amarante: bestimmt nicht alltäglich. Farbig wie die Herkunft des Namens: Er bezieht sich auf einen Blumennamen aus dem Griechischen. Bedeutung: die Unvergängliche. Abkürzungen: Ama, Ammi, Amy, Mara.

Amarilla, Amaryllis: blumig, zart und extravagant. Aus dem Griechischen. Der Name bezieht sich auf eine griechische Nymphe und geht ebenso auf eine von griechischen Hirten in der Dichtung besungene Hirtin zurück. Im 18. Jh. als Blumenname eingeführt. 19. Jh.: Der Dichter Friedrich Rückert widmete seinen Gedichtkranz »Amaryllis, ein Sommer auf dem Lande« seiner großen Liebe Marielies Geuss. Abkürzungen: Illa, Ille, Marei, Mari, Mila, Milla.

Amata. Auch **Amada:** aus dem Spanischen importierter romantischer Name. Bedeutung: die Liebenswürdige. Wird auch als weibliche Form von Amadeus verstanden. Aus dem Lateinischen. Bedeutung: die Geliebte. In der römischen Mythologie wird Amata die Frau des Latinerkönigs Latinus. Ihr Leben ist eine große Tragödie. In Frankreich: → Aimée; in Italien: Amadea, Amadia. Abkürzungen: Ada, Ama, Ami, Amie, Amy, Mata.

Amber: aus dem Englischen. Bedeutung: der Bernstein. In Italien: Ambra; in Frankreich: Ambre.

Ambra, Ambre: → Amber.

Ambrosia: nicht gerade alltäglich. Aus dem Griechischen. Bedeutung: göttlich. Ambrosia ist der Legende nach ein Trank, eine Salbe, ein duftender Balsam – jedenfalls ein Lebenselixier, dem die griechischen Götter ihre Schönheit und ihre Unsterblichkeit verdanken sollen. Abkürzungen: Amei, Amy, Bo, Sia, Sita.

Amei. Auch **Amrei:** einschmeichelnd wie ein Kosewort. Verselbstständigte Kurzform von Namen wie etwa Annamaria oder Annemi. Kosename: Amy.

Amelia, Amelie: leicht, beschwingt, rundum populär. Zählt zu den beliebtesten Vornamen. Aus dem Französischen. Vor allem die Form Amelie ist heute gefragt. Hergeleitet von → Amalia, Amalie, verwandt mit Amalberga, Amalburga oder Amalfrieda. Aus dem Althochdeutschen. Bedeutung: tapfer. 19. Jh.: In Theodor Fontanes »Vor dem Sturm« wird die Gräfin Amelie in eine gespenstische Geschichte um eine schwarze Frau und einen geheimnisvollen Spiegel verwickelt. Abkürzungen: Amei, Amy, Mela, Melia.

Amely: frisch und luftig, leicht. Zählt zu den angesagten Vornamen. Aus dem Englischen. Verwandt mit → Amalia oder → Amelia und mit Amalberga, Amalburga oder Amalfrieda. Abkürzungen: Amy, Mela, Mella.

Amethyst: sehr ausgefallen. Funkelnd wie der entsprechende Edelstein, auf den sich dieser Vorname bezieht. Abkürzungen: Ama, Amy, Tissa, Tyssia.

Amilia: weniger bekannt als Emilia, weibliche Form von Emil/Aemilius. Aus dem Lateinischen. Weist auf das römi-

A

sche Geschlecht der Ämilier hin. Abkürzungen: Ammi, Amy, Lia, Milli, Milly.

Amina: originell, weich und ansprechend. Ursprünglich ein Kosename zu Amalia, Amalie, hergeleitet von Namen mit der Anfangssilbe »Amal«. Bedeutung: tapfer. Abkürzungen: Ami, Amie, Amy, Mina, Mine, Minna.

Aminta: selten, ungewöhnlich. Aus dem Altgriechischen. Bedeutung: Beschützerin. Abkürzungen: Ami, Amie, Amy. Ähnlich: Amira. Aus dem Arabischen.

Amöna, Amöne: wenig bekannt. Aus dem Lateinischen. Bedeutung: die Anmutige. 19. Jh.: In dem romantischen Gedicht »Idris und Zenide« von Christoph Martin Wieland ist die Rede von einer tatkräftigen Amöne. Abkürzungen: Ama, Amei, Amy, Möna, Mona.

Amy: kurz und bündig. Zählt zu den beliebtesten Mädchennamen in englischsprachigen Ländern. Gilt als Kurzform von → Amata. Aus dem Lateinischen. Bedeutung: die Geliebte.

Anabel: weich und einschmeichelnd. Kurzform von → Annabella, zusammengesetzt aus → Anna und → Bella. Aus dem Italienischen. Bedeutung: die Anmutige, die Liebreizende, die Schöne.

Anastasia. Auch **Anastacia:** zeitloser und klangvoller russischer Name, längst weltweit bekannt und inzwischen sehr beliebt. Aus dem Griechischen. Bedeutung: die Auferstandene. 5. Jh.: Die Kirche feiert eine Anastasia, die verfolgten Christen ihre Qualen erleichterte. Namenstag: 25. Dezember. 20. Jh.: Die tragische Geschichte der Anastasia Romanowa, Tochter des letzten russischen Zarenpaares Nikolaus II. und Alexandra Fjodorowna. Lange glaubte man, die damals 17-jährige Großfürstin hätte die russische Revolution überlebt. Seit einigen Jahren ist jedoch sicher, dass sie mit ihren Eltern und Geschwistern in Jekaterinburg erschossen wurde. In England: Anstice; in Russland auch: Anastasija. Abkürzungen: Ana, Assia, Asta, Nanja, Naschda, Nastja, Sita, Stase, Stasi, Stasia, Tasja, Tassia.

Andina, Andine: sehr selten. Eigentlich Kosenamen, abgeleitet von → Anna. Aus dem Hebräischen. Bedeutung: die Liebreizende, die Anmutige.

Andrea: ein Klassiker. Vor fünfzig, sechzig Jahren sehr in Mode. Deshalb ist die Liste populärer Namensträgerinnen lang. Aus dem Griechischen. Bedeutung: tapfer, tüchtig. Abkürzungen: Ada, Ana, Andi, Andie, Andra, Anja, Rea.

Andreana. Auch **Andriana, Andrijana:** in östlichen Ländern bekannter als in westlichen. Ursprünglich Kosenamen, abgeleitet von → Andrea. In Italien: Andreina. Abkürzungen: Ada, Ana, Andi, Andra, Anja, Rea.

Anemone: zart wie die Blume, die diesen Namen trägt, auch bekannt als Buschwindröschen. Aus dem Griechischen. Bedeutung: die Windsbraut. Eine weitere Namensform, hergeleitet von → Anna: Annemone. Abkürzungen: Ann, Anne, Mona, Mone, Moni.

Angela: aus dem Griechischen und Lateinischen. Bedeutung: der Engel. 16. Jh.: die heilige Angela, Gründerin des Ursulinenordens. Interessierte sich besonders für die Erziehung von Mädchen. Setzte sich allgemein für das Wohl von Kindern ein und soll so gütig, klug und verständnisvoll gewesen sein, dass viele Ratsuchende zu ihr kamen. Namenstag: 27. Januar. Eine inzwischen weltweit bekannte Angela aus dem 20./21. Jh.: Bundeskanzlerin Angela Merkel. Ein populärer Song zu diesem Namen: »Angie« von den Rolling Stones. In Frankreich: Angèle, Ange. Abkürzungen: Ana, Angel, Angie, Ela, Geli, Gina, Lale, Lili, Lilli, Lilly, Lina, Line.

Angelia: eine Weiterentwicklung von → Angela. Aus dem Griechischen. Bedeutung: der Engel. Abkürzungen: Ana, Angie, Ela, Geli, Lia.

Angelika. Auch **Angelica:** Mitte des vergangenen Jahrhunderts in Mode, danach fast vergessen. Abgeleitet von → Angela. Aus dem Griechischen. Bedeutung: der Engel. 18./19. Jh.: Angelika Kauffmann war eine einfühlsame Portraitmalerin. Ihr erster Mann entpuppte sich als Hochstapler, der ihre Ersparnisse verprasste. Später lebte sie mit ihrem zweiten Mann in Rom. Kannte viele bedeutende Italienreisende wie Johann Gottfried Herder und Johann Wolfgang von Goethe. In Russland: Gelja. Abkürzungen: Ana, Angie, Ela, Gelja, Ika, Lica, Lika, Lilli, Lilly.

Angelina, Angeline: wie ein sanftes Streicheln. Der Name zählt zu den besonders beliebten Vornamen. Ursprünglich vor allem in Italien und Spanien bekannt, inzwischen längst international. Aus dem Griechischen. Sein Klang passt zur Bedeutung: das Engelchen. 20./21. Jh.: ein Star unter allen Angelinas, wunderschön und sehr erfolgreich: die Hollywoodgröße Angelina Jolie. Ein passender Song zum Namen: »Angelina« von Bob Dylan. Abkürzungen: Ana, Angie, Gelja, Lina, Line.

Angélique: selten in deutschsprachigen Ländern. Aus dem Französischen, verwandt mit → Angelika und → Angela. 17. Jh.: Der Name wurde durch Molière beliebt: In seinem Theaterstück »Der eingebildete Kranke« heißt die Tochter Argans Angélique. Abkürzungen: Ana, Angel, Lilli, Lilly.

Ania: wohlklingend, unkompliziert. Passt immer. Aus dem Spanischen. Bedeutung: die Begnadete. → Anja.

Anica: → Anika.

Aniela, Aniele: lässt aufhorchen. Recht ungewöhnlich, jedoch nicht übertrieben. Aus Polen stammende Form von → Angela.

Anik, Annik: Aus dem Schwedischen, abgeleitete Kosenamen von → Anna. Abkürzungen: Ann, Nika.

Anika, Anica. Auch **Annika, Annica:** eine liebevolle zärtliche Lautmalerei. Die Namen stehen auf der Beliebtheitsskala weit oben. Aus dem Niederdeutschen und Schwedischen, auch aus dem Russischen und Bulgarischen abgeleitet von → Anna. Viele kennen Annika aus Astrid Lindgrens »Pippi Langstrumpf«. Weitere Formen: Anik, Anike, Annik, Annike. Abkürzungen: Ana, Ika, Nika, Nike.

Aniko: einschmeichelnd, zärtlich. Viele sehen darin einen Kosenamen für → Anna. Vor allem in Ungarn gebräuchlich. Andere Möglichkeit: aus dem Japanischen. Bedeutung dort: das gute Kind. Abkürzungen: Ana, Koko, Nika.

Anima: wirkt modern, frisch, war aber bereits bei den alten Römern bekannt. Aus dem Lateinischen. Bedeutung: Seele, Atem. 14. Jh.: In einer Verserzählung von William Langland tritt eine Anima auf und erklärt den Sinn der Nächstenliebe. Kosenamen: Ima, Nina, Ninni, Mia, Mimi, Mimmi.

Aniska: ungewöhnlich, aber nicht exotisch. Aus dem Russischen. Ursprünglich ein Kosename, passend zu → Anna. Abkürzungen: Ana, Nika, Ninni, Niska.

Anissa: beschwingt, duftig, leicht. Aus dem Niederländischen. Ein Kosename, der sich auf → Anna bezieht. Abkürzungen: Ana, Anna, Isa, Issie, Issy.

Anita: seit Beginn des 19. Jh. im deutschsprachigen Raum bekannt. Vor einigen Jahrzehnten fast ein Modename, später weniger gefragt. In Spanien und Italien beliebt. Ursprünglich Kosename zu → Anna. Ende 19./Anfang 20. Jh.: Anita Augspurg kämpft für die Rechte der Frauen. Sie war die erste promovierte Juristin (1897). Später floh sie vor den Nationalsozialisten in die Schweiz. 20. Jh.: In dem Filmklassiker »La dolce vita« hatte die schwedische Schauspielerin Anita Ekberg ihren unvergesslichen Auftritt im Trevi-Brunnen in Rom – eine Szene, die Filmgeschichte schrieb. Abkürzungen: Ana, Anna, Ninni, Nita.

Anja. Auch **Ania:** unkompliziert in Schreibweise und Klang. Besonders im Norden bekannt. Ursprünglich aus Osteuropa stammende Ableitung von → Anna. 20. Jh.: Die Opernsängerin Anja Silja machte vor allem in Bayreuth von sich reden und erzielte schon in jungen Jahren Erfolge. Seltenere Namensformen: Anija, Anije.

Anjuscha, Anjuschka. Auch **Anjusha:** zärtlich wie ein Wiegenlied. Vor allem in Osteuropa beliebte Kosenamen, hergeleitet von → Anna. Andere Namensformen: Annuska, Hanusja. Abkürzungen: Ana, Anouk, Juscha.

Anka, Anke: Mitte des vorigen Jahrhunderts vor allem im Norden recht beliebt. Einst eine friesische, niederdeutsche Koseform von → Anna. Auch in Osteuropa bekannt. In den Niederlanden: Anky.

Anna, Anne: auf der Hitliste beliebter Namen ganz oben. Heute rund um den Erdball bekannt. Aus dem Hebräischen, verwandt mit Hannah. Bedeutung: die Liebreizende, Anmutige. Die Mutter der Jungfrau Maria hieß der Überlieferung nach Anna. Namenstag: 26. Juli. Mit den Kreuzzügen wurde der Name in Europa bekannter. Auch Königinnen trugen den Namen, beispielsweise die im 15./16. Jh. sehr beliebte Frau des französischen Königs Karl VIII: Anna von Bretagne, genannt »die kleine Königin«. Der König hatte sie dem deutschen Kaiser Maximilian ausgespannt. Später heiratete sie König Ludwig XII. Zu ihrer Zeit wurden an der Loire großartige Schlösser gebaut. Eine berühmte Anna aus England, die ein weit traurigeres Schicksal hatte: Anna Boleyn. Ihr Mann, der englische König Heinrich VIII., ließ sie umbringen. 19. Jh.: Anna Karenina, Heldin des gleichnamigen Romans von Leo Tolstoi. Eine hochbegabte Anna aus dem 20. Jh.: Anna Freud, Tochter von Sigmund Freud, die sich als Psychoanalytikerin vor allem mit der Kinderanalyse beschäftigte. Unvergessen: Anne Frank, aus deutsch-jüdischer Familie stammend, die vor den Nationalsozialisten nach Amsterdam floh. Im dortigen Versteck hat sie ihr weltbekanntes »Tagebuch der Anne Frank« geschrieben. Aus jüngerer Zeit: die Sängerin Anna Netrebko, die als Königin der Oper bezeichnet wird. Kosenamen: Aenne, Änne, Ana, Anik, Ann, Anni, Annik, Nana, Nane, Nannerl.

Annabella, Annabelle. Auch **Annabell, Annabel:** ein sanfter Singsang, zusammengesetzt aus den Namen → Anna und → Bella. Vor allem in Italien beliebt. Zwei bekannte Songs zu diesem Namen: »Annabelle« von der Rockband Haevens und »Annabelle, ach, Annabelle« von Reinhard Mey. Abkürzungen: Anna, Bella, Belle.

Annabeth: anmutig, luftig. Zusammengesetzt aus → Anna und → Elisabeth. Abkürzungen: Ann, Anna, Beth, Betty.

Annalena, Annalene. Auch **Annelena, Annelene:** eine Kombination aus → Anna und → Lena, die heute äußerst beliebt ist. Abkürzungen: Anna, Lena.

Annaliesa, Annalisa: recht beliebt. Ähnliche Namensformen: Anneliesa, Anneliese.

Annamaria, Annamarie. Auch **Annemaria, Annemarie:** im 20. Jh. Jahrzehnte lang beliebt. Danach weitgehend in Vergessenheit geraten. Zusammensetzung aus → Anna und → Maria. Weitere Namensformen: Annamirl, Annemarei. Abkürzungen: Anna, Marei, Maria, Marie, Mirl.

Anneke, Anneken: Kosename aus dem Niederdeutschen. Abgeleitet von → Anna. Abkürzung: Anne.

Anneli, Annelie: zärtlich, warm. Kosename von → Anna. Mitte 20. Jh. besonders beliebt. Abkürzungen: Anne, Lia, Lilli, Lilly.

Annemi, Annemie: vor Jahrzehnten recht beliebt. Aus → Anna und → Marie zusammengesetzt. In Norddeutschland beliebte Namensformen: Annemieke, Annemieken. Abkürzungen: Anne, Mia, Mieke, Mieken.

Annette, Annett. Auch **Anette, Anett:** im 17./18. Jh. aus dem Französischen übernommen, abgeleitet von → Anna. Eine berühmte Annette aus dem 18./19. Jh.: Annette von Droste-Hülshoff. Stammte aus katholischem Adel in Westfalen und lebte zurückgezogen bei ihrer Familie im Münsterland. Gilt als eine der bedeutendsten deutschen Dichterinnen. Vor allem ihre Balladen werden heute noch hoch geschätzt. Ihre Novelle »Die Judenbuche« war und ist Pflichtlektüre an vielen Schulen. Stand mit etlichen intellektuellen Zeitgenossen in Briefkontakt. Abkürzungen: Ana, Anna, Anne, Nena, Neta, Netta, Teda.

Anni, Annie, Anny: im 20. Jh. recht beliebt. Kurzformen von → Anna.

Annina, Annine. Auch **Anina, Anine:** so liebreizend wie die Bedeutung des Namens, zunehmend beliebter. Einst Kosenamen aus dem Dänischen von → Anna. Abkürzungen: Anna, Anne, Ina, Nina.

Annunziata: aus dem Italienischen/Lateinischen. Bezieht sich auf das Hochfest Annunziata, das am 25. März gefeiert wird, als Erzengel Gabriel Maria die Geburt Jesu verkündigte. Abkürzungen: Anna, Anne, Nuna, Una, Zita.

Anouk, Annouk: eigentlich ein slawischer Name, inzwischen international. Verwandt mit → Anna und → Anuschka. 20./21. Jh.: die französische Schauspielerin Anouk Aimée, die viele wunderbare Filme gedreht hat. Die Zusammenarbeit mit Federico Fellini brachte ihr den Durchbruch. Abkürzungen: Ana, Nusch, Nuschka.

Anselma: traditionell. Abgeleitet vom männlichen Anselm. Aus dem Germanischen und Althochdeutschen. Bedeutung: Gott und Helm. Eindrucksvoll im 19. Jh.: Anselma Heine, galt als Fünfjährige bereits als perfekte Vorleserin. Schrieb als

Achtjährige erste Gedichte. Ging später nach Berlin, schloss sich der Kunst- und Literaturszene an, schrieb Novellen und Romane unter dem Pseudonym Feodor Helm. Abkürzungen: Ana, Anna, Selma.

Anthea: edel, blumig. Kommt aus dem Griechischen. Bedeutung: Blumenfreundin. In der griechischen Mythologie ist Anthea ein Beiname. Unter diesem Namen wurden Juno in Argos und Venus in Gnossus auf Kreta gefeiert. Abkürzungen: Ana, Thea.

Antina, Antine: modern. Erst seit einigen Jahrzehnten bekannter. Aus dem Niederdeutschen. Einst Kosenamen von → Anna, dann verselbstständigt. Abkürzungen: Ana, Anna, Anne, Anni, Tina, Tine.

Antje: erinnert an Meer und Wind. Mitte des vorigen Jahrhunderts im Norden recht beliebt. Eine niederländische, friesische Form von Anna. Bekannte Namensträgerin aus jüngerer Zeit: die Schwimmerin Antje Buschschulte. Abkürzungen: Ana, Anna.

Antoinette: edel und zeitlos. Abgeleitet vom männlichen Antonius. Aus dem Lateinischen. Hinweis auf ein römisches Geschlecht. Eine verführerische Antoinette aus dem 18. Jh.: Jeanne-Antoinette Poisson, Marquise de Pompadour, die bereits als junge Frau davon geträumt haben soll, die Geliebte des französischen Königs zu werden. Sie hat ihr Ziel erreicht: Während eines Maskenballs umgarnte sie den König. Diplomatisch geschickt behielt sie ihren enormen Einfluss als Mätresse bis zum Tod des Königs. Erreichte viel Gutes für Künstler und Intellektuelle Frankreichs. War beliebtes Sujet von zeitgenössischen Malern. Das bekannteste Portrait von ihr, das in der Alten Pinakothek in München hängt, malte François Boucher. Ebenfalls 18. Jh.: Die Tochter der österreichischen Kaiserin Maria Theresia, die verschwenderische, schöne Marie Antoinette, verheiratet mit Ludwig XVI. von Frankreich, starb während der französischen Revolution auf dem Schafott. Abkürzungen: Ana, Anna, Netta, Nette, Toinette, Tona, Tonal, Tone, Tonerl, Toni, Tonja, Tony.

Antonella. Auch **Antonilla:** eine Lautmalerei aus Italien. Kosenamen zu → Antonia. Abkürzungen: Ella, Nella.

Antonetta, Antonette. Auch **Antonietta:** frisch und fröhlich wie so viele verselbstständigte Kosenamen, verwandt mit → Antonia. Abkürzungen: Anna, Netta, Nette, Toinette, Tona, Tonal, Tone, Tonerl, Toni, Tonja, Tony.

Antonia, Antonie: zeitlos. Weit oben in der Beliebtheitsskala. Aus dem Lateinischen. Erinnert an eine altrömische Familie. 1. Jh.v.Chr.: Die Tochter des römischen Staatsmannes Marcus Antonius hieß Antonia. 18. Jh.: Maria Antonia Walpurgis von Bayern, Tochter des bayerischen Kurfürsten und späteren römisch-deutschen Kaisers Karl Albrecht, heiratete den sächsischen Kurprinzen Friedrich Christian, der kurz nach seiner Thronbesteigung starb. Daraufhin kümmerte sie sich in Vertretung ihres kleinen Sohnes um die Regierungsgeschäfte, war außerdem als Unternehmerin tätig. Vor allem jedoch förderte sie die Künste. Im 19. Jh.: Ein kleiner Stern, entdeckt in Nizza, trägt den Namen Antonia. Abkürzungen: Ana, Anne, Done, Donerl, Nina, Ninni, Nita, Tona, Tone, Tonerl, Toni, Tonia, Tonja, Tony, Tonya, Tosja, Tosya.

Antonida. Auch **Antonita:** wenig verbreitet, ursprünglich Kosenamen zu → Antonia. Abkürzungen: Ana, Nita, Tona, Toni, Tonja.

Antonina: verspielt und mädchenhaft. Hergeleitet von → Antonia. Abkürzungen: Ana, Anne, Nina, Ninni, Nita, Tona, Toni, Tonia, Tonja, Tony, Tonya, Tosja, Tosya.

Anuschka, Annuschka. Auch **Anouchka, Anouschka:** eigentlich ein slawischer Kosename, hergeleitet von → Anna. Weitere Namensformen: Anuscha, Anuska. Abkürzungen: Ana, Nusch, Nuscha, Nuschka, Nuska.

Apollonia, Apolline: aus dem Griechischen. Bedeutung: Gott Apollo geweiht. Ein Name, der die Schönheit feiert, denn laut griechischer Sage ist Apollon Sohn des Zeus und der Leto, ein Allround-Talent unter den griechischen Göttern: Gott des Frühlings, der Weissagung, der sittlichen Reinheit sowie der Künste, auch der Heilkünste. 3. Jh.: Durch die Verehrung der heiligen Apollonia wird der Name im Laufe der Zeit bekannter. Namenstag: 9. Februar. In Skandinavien: Abelone; in Ungarn: Apolka. Abkürzungen: Lona, Loni, Lonja, Lonni, Lony, Lonny, Nita, Polly, Ona.

A

Arabella, Arabelle: romantisch. In nicht wenigen Liebesromanen tritt eine wunderschöne Arabella auf. Der Name stammt wahrscheinlich aus dem Spanischen. Bedeutung: kleine Araberin. Vielleicht auch zusammengesetzt aus → Anna und → Bella. 20. Jh.: kommt dank der Oper »Arabella« von Richard Strauss immer mehr ins Gespräch. Die gleichnamige Heldin findet nach etlichen Irrungen glücklich zum Mann ihres Lebens. Ein kleiner Stern, der zu Beginn des 20. Jh. entdeckt wurde, ist nach dieser Arabella benannt. In England: Arabel. Abkürzungen: Ana, Anna, Ari, Bella, Belle.

Areta, Aretha: international. Aus dem Englischen, ursprünglich wohl aus dem Griechischen. Bedeutung: die Tugend. 20./21. Jh.: Über die Grenzen der USA hinaus bekannt ist die Sängerin Aretha Franklin, die die »Presidential Medal of Freedom« bekam, neben der »Goldenen Ehrenmedaille des Kongresses« die höchste zivile Auszeichnung der USA. Abkürzungen: Eta, Etta, Rena.

Ariadne: romantisch. Aus dem Griechischen. In der griechischen Mythologie gab sie dem Königssohn Theseus vor seinem Gang ins Labyrinth ein Garnknäuel (den »Faden der Ariadne«), das er vom Eingang her abwickeln sollte, um nach der Tötung des Minotaurus den Rückweg zu finden. Kein Wunder, dass sich viele Künstler mit Ariadne beschäftigten: die Maler Tizian, Tintoretto, Corinth und der Komponist Richard Strauss in seiner Oper »Ariadne von Naxos«. Abkürzungen: Ada, Ana, Ria.

Ariana, Ariane. Auch **Arianna, Arianne:** zauberhaft und zart, verwandt mit → Ariadne. Aus dem Französischen/Griechischen. 16./17. Jh.: Der Komponist Claudio Monteverdi schrieb das »Lamento d'Arianna«.

Ariela, Ariella, Arielle: verspielt und leise. Die weibliche Form von Ariel. Aus dem Hebräischen. Bedeutung: Löwin Gottes. Abkürzungen: Ally, Ariel, Ela, Ella, Ria.

Arieta, Arietta: Kosenamen, entstanden aus → Ariane. Aus dem Französischen/Griechischen. Der Name erinnert an → Ariadne. Abkürzungen: Eta, Etta.

Arina: unkompliziert, passt immer. Aus dem Niederländischen, verwandt mit → Ariadne, Ariana. Abkürzungen: Ina, Ria. Rina.

Arista: die weibliche Form von → Arist. Aus dem Griechischen. Bedeutung: die Beste. Abkürzungen: Isa, Ita, Ria.

Arlene: die weibliche Variante des männlichen Namens Arlen. In englischsprachigen Ländern, besonders in Irland und England, bekannt. Aus dem Keltischen. Bedeutung: das Kind. Weitere Namensformen: Arleen, Arline, Arlyne, Abkürzungen: Lea, Lena, Lynn.

Arlett, Arlette: gar nicht so selten. Heiter und beschwingt. Aus dem Französischen, ursprünglich aus dem Althochdeutschen. Bedeutung: Adler. Abkürzungen: Etta, Lea.

Armande. Auch **Armanda:** anspruchsvoll. Aus dem Französischen, Italienischen, Althochdeutschen. Bedeutung: Heer und Krieger. Abkürzungen: Manda, Mandy.

Armgard: ein alter, traditioneller Name. Abgeleitet von Irmgard. Aus dem Althochdeutschen. Bedeutung: groß und Schutz. 18./19. Jh.: Nicht nur in Friedrich Schillers »Wilhelm Tell« und in Theodor Fontanes »Stechlin« tritt eine Armgard auf, sondern auch in Jacques Offenbachs romantischer Oper »Die Rheinnixen«. Abkürzungen: Ama, Ami, Ammy, Amy.

Armida, Armide. Auch **Arminda:** seit Ende des 19. Jh. bekannter. Aus dem Italienischen, hergeleitet von → Armina, Arminia, weibliche Formen der männlichen Namen Armand und Hermann. Aus dem Französischen/Italienischen und Althochdeutschen. Bedeutung: Heer und Krieger. Abkürzungen: Ama, Ami, Ammy, Amy, Ida.

Armina, Arminia: weibliche Formen von Armin und Hermann. Aus dem Althochdeutschen. Bedeutung: Heer und Krieger. Abkürzungen: Ama, Ammy, Amy, Ina, Mimi, Mimmi, Nina.

Arnika: aus dem Ungarischen, hergeleitet von Arnolde. Aus dem Althochdeutschen. Die Silbe »Ar« bedeutet: Adler. Auch ein Blumenname. Abkürzungen: Ana, Ika, Nike.

Artemis: sehr anspruchsvoll, fast schon Programm. In der griechischen Mythologie die Göttin der Jagd (entspricht der römischen Diana), des Mondes, auch Hüterin der Frauen und Kinder. Abkürzungen: Ana, Mia.

Asa: prägnant, einfach: ein alter germanischer Name, der bereits im 9. Jh. bekannt war. Bedeutung: Göttin.

A

Asina: originell, nicht alltäglich, verwandt mit → Asa. Aus dem Nordischen. Bedeutung: Göttin. Abkürzungen: Asa, Assia, Assja, Ina, Nina, Sina.

Asja, Assja. Auch **Assia:** dynamisch. Aus dem Russischen. Ursprünglich Kurzformen von → Anna oder → Anastasia.

Assunta: klingt fremd in unseren Ohren. In Deutschland erst seit hundert Jahren ein Begriff. Aus dem Italienischen. Bedeutung: die in den Himmel Aufgenommene. Der Name geht auf Mariä Himmelfahrt zurück. Festtag: 15. August. 16. Jh.: Tizian malte für die Venezianische Kirche Maria Gloriosa dei Frari eine Assunta, mit der die Hochrenaissance Einzug hielt. Abkürzungen: Asa, Assa, Assja, Una.

Asta: schlicht, zeitlos, passt immer. Der Name wird meistens als Kurzform von → Anastasia oder → Augusta gesehen. Oder aus dem Germanischen/Altnordischen kommend, dann verwandt mit → Astrid. Bedeutung: Gott und beliebt, treu. 19./20. Jh.: Die dänische Schauspielerin Asta Nielsen war ein großer Stummfilmstar.

Astrid: zeitlos. Nie wirklich in Mode, nie ganz verschwunden. Aus dem Germanischen/Altnordischen. Bedeutung: Gott und beliebt, treu. Der Name ist bereits seit Jahrhunderten bekannt. 11. Jh.: Die Mutter des damaligen norwegischen Königs hieß Astrid. Eine weitere Namensform: Estrid. Abkürzungen: Asta, Ria.

Atara: ausgefallen. Aus dem Hebräischen. Bedeutung: Krone. Abkürzungen: Ana, Tara.

Athanasia: anspruchsvoll. Aus dem Griechischen. Bedeutung: die Unsterbliche. In der orthodoxen Kirche kein seltener Name. Abkürzungen: Ata, Nana, Nasia, Sita.

Athena, Athene: klassisch. Aus dem Griechischen. Bezieht sich auf Athene, die als Göttin des Krieges, des Friedens und der Weisheit gilt, weshalb sie ehemals eine beliebte Tempelfigur war. Ihr Haupttempel befand sich auf der Akropolis in Athen. Abkürzungen: Ana, Ena, Nena, Thea.

Athina: ausgefallen, aber nicht ausgeflippt. Aus dem Griechischen. Bezieht sich auf die Göttin → Athene. Im vergangenen Jahrzehnt durch die Tochter und Erbin des griechischen Reeders Aristoteles Onassis, zweiter Ehemann der Präsidentenwitwe Jackie Kennedy, in die Medien gekommen. Abkürzungen: Nana, Nina, Thina, Tina, Tine.

Audrey: längst international. Klingt wesentlich frischer, lebendiger als das deutsche Pendant Adeltraut. Aus dem Englischen/Althochdeutschen. Bedeutung: edel und Stärke. 20. Jh.: Eine besondere Audrey haben viele deutlich vor Augen. Selbst Jahre nach ihrem Tod wird sie noch als Schönheit gefeiert und wegen ihrer zauberhaften Ausstrahlung bewundert: die Schauspielerin Audrey Hepburn, unvergessen als Holly in »Frühstück bei Tiffany«.

Augusta, Auguste: im 19./Anfang 20. Jh. recht beliebt. Aus dem Lateinischen. Bedeutung: ehrwürdig. Eine recht eigenständige Auguste aus dem 19. Jh.: Auguste Cornelius, Schriftstellerin. Wollte seit Kinderzeiten unbedingt Sängerin werden. Schaffte es, ein Stipendium für ihre Ausbildung zu ergattern. Aufgrund einer schweren Erkrankung musste sie ihren Traum aufgeben. Das Schreiben bot ihr eine Ausflucht aus der Misere. Außerdem eine besonders preußische und majestätische Auguste: Kaiserin Auguste Victoria, verheiratet mit Kaiser Wilhelm II. Abkürzungen: Asta, Austine, Guscha, Gussy, Gusta, Gustchen, Guste, Gutja, Stani.

Augustina, Augustine: ursprünglich Kosenamen von → Augusta. Aus dem Lateinischen. Bedeutung: ehrwürdig. Abkürzungen: Asta, Gosta, Guscha, Gussy, Gusta, Gustchen, Guste, Gutja, Tina, Tine, Stani.

Aurelia, Aurelie: märchen- und mädchenhaft. Aus dem Lateinischen. Hinweis auf ein römisches Geschlecht. Bedeutung: aus Gold gemacht. Die Mutter Julius Caesars hieß bereits Aurelia. 11. Jh.: Aurelia von Regensburg lebte im Benediktinerkloster St. Emmeram. Sie wird als Heilige verehrt. Namenstag: 25. Oktober. Richtig beliebt wird der Name im 18./19. Jh. Bei den Basken: Aurela; in Frankreich: Aurélie; in den Niederlanden: Auralia; in Rumänien: Aurica. Abkürzungen: Area, Aura, Ela, Elia, Ella, Elli, Elly, Lia.

Aurica, Aurika: aus dem Rumänischen. Verwandt mit → Aurelia. Abkürzungen: Aura, Area, Rica, Rika.

Aurora: anspruchsvoll, fern jeder Mode. Aus dem Lateinischen. Bedeutung: Morgenröte. 17./18. Jh.: Schön wie die

Morgenröte war Aurora von Königsmarck, Geliebte von August von Sachsen (der Starke), dazu klug, gebildet, musikalisch. Auch der französische Aufklärer Voltaire bewunderte sie. In Frankreich: Aure, Aurore. Kosenamen: Aurica, Aurika. Abkürzungen: Aura, Zora.

Ava, Awa: ein angenehmer Zweiklang. International. Passt überall. Herkunft unsicher. Vielleicht aus dem Englischen in Verwandtschaft mit → Eileen oder → Evelyn. Eventuell auch abgeleitet vom ostfriesischen »Awa«. Bedeutung: Wasser. 11. Jh.: Die erste bekannte Dichterin deutscher Sprache hieß Ava, auch Ava von Melk oder Ava von Göttweig genannt. Der Name erinnert ebenfalls an das Hollywood des 20. Jhs.: Damals gab es noch Superstars wie etwa Ava Gardner, Inbegriff verführerischer Weiblichkeit und Schönheit. International bekannt wurde sie in Filmen mit den männlichen Hollywoodgrößen Gregory Peck, Clark Gable, Humphrey Bogart. 1953 wurde sie für den Oscar als beste Hauptdarstellerin nominiert.

Avelina, Aveline: wie eine kurze Melodie. Verwandt mit → Avila, → Abelina und → Evelina. Abkürzungen: Ava, Ela, Ina, Lina, Line.

Avila: ungewohnt. Aus dem Englischen. Verwandt mit → Avelina, → Abelina und → Evelina. Aus dem Hebräischen. Bedeutung: Hauch, Vergänglichkeit. In Spanien: Aviela. Abkürzungen: Ava, Illa, Ille.

Ayla: verspielt, sehr weiblich. Aus dem Hebräischen. Bedeutung: Eiche. Oder aus dem Türkischen. Bedeutung dann: Mondschein. Abkürzung: Aya.

Ayleen: → Eileen.

Aylin: klingt sanft und poetisch. Aus dem Türkischen. Bedeutung: Mond und Licht. Auch in Irland bekannt. Aus dem Keltischen. Bedeutung: die Sonnenhafte. Andere Namensform: Ayleen, hat wie der englische Vorname → Eileen zwar die gleiche Aussprache, aber ganz andere Wurzeln. Abkürzungen: Linn, Lynn.

Aylina, Ayline: Koseform vom irischen → Aylin. Aus dem Keltischen. Bedeutung: die Sonnenhafte. Andere Form: → Ayleen. Abkürzungen: Ayda, Lina, Line, Linn, Lynn.

Babetta, Babette. Auch **Babett:** einschmeichelnd, fröhlich wie so viele französische Namen. Verwandt mit → Barbara. Aus dem Lateinischen. Bedeutung: die Fremde. 20. Jh.: Der Name erinnert an den wunderbaren Film »Babettes Fest«, nach einer Novelle von Karen Blixen entstanden und mit einem Oscar ausgezeichnet. Die Köchin Babette zeigt, wie ein gutes Essen sehr unterschiedliche Menschen zusammenbringen kann. Abkürzungen: Babs, Babsel, Babsy, Betti, Betty, Etta.

Bärbel: Mitte des vorigen Jahrhunderts recht beliebt. Kurzform von → Barbara. Aus dem Lateinischen. Bedeutung: die Fremde. Abkürzungen: Babe, Barbi.

Baptista: ausgefallen, kaum bekannt. Weibliche Form von Baptist. Aus dem Griechischen. Ursprünglich der Beiname von Johannes dem Täufer. Eine besonders ehrgeizige Baptista aus dem 17./18. Jh.: Maria Baptista Herzogin von Savoyen, die nach dem frühen Tod ihres Mannes die Regentschaft für ihren minderjährigen Sohn übernahm und ihn mit viel strategischer Raffinesse auf den portugiesischen Thron bringen wollte. Ihr Plan scheiterte allerdings. Abkürzungen: Isa, Tita.

Barbara: Mitte des 20. Jh. ein Modename. Seitdem nicht mehr unter den Spitzenreitern. Aus dem Lateinischen. Bedeutung: die Fremde. 16./17. Jh.: Barbara Sophia von Württemberg tanzte in einem der schönsten Festsäle der Renaissance – auf Schloss Urach, das anlässlich ihrer Hochzeit umgebaut wurde. Die Ehe soll sehr glücklich gewesen sein. 20./21. Jh.: Die Schauspielerin und Sängerin Barbara Sukowa macht Karriere, vor allem bekannt geworden durch Arbeiten mit dem früh verstorbenen Regisseur Rainer Werner Fassbinder. Ein Song zu dem Namen: »Barbara Ann« von den Beach Boys. In Ungarn: Borbaia; in Tschechien: Barbora; in Polen: Basia. Abkürzungen: Babe, Babs, Babschi, Babsi, Babsy, Bärbe, Bärbel, Bärbl, Barbe, Barbie, Barbro.

Barbarina, Barbarine: verniedlichender Kosename zu → Barbara. Aus dem Lateinischen. Bedeutung: die Fremde. In der Oper »Figaros Hochzeit« von Wolfgang Amadeus Mozart singt eine Barbarina. Abkürzungen: Babe, Babs, Babschi, Babsi, Babsy, Bärbel, Barbe, Barbie, Barbro, Ina, Ria, Rina.

Barbra: eine in den Niederlanden, England, Amerika und Norwegen übliche Nebenform von → Barbara. Bekannt geworden durch Barbra Streisand, US-amerikanische Sängerin, Schauspielerin, Regisseurin. Kosenamen: Babine, Barbarita. Abkürzungen: Babe, Babs, Babschi, Babsi, Babsy, Bärbel, Barbe, Barbel, Barbie, Barbro.

NOMEN EST OMEN

Der Vorname ist eine Visitenkarte. Der erste Eindruck beim Kennenlernen wird wesentlich durch den Namen beeinflusst. Eine Natalie hinterlässt einen anderen Eindruck als eine Walburga. Mag eine junge Walburga noch so chic aussehen, noch so modern auftreten: Ihr Vorname signalisiert etwas Traditionelles, Konventionelles.

Dass Vornamen für die meisten Menschen mit bestimmten Bildern im Kopf gekoppelt sind, hat inzwischen auch die Wissenschaft herausgefunden. Machen Sie doch selbst einmal den Test, wie Sie auf Namen reagieren. Welche Bilder tauchen vor Ihnen auf, wenn Sie an bestimmte Vornamen denken? Wen stellen Sie sich unter einer Kassia vor, unter einer Imogen, einer Mia, einer Dolores? Menschen mit Namen, die ein modernes Image haben, wie derzeit etwa Anna, Lena oder Nina, wird oft eine höhere Intelligenz und Kompetenz zugetraut. Zumindest aber mehr Wendigkeit und Selbstbewusstsein. Anders ist es bei denen, die heutzutage mit Namen wie Gertrud oder Irmgard bedacht werden. Im Namen liegt also eine Vorbedeutung! Der Vorname kann durchaus ganz subtil die Entwicklung Ihres Kindes beeinflussen. Das heißt nicht, dass alte Namen grundsätzlich veraltet sind. Heute wählen Eltern wieder Marie oder Emilie. Sie haben beschlossen: Diese alten Namen sind einfach wieder hochmodern.

Barbe: originell, frisch und neu. In Frankreich bekannter als im deutschsprachigen Raum. Verwandt mit → Barbara. Aus dem Lateinischen. Bedeutung: die Fremde.

Barbro: klingt nordisch und kommt auch aus dem Norden: aus dem Schwedischen und dem Norwegischen. Verwandt mit → Barbara. Aus dem Lateinischen. Bedeutung: die Fremde. Abkürzungen: Babe, Barbe.

Bartholomea: traditionell. Ein Name, der das Zeug zum Modenamen wohl kaum haben wird. Die weibliche Form von Bartholomäus. Aus dem Aramäischen. Bedeutung: Sohn des Tolmai. Der Name war in früheren Zeiten als Zweit- oder Drittname gefragt. Abkürzungen: Ama, Mea.

Bastienne: verträumt, märchenhaft. Die weibliche Form von Sebastian. Aus dem Griechischen. Bedeutung: die Erhabene. Eine besonders liebreizende Bastienne tritt zusammen mit einem stolzen Bastien im Singspiel »Bastien und Bastienne« von Wolfgang Amadeus Mozart ins Rampenlicht und kämpft tapfer um ihre Liebe. Abkürzungen: Asta, Babs, Stina, Stine, Tina, Tine.

Bea: beliebt, weil kurz und doch klangvoll. Passt immer und überall. Abgeleitet von → Beatrice, → Beatrix und anderen Namen mit der Anfangssilbe »Be«.

Beata, Beate: wohlklingend, aber nicht unbedingt im Trend. Das war einmal anders: Mitte des 20. Jhs. war der Name in Mode. Aus dem Lateinischen. Bedeutung: glückselig. 14. Jh.: Aus dieser Zeit wird von einer Beate erzählt, Tochter des Herzogs Heinrich von Mecklenburg, die ein Vorbild an Demut, Friedfertigkeit und Nächstenliebe gewesen sein soll. Abkürzungen: Ata, Bea.

Beatrice: ein weltweiter Klassiker unter den Vornamen. Schon immer und immer wieder gefragt. Verwandt mit → Beatrix. Aus dem Lateinischen. Bedeutung: glückselig. 13. Jh.: Einst vergötterte Alighieri Dante Beatrice Portinari, die als seine Muse sein Schaffen beeinflusste und Vorbild war für die Beatrice in der »göttlichen Komödie«. Sie wurde der Bedeutung ihres Namens gerecht. 16./17. Jh.: Shakespeare hatte ein Faible für diesen Namen. So mischte in seiner Komödie »Viel Lärm um nichts«, in der es natürlich um

Intrigen und Liebe geht, eine freche Beatrice mit. In Frankreich: Béatrice. Abkürzungen: Bea, Ica, Trice.

Beatrix: zeitlos. Verwandt mit dem männlichen Beatus. Aus dem Lateinischen. Bedeutung: die Beglückende. 4. Jh.: Beatrix von Rom wurde Opfer der Christenverfolgung, als sie sich weigerte, ihrem Glauben abzuschwören. Namenstag: 17. Januar. 11. Jh.: Damals wurde eine Beatrix, Tochter von König und Kaiser Heinrich III., genannt der Schwarze, Äbtissin in Quedlinburg. In den folgenden Jahrhunderten war der Name in Königs- und Fürstenhäusern beliebt und ist es bis heute geblieben: So heißt die Königin der Niederlande Beatrix von Oranien-Nassau. In Spanien und Portugal: Beatriz; in der Schweiz: Beatrixe. Abkürzungen: Bea, Trix, Trixa, Trixi, Trixie, Trixy.

Bele: ungewöhnlich, ursprünglich ein kindlicher Kosename, abgeleitet von → Elisabeth. Aus dem Hebräischen. Bedeutung: die Gott verehrt.

Belina, Béline: melodiös, besonders, aber nicht abgehoben. Verwandt mit → Bele. 17. Jh.: In dem Theaterstück »Der eingebildete Kranke« von Molière gibt es eine Béline, die ziemlich raffiniert hinter dem Geld Argans her ist. Vielleicht hat diese Béline den Namen schon damals bekannter gemacht. Abkürzungen: Bea, Bele, Ela, Ella, Lina, Line.

Belinda, Belinde: romantisch. In England und Italien gebräuchlicher. Wahrscheinlich abgeleitet vom italienischen Bella. Bedeutung: die Schöne. Andere Namensforscher sehen die Wurzel des Namens im Germanischen. Bedeutung: Kampf und Lindenholzschild. War schon im 17. Jh. bekannt. Mitte des 20. Jh. machte die Schauspielerin Belinda Lee nicht nur durch ihre Filmkarriere auf sich aufmerksam. Abkürzungen: Bele, Bella, Ela, Linda, Linde.

Bella: kurz, einprägsam und aussagekräftig. Aus dem Italienischen. Bedeutung: die Schöne. Auch als Kurzform von → Arabella oder → Isabella bekannt.

Bellina: zärtlich und liebevoll. Ein Kosename, entstanden aus → Bella. Aus dem Italienischen. Bedeutung: die Schöne. Auch als Kurzform von → Arabella oder → Isabella bekannt. Abkürzungen: Bella, Ella, Lilli, Lilly, Lina, Line.

Belisa: kommt an. Die erste Silbe ist von → Bella entliehen. Die beiden Endsilben beziehen sich auf Lisa, Kurzform von → Elisabeth. Abkürzungen: Bella, Lisa, Lise.

Benedetta: luftig und leicht. Aus dem Italienischen. Verwandt mit → Benedikta, Aus dem Lateinischen. Bedeutung: die Gesegnete. In Italien sehr bekannt und beliebt.

Benedikta, Benedikte. Auch **Benedicta:** traditionell. Ein Klassiker. Aus dem Lateinischen. Bedeutung: die Gesegnete. 4. Jh.: Die heilige Benedicta musste im französischen Origny-sur-Oise für ihren christlichen Glauben sterben. Namenstag: 8. Oktober. Der Name taucht in den Analen von Klöstern und in Familienstammbäumen des Adels im Laufe der Jahrhunderte immer wieder auf – zum Beispiel bei den französischen Bourbonen und den bayerischen Wittelsbachern. In Frankreich: Bénédicte, Benoite. Abkürzungen: Bea, Benna, Bente, Beta, Ena, Eni, Dicta, Dikta, Dita, Ditta, Ika, Nena, Nika.

Bengta: kommt aus Schweden und Dänemark, aber schon lange im deutschsprachigen Raum bekannt. Verwandt mit → Benedikta. Abkürzungen: Bea, Bela, Benna.

Benigna: ausgefallen. Mit langer Tradition. Kompliziertere Schreibweise. Aus dem Lateinischen. Bedeutung: die Gütige. 12./13. Jh.: Die Zisterziensernonne Benigna lebte in Breslau und kam bei einem Überfall der Mongolen ums Leben. Namenstag: 20. Juni. Abkürzungen: Benna, Bigna, Bina, Bine, Ina, Nigna, Nika, Nike, Nina, Ninni, Nita.

Benita: zeitlos, in vielen Ländern seit langem ein Begriff. Die spanische Form von → Benedikta. 20. Jh.: Die englische Schauspielerin Benita Hume, die vor allem elegante und eindrucksvolle Damen in romantischen Liebesfilmen oder nicht ganz so romantischen Krimis darstellte, ist vielen bekannt. Abkürzungen: Bea, Bente, Beta, Ena, Eni, Dicta, Dikta, Dita, Ditta, Ika, Nena, Nita.

Berenike, Berenice. Selten **Berinike:** fern jeder Mode. Traditionell. Aus dem Griechischen. Bedeutung: die den Sieg bringt. Verwandt mit → Veronika. Ein Name mit langer Tradition. 1. Jh. v. Chr.: Damals gab es in Ägypten eine Königin Berenike IV. Außerdem beschreibt der römische Autor Catull die ägyptische Herrscherin Berenike von Kyrene (um 250 v. Chr.), eine ansprechende, couragierte Schönheit mit strahlendem Selbstbewusstsein, aber auch skrupellos. Nach ihr ist das Sternbild »Haar der Berenike« benannt. 1. Jh.: Der römische Kaiser Titus liebte eine Berenike, Tochter des Herodes Agrippa II. Weil aber die Ehe zwischen einer östlichen Königin und einem römischen Feldherrn die beiden an die katastrophale Liebesgeschichte von Kleopatra und Mark Antonio erinnerte und politisch nicht opportun war, heirateten sie nicht, blieben jedoch Freunde. Theaterstücke und Opern von Jean Racine, Pierre Corneille und Georg Friedrich Händel beziehen sich auf diese traurige Liebesgeschichte. Eine weitere Namensform: Bernice. Abkürzungen: Bele, Bera, Bereni, Berna, Nika, Nike.

Bergita. Auch **Bergit:** eine noch recht unbekannte Variante zu den Namen →Birgit, Birgitta. In Schweden geschätzt. Verwandt mit →Brigitta. Aus dem Keltischen. Bedeutung: die Erhabene. Abkürzungen: Bea, Berna, Gita, Gitta, Gitte, Rita.

Berit, Beritt: unkompliziert, unverbraucht, selten. Aus dem Dänischen und Schwedischen. Abgeleitet von →Birgit, verwandt mit →Brigitta, Brigitte. Aus dem Keltischen. Bedeutung: die Erhabene.

Berlind, Berlinde: ein alter Name. Aus dem Althochdeutschen. Bedeutung: Bär und Lindenholzschild. Abkürzungen: Bea, Berna, Linda, Linde.

Bernadette: elegant, zeitlos. Aus Frankreich. Abgeleitet von Bernhard, verwandt mit →Bernarda. Aus dem Althochdeutschen. Bedeutung: Bär und hart. 19. Jh.: Der dreizehnjährigen Bernadette Soubirou erschien in einer Grotte in Lourdes eine weiß gekleidete Frau. Seitdem heißt es, das Wasser aus dieser Grotte könne Wunder wirken. Franz Werfels »Lied der Bernadette« erinnert an dieses Ereignis. Bernadette heißt auch eine köstlich süße, selten zu findende Birnensorte. Abkürzungen: Bea, Berna, Deta, Detta.

Bernalde: ein fast vergessener Vorname. Aus dem Althochdeutschen. Bedeutung: Bär und herrschen, walten. Abkürzungen: Ada, Bea.

Bernarda, Bernarde: in vielen Ländern gleichermaßen bekannt. 20. Jh.: Eine eindrucksvolle Bernarda kämpft in dem

Theaterstück »Bernarda Albas Haus« um Anerkennung. Das Stück schrieb Federico Garcia Lorca, einer der bedeutendsten spanischen Dichter und Schriftsteller des 20. Jhs. Abkürzungen: Ada, Bea, Berna.

Bernardina. Auch **Bernhardina**: weicher, fast wie ein Kosename von Bernarda. Vor allem in Schweden, den Niederlanden und südeuropäischen Ländern eingeführt. Abkürzungen: Ada, Bea, Dina, Nadia, Ria.

Berta, Berte. Auch **Bertha, Berthe**: im 19./Anfang 20. Jh. in Mode, dann fast vergessen. Mit der Wiederentdeckung alter Namen erneut ins Blickfeld gerückt. Aus dem Althochdeutschen. Bedeutung: glänzend. 9. Jh.: Schon damals wurde eine Bertha in der Familiengeschichte der Karolinger erwähnt: Sie war die Tochter von Lothar I. und Irmingard von Tours, wurde Äbtissin von Avenay, vielleicht auch von Faremoutiers – ganz genau weiß man das heute nicht mehr. Namenstag: 1. Mai. 19./20. Jh.: Bertha von Suttner, Spross einer böhmischen Adelsfamilie, hat die Welt ein Stück weiter gebracht. Zuerst arbeitete sie als Gouvernante. Verliebte sich in einen Sohn des Hauses, der sieben Jahre jünger war als sie. Diese Liebe wurde nicht gut geheißen. Die beiden heirateten dennoch, wurden enterbt, verdienten ihren Lebensunterhalt daraufhin mit Schreiben und zwar sehr erfolgreich. Später schrieb Bertha von Suttner über soziale Missstände und Pazifismus. Sie erhielt 1905 als erste Frau den Friedensnobelpreis.

Bertila: ausgefallen. Weibliche Form von Bertil. Aus dem Althochdeutschen. Bedeutung: glänzend. Abkürzungen: Bele, Ila, Illa, Ille, Tilla, Tita.

Bertina, Bertine: verspielt. Einst ein Kosename von → Berta. Auch eine Kurzform von → Albertina, → Hubertina. Die Silbe »Bert« kommt aus dem Althochdeutschen. Bedeutung: glänzend. Abkürzungen: Bele, Ena, Tina, Tine.

Beryl. Auch **Beryll**: verwunschen, romantisch. International. Aus dem Englischen. Erinnert an den gleichnamigen wasserhellen Edelstein.

Bess, Bessie, Bessy: kurz, prägnant. Kurzformen von → Elisabeth. Aus dem Griechischen. Bedeutung: Gott ist vollkommen. 20. Jh.: Der Name wurde rund um den Erdball durch die erfolgreiche Oper »Porgy and Bess« von George Gershwin bekannt, die das Leben von Afroamerikanern schildert.

Betta, Bette: Kurzformen von → Elisabeth, Elisabetha. 20. Jh.: Die US-amerikanische Filmschauspielerin Bette Davis war ein berühmter Star, erhielt zweimal den Oscar und zählte in den 40er-Jahren zu den bestbezahlten Frauen der USA.

Beth: klingt nach alten Filmen und Romanen. Aus dem Englischen. Kurzform von → Elisabeth. 20./21. Jh.: Mary Beth Peil machte eine erstaunliche Karriere. Nach zwanzig Jahren als Opernsängerin wechselte sie mit Erfolg ins Schauspielfach.

Bettina, Bettine. Auch **Betina:** zeitlos. Seit dem 18. Jh. mal mehr, mal weniger gefragt. Einst als Kosename für → Elisabeth, Elisabetha eingeführt. 18./19. Jh.: Die sehr aktive Dichterin Bettina von Arnim, Ehefrau von Achim von Arnim, Enkelin von Sophie von La Roche, Schwester von Clemens Brentano, schrieb nicht nur, sondern wirbelte auch durch die literarischen Salons der damaligen Zeit und mischte die Kultur- und Politikszene auf. 19./20. Jh.: In dem Roman »Die Göttinnen oder die drei Romane der Herzogin von Assy« von Heinrich Mann kommt eine Bettina zu Wort. Abkürzungen: Betsy, Betti, Betty, Ina, Tina, Tine, Tinka.

Beverley: seit einiger Zeit bekannt. Aus dem Englischen. Auch ein Ortsname. Abkürzungen: Bea, Lilli, Lilly.

Bianca. Auch **Bianka:** zeitlos. Aus dem Italienischen. Bedeutung: die Weiße. 15./16. Jh.: Bianca Maria Sforza wurde mit dem deutschen König Maximilian I. verheiratet, der auch Kaiser werden wollte. Leonardo da Vinci bereitete die Festlichkeiten für die Hochzeit aufs Prächtigste vor. Das half so wenig wie die üppige Mitgift der Braut: Maximilian ließ sich bei der Hochzeit vertreten und machte sich auch sonst rar. 20./21. Jh.: Bianca Jagger, erste Frau von Mick, Sänger der Rolling Stones, macht heute als Menschenrechts- und Umweltaktivistin von sich reden. Für ihr Engagement erhielt sie 2004 den Alternativen Nobelpreis. Abkürzungen: Ana, Anca, Anka, Bibi, Bibbi, Binc, Binka, Inca, Inka, Kara.

Bibiana, Bibiane: ein alter Name, verwandt mit → Viviana. Aus dem Lateinischen. Bedeutung: die Lebhafte. Abkürzungen: Bibi, Bibbi, Bina, Bine, Binka, Binke, Ina.

Binette, Binetta: ursprünglich Liebkosungen von Namen mit den Endsilben »bine« wie etwa → Sabine. Abkürzungen: Bina, Bine, Eta, Etta.

Birgit, Birgitt. Auch **Birgid:** verwandt mit → Brigitta. Vor allem in Skandinavien beliebt. Aus dem Keltischen. Bedeutung: die Erhabene. 20./21. Jh.: Birgit Friedmann, die als Leichtathletin bei Wettkämpfen für die Bundesrepublik Deutschland beim 300-Meter-Lauf startete und Weltmeisterin wurde. Ebenfalls bekannt: die schwedische Opernsängerin Birgit Nilsson. Abkürzungen: Bibi, Gitta, Gitte.

Birgitta, Birgitte: in Deutschland erst Mitte des vergangenen Jahrhunderts populärer geworden. Aus Skandinavien, ursprünglich aus dem Keltischen. Verwandt mit → Brigitta. Andere Namensforscher sehen eine Verwandtschaft mit dem alten skandinavischen Namen Birger. Bedeutung: der Helfer. 14. Jh.: Birgitta Birgersdotter, Tochter aus reichem Hause in der schwedischen Provinz Uppland, Ehefrau, Mutter von acht Kindern, Hofmeisterin des Königspaars, engagierte sich politisch weit über Schweden hinaus. Hatte Visionen. Wollte Frieden stiften. Nach dem Tod ihres Mannes gründete sie den Orden der Birgitten. Sie wird als Heilige verehrt. Namenstag: 23. Juli. Abkürzungen: Bibi, Bibbi, Biddy, Biggi, Brit, Gitt, Gitta, Gitte, Gitti.

Bionda: klingt nach Sonne und kommt auch aus dem Süden. Verwandt mit → Blonda und Blondina. Aus dem Italienischen. Bedeutung: die Blonde. Rätoromanisch: Blondigna. Abkürzungen: Ina, Ona.

Biondetta: entstanden als Kosename für → Bionda. Abkürzungen: Etta, Ina, Ona.

Birga: verwandt mit → Birgit und → Brigitta. Aus Skandinavien, ursprünglich aus dem Keltischen. Bedeutung: die Erhabene. Abkürzungen: Bibi, Bibbi, Biggy.

Birke. Auch **Birka:** ungewöhnlich. Bezieht sich auf die Birke. Aus dem Althochdeutschen. Bedeutung: glänzend.

Birte. Auch **Birtha, Birthe:** Kurzformen von → Birgitta, im Norden bekannter als im Süden. Verwandt mit → Brigitta. Aus dem Keltischen. Bedeutung: die Erhabene. Abkürzungen: Bibi, Bibbi.

Blanche: hübsch und romantisch. Aus dem Französischen. Bedeutung: die Weiße. 13. Jh.: Die jüngste Tochter des englischen Königs Eduard und seiner Frau → Eleonore hieß Blanche. 14. Jh.: Blanche of Lancaster, die Mutter von Henri IV., dem ersten englischen König aus dem Hause Lancaster. Als sie starb, wurde sie tief betrauert. Der Dichter Geoffrey Chaucer widmete ihr kurz nach ihrem Tod das Gedicht »The Boke of the Duchesse«.

Blanchette: noch verspielter und zärtlicher als → Blanche. Ursprünglich ein Kosename. Aus dem Französischen. Bedeutung: die Weiße. Abkürzungen: Blanca, Etta.

Blanda: nicht gerade alltäglich. Aus dem Lateinischen. Bedeutung: freundlich. 19./20. Jh.: In der Geschichte »Die Ostereyer« von Christoph von Schmidt, dem erfolgreichsten Jugendbuchautor seiner Zeit, pflücken Edmund und Blanda blaue Veilchen und gelbe Schlüsselblumen. Abkürzungen: Ada, Ana, Andy.

Blanka. Auch **Blanca:** spanische Namen. Hergeleitet aus dem Althochdeutschen. Bedeutung: blank, weiß. 13. Jh.: Jakob II. von Aragonien heiratete die zwölfjährige Blanka, Tochter Karls II. von Anjou. Blanka begleitete ihren Mann auf abenteuerliche Expeditionen, sogar auf Feldzüge. Sie bekam zehn Kinder und starb bereits im Alter von 27 Jahren bei der Geburt ihrer letzten Tochter mit Namen → Violante. Abkürzungen: Anca, Anka, Lana.

Blonda: verwandt mit → Bionda. Aus dem Italienischen. Abkürzungen: Lona, Lonny, Ona.

Bobby. Auch **Bobbie:** kurz und knapp. Aus dem Englischen. Ursprünglich eine Koseform von → Roberta. Aus dem Althochdeutschen. Bedeutung: die rühmlich Glänzende. Auch als männlicher Name bekannt.

Bona: ein guter Zweiklang, ziemlich selten. Aus dem Spanischen. Kurzform von Bonafilia. Bedeutung: die gute Tochter.

Bonita: Koseform von Bona. Abkürzungen: Bonie, Bonnie, Bonny, Bony, Nita.

Branda: alt und fast vergessen, abgeleitet vom männlichen Namen Hildebrand. Aus dem Althochdeutschen. Bedeutung: Kampf. Abkürzungen: Ada, Ana, Andy, Anna.

B

Branka: schlicht und einfach. Weibliche Form des serbischen, kroatischen und slowenischen Namens Branko. Bedeutung: Ruhm, Ehre. Abkürzungen: Ana, Anka.

Brenda: lässt aufhorchen, Verwandt mit → Branda, allerdings moderner. Im Englischen gefragt. Aus dem Althochdeutschen. Bedeutung: Kampf. Andere sehen den Ursprung des Namens in Irland als weibliche Form von Brendan.

Briana. Auch **Brianna:** neueren Datums. Vor allem in Irland bekannt. Weibliche Form von Brian. Aus dem Keltischen. Bedeutung: erhaben. Abkürzungen: Ana, Anna, Bi, Ria, Rina.

Bridged: im deutschsprachigen Raum bekannt, aber nicht verbreitet. Aus dem Englischen. Verwandt mit → Brigitta. Aus dem Keltischen. Bedeutung: die Erhabene. Der Name ist in den vergangenen Jahren durch die Hollywood-Schauspielerin Renée Zellweger in ihrer Rolle als Bridged Jones auch in Deutschland bekannt geworden.

Brigid, Brigida: alte Namen. Verwandt mit → Brigitta. Aus dem Keltischen. Bedeutung: die Erhabene. Der Name bezieht sich auf die irisch-schottische Sagengestalt Brigid, Inbegriff der Dichtkunst, Beschützerin der Dichter. Außerdem wird in Irland der heiligen Brigida von Kildare, auch Brigitta von Irland genannt, aus dem 4./5. Jh. gedacht. Sie soll laut Legende eine Königstochter und Christin, freigiebig und hilfsbereit gewesen sein, was ihren heidnischen Vater erboste. Sie ließ sich jedoch nicht beirren, gründete ein Kloster und wurde später heilig gesprochen. Namenstag: 1. Februar. Abkürzungen: Biddy, Brida, Brit, Britta, Gitta, Gitte, Rita.

Brigitta, Brigitte: vor etwa fünfzig Jahren in der Hitliste beliebter Namen an der Spitze, dann weitgehend in der Versenkung verschwunden. Aus dem Keltischen. Bedeutung: die Erhabene. 20./21. Jh.: die attraktive französische Filmschauspielerin und Sängerin Brigitte Bardot, die vor einigen Jahrzehnten die Gemüter spaltete: Sie wurde gefeiert und kritisiert wie kaum eine andere. Abkürzungen: Biddy, Biggy, Brigga, Brit, Britt, Britta, Gitta, Gitte, Rita.

Brit, Britt: Mitte des vergangenen Jahrhunderts aus Schweden importierte Kurzform von → Brigitta, die sich verselbstständigt hat. Aus dem Keltischen. Bedeutung: die Erhabene.

Brita, Britta: kurz und bündig. Im Norden bekannter als im Süden. Verselbständigte Kurzform von → Brigitta. Aus dem Keltischen. Bedeutung: die Erhabene. Kosename: Itchen. Abkürzungen: Rita, Ritta.

Bruna: zwei Vokale, die gut klingen. Unkompliziert. Einmal wird der Name als Kurzform von Brunhilde verstanden. Aus dem Althochdeutschen. Bedeutung: Brustpanzer und Kampf. Dann gilt er als weibliche Variante von Bruno. Aus dem Althochdeutschen. Bedeutung: der Braune.

Brunella: weicher und freundlicher als Bruna. Aus dem Italienischen. Hergeleitet von Brunhilde. Aus dem Althochdeutschen. Bedeutung: Brustpanzer und Kampf. Abkürzungen: Bruni, Ella.

Burga: hergeleitet von Namen mit der Anfangssilbe »Burg« wie etwa Burghilde, Burgunde. Aus dem Althochdeutschen. Bedeutung: Burg und Kampf.

Burgel: verselbständigte Kurzform von Burglind oder Burgunde. Vor allem in Süddeutschland bekannt. Aus dem Althochdeutschen. Bedeutung: Burg und Kampf.

AUSGEFALLENE VORNAMEN – HEUTE ZIEMLICH NORMAL

Bea Bastienne oder Celina Chantal? Erwachsene lassen sich solche Vornamen-Kompositionen gerne auf der Zunge zergehen mit dem Kommentar: »Unglaublich, was sich manche einfallen lassen! Für die Kinder ein Desaster!« Kann sein, muss aber nicht, denn wer heute mit einem vermeintlich verwegenen Vornamen daherkommt, wird von Gleichaltrigen kaum noch gehänselt und als Exot abgestempelt. Bereits im Kindergarten und in der Grundschule ist es inzwischen ganz normal, dass Namen auftauchen, die bislang keiner je hörte. Der Einfluss unterschiedlicher Kulturen, die heute in Deutschland zusammen leben, wird hier sichtbar. Kinder mit Namen aus einem anderen Kulturkreis müssen jedoch nicht zwangsläufig aus diesem Kulturkreis kommen. Und eine Kombination von ausgefallenen Vornamen entspricht natürlich auch dem Wunsch nach Individualität.

Cäcilia, Cäcilie. Auch **Cäzilia:** traditionell. Seit Langem ein Klassiker. Aus dem Lateinischen. Hinweis auf ein altrömisches Geschlecht. 3. Jh.: Die wohlhabende Patriziertochter und bekennende Christin Cäcilia verschenkte ihr Vermögen lieber an die Armen, als es mit Valerian zu teilen, den sie auf Wunsch ihrer Eltern heiraten sollte. Valerian unterstützte sie unerwarteterweise. Später fiel Cäcilia der Christenverfolgung zum Opfer. Namenstag: 22. November. Ihr zu Ehren hat Charles François Gounod die »Cäcilienmesse« komponiert. In Polen: Cecylia. Abkürzungen: Caja, Celia, Cessie, Cilia, Cilja, Cia, Cilla, Cilli, Cillie, Cilly, Cillia, Cillja, Lia, Lilia, Lilja, Lill, Silia, Zilia, Zilja, Zilla, Zilli.

Cäsarina, Cäsarine: nicht gerade häufig. Abgeleitet von Cäsar. Aus dem Lateinischen. Hinweis auf ein römisches Geschlecht. Abkürzungen: Arina, Arine, Ina, Rina.

Caitlin: verträumt und märchenhaft. Hergeleitet vom altfranzösischen Catheline. In Irland bekannt. Verwandt mit → Katharina. Aus dem Griechischen. Bedeutung: die Reine. Abkürzungen: Caja, Cissy, Linn, Lynn.

Caja: modern, frisch und munter. Ursprünglich Kurzform von → Katharina. Aus dem Griechischen. Bedeutung: die Reine. Wird manchmal aber auch als weibliche Form von Kai verstanden. Aus dem Nordischen/Friesischen. Bedeutung: umstritten.

Calida: originell, nicht alltäglich. Aus dem Spanischen. Bedeutung: Begeisterung. Abkürzungen: Caja, Cala, Calla, Caya, Lale, Lia, Lida, Lilly, Lily.

Calina: im deutschsprachigen Raum selten. Wird in Verbindung gebracht mit → Catalin, Catalina. Vor allem in Rumänien bekannt. Verwandt mit → Katharina. Aus dem Griechischen. Bedeutung: die Reine. Abkürzungen: Caja, Cala, Calla, Lina, Line.

Calla: kurz und fröhlich. Aus dem Schwedischen. Calla gilt als Kurzform von → Carola, → Caroline, damit von Carl. Aus dem Althochdeutschen. Bedeutung: die Freie.

Camilla, Camille: blumig und leicht. Die weibliche Form von Camill. Aus dem Lateinischen. Bedeutung: ehrbar. 19./20. Jh.: die französische Bildhauerin Camille Claudel. Auguste Rodin bot ihr eine Mitarbeit in seinem Atelier an. Sie wurde sowohl Muse als auch Geliebte. Nach der Trennung von Rodin geriet sie in eine tiefe Krise und war bis zu ihrem Lebensende (knapp 40 Jahre) in einer Anstalt untergebracht. 20./21. Jh.: eine Camilla, die über England hinaus für viel Aufregung sorgte: die frühere Camilla Rosemary Parker Bowles, nach ihrer Hochzeit mit dem britischen Thronfolger Prinz Charles: Camilla Rosemary Mountbatten-Windsor, Herzogin von Cornwall und Rothesay. In osteuropäischen Ländern: Camila. Abkürzungen: Caja, Cara, Illa, Ille, Mila, Milla.

Candice: modern, international. Aus dem Englischen. Hergeleitet von dem alten Namen Candace, den eine äthiopische Königin trug, die in der Apostelgeschichte erwähnt wird. 19. Jh.: In Erinnerung an diese Königin nannten Missionare ihr Schiff Candace, mit dem sie nach Äthiopien aufbrachen. Abkürzungen: Candy, Canie.

Candida: edel, zeitlos. Weibliche Form von Candid. Aus dem Lateinischen. Bedeutung: die Glänzende. 19. Jh.: E. T. A Hoffmann erzählt die Geschichte »Klein Zaches, genannt Zinnober«, ein märchenhaftes, geheimnisvolles Geschehen um eine Candida. Abkürzungen: Ana, Anna, Caja, Candie, Candy, Cara, Dina, Ida.

Cara: unkompliziert. Einfache Schreibweise. In Italien beliebt, aber auch in den USA. Der Name passt überall. Aus dem Lateinischen. Bedeutung: lieb, teuer. Eine zweite Variante: Aus dem Irischen. Bedeutung dann: Freund.

Careen: modern, neu bei uns. Bislang vor allem in englischsprachigen Ländern beliebt. Hergeleitet von → Cara. Aus dem Lateinischen. Bedeutung: lieb, teuer. Vielleicht besteht auch ein Zusammenhang mit → Caren, abgeleitet von → Katharina. Aus dem Griechischen. Bedeutung: die Reine. Abkürzungen: Cara, Cari, Cary.

Caren: im Norden aktueller als im Süden. Ursprünglich ein dänischer und schwedischer Name. Angelehnt an → Katharina. Aus dem Griechischen. Bedeutung: die Reine. Abkürzungen: Caia, Caja, Calla, Cari, Cary, Rena.

Carena: als Kosename von → Caren entstanden. Angelehnt an → Katharina. Aus dem Griechischen. Bedeutung: die Reine. Andere sehen dagegen eine Verwandtschaft mit → Cara, → Carina.

Carice: international. Überall verständlich. Aus den Niederlanden. Bedeutung: wohlklingend. 20./21. Jh.: die Schauspielerin Carice van Houten. In Hollywood längst ein Begriff.

Carina, Carine: liebenswert, heiter. Zum ersten entstanden als Kosename vom italienischen → Cara. Aus dem Lateinischen. Bedeutung: lieb, teuer, auch niedlich, süß. Andere sehen in diesem Vornamen eine Koseform von Carin und damit von → Katharina. Aus dem Griechischen. Bedeutung: die Reine. 7. Jh.: Der Name erinnert auch an die Märtyrerin Carina. Namenstag: 7. November. Abkürzungen: Ina, Kaia, Kaja, Kalla, Kara, Kary, Ria.

Carinne: recht unbekannt, verwandt mit → Corinna. Aus dem Griechischen. Bedeutung: das Mädchen. Abkürzungen: Cara, Ina, Ria.

Carla: schlicht, schnörkellos und unter den hundert Spitzenreitern bei den Mädchennamen. Weibliche Form von Carl. Aus dem Althochdeutschen. Bedeutung: die Freie. 19./20. Jh.: Die jüngere Schwester der Schriftsteller Heinrich und Thomas Mann hieß Carla, wie damals viele Mädchen, eigentlich: Carla Auguste Olga Maria Mann. 20./21. Jh.: Carla Bley, eine vielseitige US-amerikanische Jazz-Musikerin, zugleich Komponistin, Arrangeurin, Bandleaderin, Pianistin.

Carlina, Carline: wesentlich unbekannter als → Carolina, Caroline. Entstanden aus → Carla, weibliche Form von Carl. Aus dem Althochdeutschen. Bedeutung: die Freie. Abkürzungen: Cara, Cari, Carrie, Carry, Ina, Lia, Line.

Carlita: aus dem Althochdeutschen. Bedeutung: die Freie.

Carlota: im europäischen Süden wesentlich populärer als im Norden. Vor allem in Spanien bekannte Form von → Charlotte, eine aus dem Französischen stammende weibliche

Variante von Charles, Carl. Aus dem Althochdeutschen. Bedeutung: die Freie. Abkürzungen: Cara, Carla, Lotta.

Carlotta: fröhlich, beschwingt und unter den hundert beliebtesten Mädchennamen, auch dank Astrid Lindgren. Die italienische Variante von → Charlotte. Aus dem Althochdeutschen. Bedeutung: die Freie. Seit etwa 200 Jahren gibt es am Comer See die Villa Carlotta. Inmitten auf grünen Wiesen, umgeben von Wald, wurde sie vom Markgrafen Clerici aus Mailand erbaut. Im 19. Jh. hat sie Marianne von Oranien-Nassau gekauft und ihrer Tochter Charlotte zur Hochzeit mit Georg von Sachsen-Meiningen geschenkt. Charlotte starb nach fünf Ehejahren, ihr Mann erbte die Villa. 19. Jh.: Damals machte eine Tänzerin namens Carlotta Griesi auf sich aufmerksam. Ihr Lebenspartner Jules Perrot schuf für sie das Ballett »Giselle«. Sie war eine der besten Ballerinen der Romantik. 20. Jh.: Linda Barnes, Schauspiellehrerin, Regisseurin, die eigene Theaterstücke schrieb. Bis sie ihren ersten Krimi veröffentlichte und die große, rothaarige Privatdetektivin Carlotta Calyle erfand. Seitdem hat die Ermittlerin gut zu tun. Abkürzungen: Cara, Caro, Lola, Lotta.

Carmela, Carmelia: erinnert an Sonne und Sommer. Vor allem in Spanien gefragt. Verwandt mit → Carmen. Der Name bezieht sich auf die Jungfrau Maria vom Berg Karmel. Abkürzungen: Caja, Cara, Ela, Mela, Melia, Mella.

Carmelina: ein Kosename von → Carmen, der sich inzwischen verselbstständigt hat. Der Name bezieht sich auf die Jungfrau Maria vom Berg Karmel. Abkürzungen: Caja, Cara, Ina, Lia, Lina, Line, Melina.

Carmen: ein alter spanischer Name, der sich auf die Jungfrau Maria vom Berg Karmel bezieht. Festtag: 16. Juli. 19. Jh.: die feurige, leidenschaftliche und sehr eigenständige Carmen aus der Oper von Georges Bizet. Nach anfänglichem Misserfolg zählt diese Oper heute zu den meist aufgeführten überhaupt. Abkürzungen: Caja, Cara.

Carmina, Carmine: zärtlich, liebevoll, eigentlich Kosenamen für → Carmen. Der Name bezieht sich auf die Jungfrau Maria vom Berg Karmel. Abkürzungen: Caja, Cara, Ina, Mia, Mina, Mine, Minna.

Carol: modern, unverbraucht. Aus dem Englischen. Weibliche Variante von Carl. Aus dem Althochdeutschen. Bedeutung: die Freie.

Carola, Carole: klangvoll dank der drei Vokale. Traditionell. Weibliche Form von Carl. Aus dem Althochdeutschen. Bedeutung: die Freie. 19. Jh.: Eine strahlende Carola, die als schönste Prinzessin Europas galt, wurde Königin von Sachsen. Machte sich um soziale Einrichtungen verdient. Abkürzungen: Cara, Cari, Caro, Carrie, Jola, Lale, Lola, Lollo, Ola.

Carolin: neueren Datums. Unter den hundert Spitzenreitern bei den Mädchennamen. Kurzform von → Carolina, weibliche Variante von Carl. Aus dem Althochdeutschen. Bedeutung: der Freie. 20./21. Jh.: Carolin Widmann, Violinistin. Gewann viele wichtige Musikpreise. Konzertierte als Solistin mit großen Orchestern. Ist Professorin für Violine an der Hochschule für Musik und Theater »Felix Mendelsohn Bartholdy« in Leipzig. Eine weitere Form: → Carol. Abkürzungen: Cara, Cari, Caro, Lina, Line, Linn, Lynn.

Carolina, Caroline: weich, warm, liebenswert. Seit dem 17. Jh. höchst beliebt bis heute. Abgeleitet von → Carola, einer weiblichen Form von Carl. Aus dem Althochdeutschen. Bedeutung: die Freie. 18./19. Jh.: Caroline Schlegel. Eigenständig. Hellwach im Kopf. Sehr engagiert. Und sehr umstritten. Muse bedeutender Männer ihrer Zeit. Mehrmals verheiratet. Tat sich schließlich mit dem Philosophen Friedrich Wilhelm Joseph Schelling zusammen. Außerdem: Caroline von Wolzogen, Schwägerin und Freundin Schillers. An Literatur interessiert, Schriftstellerin. Heiratete Schillers Jugendfreund Wilhelm von Wolzogen, Kammerherr in Weimar. Ihr Haus in Weimar war Treffpunkt für an Literatur und Philosophie interessierte Zeitgenossen. 20./21. Jh.: Caroline von Monaco, eigentlich Caroline Louise Marguerite Prinzessin von Hannover, Herzogin von Braunschweig und Lüneburg, Prinzessin von Monaco, geborene Grimaldi, Tochter von Fürst Rainier III. und Fürstin → Gracia Patricia (ehemals Grace Kelly). Will nicht im Mittelpunkt des Medieninteresses stehen. Dann: Caroline Link, deutsche Regisseurin, die den stets begehrten Oscar für ihren Film »Nirgendwo in Afrika« gewann. Abkürzungen: Caja, Calla, Cara, Caro, Carol, Carry, Casja, Line, Lina, Lola, Lollo.

Carolyn: modern, aus dem Englischen. Verwandt mit → Carolina, weibliche Formen von Carl. Aus dem Althochdeutschen, Bedeutung: die Freie. 20. Jh.: Carolyn Bessette, verheiratet mit John F. Kennedy jr., Sohn von John F. und → Jackie Kennedy. Kam zusammen mit ihrer Schwester und ihrem Mann bei einem Flugzeugunglück ums Leben, bei dem die Maschine von ihm gesteuert wurde.

Carrie. Auch **Carry:** modern. Aus dem Englischen. Kurzform von → Carolyn, weibliche Formen von Carl. Aus dem Althochdeutschen. Bedeutung: der Freie. Bekannt geworden durch Carrie, die in der Fernsehserie »Sex and the City« fröhlich bis genervt durch New York hastet.

Carsta: nicht unbedingt im Blickfeld. Im Süden noch seltener als im Norden. Aus dem Niederdeutschen. Verwandt mit → Christiane, weibliche Variante von Christian. Aus dem Lateinischen. Bedeutung: zu Christus gehörend. Abkürzungen: Asta, Cara.

Carstine: bereits im 18./19. Jh. bekannt. Weibliche Form von Carsten, der niederdeutschen Fassung von Christian. Aus dem Lateinischen. Bedeutung: zu Christus gehörend. Abkürzungen: Cara, Cari, Caro, Stina, Stine, Tina, Tine.

Caryn: flink, frisch und modern. Vor allem in englischsprachigen Ländern gefragt. Angelehnt an → Katharina. Aus dem Griechischen. Bedeutung: die Reine. Abkürzungen: Caja, Cara.

Cassandra: aus dem Griechischen. Der Name erinnert an → Kassandra, die bei Homer Tochter des Priamos und der Hekabe ist. Weil sie die Liebe Apollons nicht erwiderte, machte er sie zu einer Seherin, deren Voraussagen leider niemand glaubte. So sah sie das Verderben von Troja kommen, konnte es aber nicht aufhalten. Auch in einer Ballade von Friedrich Schiller beklagt sie ihr Schicksal: »Und sie schelten meine Klagen und sie höhnen meinen Schmerz …« Abkürzungen: Caja, Cara, Cassia, Cassja, Sandra, Sandy, Sanja.

Cassia: nicht alltäglich. Kurzform von → Cassandra. Der Name erinnert an → Kassandra, bei Homer Tochter des Priamos und der Hekabe.

Cassie. Auch **Cassy:** kurz und modern. Im englischsprachigen Raum bekannter. Kurzformen von → Cassandra, die bei Homer die Tochter von Priamos und Hekabe ist.

Cassiopeia: ausgefallen, fern jeden Trends. Eine Figur aus der griechischen Mythologie, auch ein Sternbild. Abkürzungen: Caja, Cassia, Cassie, Cassy.

Catalina: wohlklingend und angenehm. Ausgefallen, aber nicht exotisch. Vor allem in Italien und Spanien gebräuchlich. Verwandt mit → Katharina. Aus dem Griechischen. Bedeutung: die Reine. 16. Jh.: Catalina Micaela (auch Katharina Michaela), Prinzessin von Spanien und Herzogin von Savoyen, spanische Königstochter, wurde nach ihrer Großmutter Katharina de Medici und dem heiligen Michael benannt. Heiratete Herzog Karl Emanuel I. von Savoyen, starb nach der Geburt ihres zehnten Kindes. Abkürzungen: Caja, Cara, Cata, Ina, Lia, Lina, Line.

Catarina: eine besondere Form des alten Namens → Katharina, vor allem in Südeuropa üblich. 16. Jh.: Ein spanisches Schiff legte vor der Küste Brasiliens an – der Beginn der Kolonialisierung. Die Eroberer nannten das Stück Küste »Santa Catarina«, noch heute ein Bundesstaat im Süden Brasiliens, und zwar ein besonders schöner. Abkürzungen: Caja, Cara, Cata, Catja, Ina, Lina, Line, Ria, Rina.

Caterina: leicht und luftig, in Italien, aber auch in Spanien üblich und vielleicht lässiger als der in Deutschland gebräuchlichere Name → Katharina. Aus dem Griechischen. Bedeutung: die Reine. 20./21. Jh.: Caterina Davinio, italienische Dichterin, Schriftstellerin und Künstlerin, die als Gründerin der Net-Poetry gilt. Sie schuf eine Lyrik-Performance, indem sie Daten und Informationen des Internets nutzte. Außerdem: Caterina Lichtenberg, in Bulgarien geboren, hochgelobte Mandolinen- und Gitarrespielerin, die wunderbar lobende Kritiken bekommt und bereits viele internationale Musikwettbewerbe gewann. Abkürzungen: Caja, Cara, Cata, Catja, Ina, Lina, Line, Ria, Rina.

Catharina: traditionell, international. Angelehnt an → Katharina, aus dem Griechischen. Bedeutung: die Reine. 18. Jh.: Maria Catharina Prestel, verheiratet mit dem Kupferstecher und Maler Johann Gottlieb Prestel, war nicht nur Hausfrau, sondern hat zusammen mit ihrem Mann wunderbare Meisterzeichnungen geschaffen. 18./19. Jh.: Catharina Pawlowna, manchmal auch Katharina genannt und aus russischem Zarenhaus, ging eine auf dem Wiener Kongress arrangierte Ehe mit ihrem Cousin ein, dem Kronprinzen und späteren König Wilhelm I. von Württemberg. Damit sollte das Verhältnis Württembergs, das auf der Seite Napoleons stand, zu den ehemaligen Gegnern Österreich, Preußen und Russland verbessert werden. Trotz aller Politik war Liebe im Spiel: Als sie erfuhr, dass ihr Mann seine Geliebte nicht aufgeben wollte, lief sie nachts in den kalten Park, erkrankte und starb. Über ihrem Mausoleum steht: »Die Liebe höret nimmer auf!« Abkürzungen: Caja, Cara, Cassia, Cata, Cate, Cathy, Catja, Ria, Rina, Tinka.

Catherine. Auch **Cathérine:** hergeleitet von → Katharina. Aus dem Griechischen. Bedeutung: die Reine. International. 16. Jh.: In Schweden gab eine Herzogin Catherina Gyllenhorn der Stadt Katrineholm ihren Namen. Die Stadtrechte erhielt Katrineholm 1917. 20./21. Jh.: Cathérine Deneuve, französische Schauspielerin, bezaubert ihr Publikum seit Jahrzehnten mit ihrer Schönheit und Schauspielkunst. Abkürzungen: Caja, Cara, Cata, Catja, Ina, Lina, Line, Ria, Rina.

Cathleen: modern, unverbraucht, einst vor allem in englischsprachigen Ländern gefragt, inzwischen jedoch weltweit. Verwandt mit → Katharina. Aus dem Griechischen. Bedeutung: die Reine. Abkürzungen: Cata, Cate.

Cathrin, Catrin: abgeleitet von → Katharina. Aus dem Griechischen. Bedeutung: die Reine. Abkürzungen: Cata, Cate, Cathy, Katy, Trina, Trine.

Cathrina. Auch **Catrina:** ein alter Name, vor Generationen aus Schottland, Irland importiert, inzwischen international. Kurzformen von → Katharina. Aus dem Griechischen. Bedeutung: die Reine. Eine Schweizer Variante: Chatrina. Abkürzungen: Cata, Cathy, Ina, Trina, Trine.

Cathy: Kurzform von → Catharina. Aus England. Inzwischen international. In Zusammenhang zu sehen mit → Katharina. Aus dem Griechischen. Bedeutung: die Reine.

Catia, Catja. Auch **Cathia, Catya:** seltenere Formen von
→ Katharina. Aus dem Griechischen. Bedeutung: die Reine.
Catiana: in Südeuropa beliebt. Gedacht als Kosename zu
→ Catharina. Aus dem Griechischen. Bedeutung: die Reine.
Abkürzungen: Ana, Cara, Catia, Catja, Tina.
Catina: in Italien bekannte Koseform von → Katharina. Aus
dem Griechischen. Bedeutung: die Reine. Abkürzungen:
Caja, Cara, Casia, Casja, Catj, Tina, Tine.
Catinca: liebevoll, etwas spöttisch vielleicht. Ungewohnt in
dieser Schreibweise. Vor allem in Rumänien gefragt, hergelei-
tet von → Katharina. Aus dem Griechischen. Bedeutung: die
Reine. Abkürzungen: Caja, Cara, Catja, Tinca, Tina, Tine.
Catrice: eine modische Variante, hergeleitet von → Katharina.
Aus dem Griechischen. Bedeutung: die Reine.
Catrin: → Cathrin.
Cécile: graziös, leicht. Hergeleitet von Cäcilia. Aus dem La-
teinischen. Der Name weist auf ein altrömisches Geschlecht
hin. 19. Jh.: Der Schriftsteller Theodor Fontane hat den Roman »Cécile« geschrieben, in dem eine Frau ihrer Vergangenheit zu entkommen versucht, es aber nicht schafft.
Schließlich zerbricht sie an diesem Konflikt. Noch etwas: Es
gibt eine Rose, die so schön ist wie ihr Name: Comtesse
Cécile de Chabrillant. Wurde Mitte 18. Jh. erstmals in Frankreich gezüchtet. Abkürzungen: Cilly, Cissy.
Cecilia, Cecilie: zeit- und schnörkellos, leichter und luftiger
als die Ursprungsnamen → Cäcilia, Cäcilie. Aus dem Lateinischen. Der Name weist auf ein altrömisches Geschlecht hin.
11. Jh.: Eine Tochter von Wilhelm I., König von England,
hieß Cecilia. Der Name bleibt in Fürstenhäusern durch die
Jahrhunderte beliebt. 20./21. Jh.: Cecilia Bartoli, eine der
erfolgreichsten und beeindruckendsten Sängerinnen unserer
Tage. Tritt in den größten Opernhäusern und Konzertsälen
der Welt auf, singt vor allem Opern von Wolfgang Amadeus
Mozart und Gioachino Rossini, hat aber auch ein Repertoire
mit weniger bekannten Opern. 20. Jh.: An den Namen erinnert auch die »Hymn to St. Cecilia«, ein Stück für Chor a
cappella, von Benjamin Britten nach einem Gedicht von
W.H. Auden komponiert. Abkürzungen: Celia, Cessie, Cia,

Cicily, Cilia, Cilja, Cilla, Cilli, Cillia, Cillie, Cillja, Cilly, Zilia, Zilja, Zilla, Zilli.

Cecily: locker, leicht. Ursprünglich englisch, heute international. Passt immer. Aus dem Lateinischen. Der Name verweist auf ein altrömisches Geschlecht. 15. Jh.: Cecily Neville, Herzogin von York in England, kam aus einer Familie, die Geschichte machte: Ihr Urgroßvater war der englische König Edward III., einer ihrer Nachkommen der englische König Richard III. Abkürzungen: Cia, Cilli, Cillia, Cillie, Cilly.

Celeste: romantisch, verspielt. Verwandt mit → Cölestina, Cölestine. Aus dem Lateinischen. Bedeutung: himmlisch. 19. Jh.: »Madame Celeste« soll eine besonders gute Tänzerin gewesen sein, jedenfalls wurde sie bei ihren Auftritten in New York oder London restlos bewundert und von ihren Verehrern auf Schultern und Händen getragen. Ihr ganzes Leben hat sich um das Tanzen gedreht. In Frankreich: Céleste. Abkürzungen: Ella, Elli.

Celestina: zärtlich, einschmeichelnd. Vor allem in Spanien und Italien bekannt. Verwandt mit dem männlichen Cölestin. Aus dem Lateinischen. Bedeutung: himmlisch. Abkürzungen: Cena, Lina, Line, Stina, Stine, Tina, Tine.

Celia: ansprechend. Überall verständlich. Aus Spanien importierter Name, eine Kurzform von → Cäcilia. Aus dem Lateinischen. Der Name verweist auf ein altrömisches Geschlecht. Abkürzungen: Ella, Elli.

Celina, Celine. Auch **Cellina:** beliebt. Zählt zu den hundert beliebtesten weiblichen Vornamen. Eine mehr als hundert Jahre alte Kurzform von → Marcelina. Aus dem Lateinischen. Bedeutung: die Kriegerische. Gilt auch als Kosename zu → Cäcilia. Aus dem Lateinischen. Hinweis auf ein römisches Geschlecht. In Frankreich: Céline. Abkürzungen: Cela, Celia, Cella, Cilli, Lina, Line.

Cendrine: märchenhaft, denn der Name erinnert an die Geschichte von »Aschenputtel«. Aus dem Französischen. Bedeutung: Asche. Abkürzungen: Cindie, Cindy, Dina, Ena, Eni.

Centa: vor allem im Süden bekannt. Kurzform von → Crescentia, → Vincenta, weibliche Form von Vinzenz. Aus dem Lateinischen. Bedeutung: siegen.

Cesarina, Cesarine: nicht gerade häufig. Abgeleitet vom männlichen Cäsar. Aus dem Lateinischen. Der Name verweist auf ein römisches Geschlecht. Abkürzungen: Arina, Arine, Cessie, Cessy, Ina, Rina.

Chantal: aus dem Französischen. Bedeutung: die Sängerin. Ein Name, der sich auf Jeanne-Françoise Frémiot de Chantal, Ordensstifterin der Salesianerinnen, bezieht. Namenstag: 12. Dezember. 20. Jh.: Chantal Chaudé de Silans wurde als gerade mal Vierzehnjährige französische Schachmeisterin. Hatte sogar bei einer Schach-Weltmeisterschaft lange die Nase vorn, um dann erschöpft zurückzufallen. Ihr Leben lang hat sie sich für Schach interessiert und eingesetzt. Weitere Namensform: Chantelle.

Charlaine: elegant, traditionell. Aus dem Französischen. Über die Grenzen Frankreichs hinaus bekannt. Weibliche Variante von Charles und Carl. Aus dem Althochdeutschen. Bedeutung: die Freie. Andere Namensformen: Charleen, Charlene. Abkürzungen: Charlie, Charly, Lana, Lena, Lene.

Charline: beliebt. Aus dem Französischen. Weibliche Form von Charles und Carl. Aus dem Althochdeutschen. Bedeutung: die Freie. Abkürzungen: Charlie, Charly, Linn, Lynn.

Charlotte: zeitlos, klassisch. Unter den hundert Top-Namen. Die weibliche Variante von Charles, Carl. Aus dem Althochdeutschen. Bedeutung: die Freie. 18./19. Jh.: Charlotte Buff, Vorbild der → Lotte in Goethes Briefroman »Die Leiden des jungen Werthers«. Charlotte von Stein stand in Weimar in enger Verbindung mit Johann Wolfgang von Goethe. Charlotte von Kalb, Schriftstellerin, war mit Goethe, Friedrich Hölderlin, Jean Paul und anderen Geistesgrößen befreundet und fühlte sich besonders zu Friedrich Schiller hingezogen. 19. Jh.: Charlotte Brontë, britische Schriftstellerin, die mit dem Roman »Jane Eyre« großen Erfolg hatte. Übrigens veröffentlichte sie, wie auch ihre Schwestern Anne und Emily, zuerst unter männlichem Pseudonym, weil sie sich damit mehr Chancen am Büchermarkt ausrechnete. Abkürzungen: Cara, Lola, Lota, Lotta, Lotte, Sheryl.

Charmaine: klingt nach Frankreich, kommt jedoch aus dem Englischen. Wahrscheinliche Bedeutung: charmant. Bezieht sich vielleicht auch auf den Namen Charmian, im deutsch-sprachigen Raum weitgehend unbekannt. Aus dem Griechischen. Bedeutung: die Freude. Abkürzungen: Carrie, Manie, Many.

Chelsea, Chelsey. Auch **Chelsie, Chelsy:** vor allem in den USA häufiger. Bezieht sich auf den Londoner Stadtteil Chelsea. Rund um den Globus bekannter geworden durch die Tochter des ehemaligen US-Präsidenten Bill Clinton.

Cheryl: international. Kommt aus England. Aus dem Lateinischen. Bedeutung: die Nächstenliebe.

Chiara, Ciara: Unter den hundert Top-Namen. Aus dem Italienischen, verwandt mit → Clara. Bedeutung: die Glänzende, Helle. Andere sehen die Wurzeln des Namens in Irland. Bedeutung dann: die Schwarze. 12./13. Jh.: die heilige Chiara von Assisi, Gründerin des Ordens der Klarissinnen, und Begleiterin von Franz von Assisi (der den Franziskanerorden gründete). Namenstag: 11. August. 20./21. Jh.: die französische Schauspielerin Chiara Mastroianni, Tochter von → Catherine Deneuve und Marcello Mastroianni. Abkürzungen: Cira, Ira.

Chilia. Auch **Chilja:** attraktiv, interessant, ziemlich unbekannt. Aus dem Russischen. Kurzformen von Rachil, verwandt mit → Rachel, Rahel. Aus dem Hebräischen. Bedeutung: das Mutterschaf.

Chloe, Cloe: poetisch, verspielt. Aus dem Griechischen. Bedeutung: junger Keim. 2./3. Jh.: Longos (oder auch Longus) von Lesbos, griechischer Schriftsteller der Antike, der einen liebenswerten Hirtenroman über Daphnis und Chloe geschrieben hat, trotz immenser Probleme mit glücklichem Ausgang. Unvergessen bis heute.

Christa. Auch **Crista:** Mitte des 20. Jh. sehr aktuell. Ursprünglich Kurzformen von → Christiana, hergeleitet von Christian. Aus dem Lateinischen. Bedeutung: zu Christus gehörend. 20./21. Jh.: seit mehreren Jahrzehnten Christa Wolf, eine der bedeutendsten deutschen Schriftstellerinnen. Wurde Mitglied der Europäischen Akademie der Wissenschaften. Hatte erst in der DDR zu kämpfen, später in der BRD. Abkürzungen: Rita, Tita.

C

Christabel: zärtlich wie ein Kosewort. Aus England. Wahrscheinlich ein Doppelwort aus → Christa, hergeleitet von Christian, aus dem Lateinischen. Bedeutung: zu Christus gehörend. Und aus → Bella, aus dem Italienischen. Bedeutung: die Schöne. Abkürzungen: Bella, Belle, Chris, Christa.

Christel: Mitte des 20. Jh. hoch im Kurs. Inzwischen weit weniger populär. Kurzform von → Christiana, hergeleitet von Christian. Aus dem Lateinischen. Bedeutung: zu Christus gehörend. Abkürzungen: Chris, Chrissy.

Christelle. Auch **Christella:** munter fröhlich wie so viele Vornamen mit französischer Wurzel. Verwandt mit → Christiana, → Christina, weibliche Varianten von Christian. Aus dem Lateinischen. Bedeutung: zu Christus gehörend. Abkürzungen: Chris, Chrissie, Chrissy, Ella, Stella.

Christiana, Christiane. Auch **Cristiana:** Klassiker. Bereits im 18./19. Jh. beliebt. Weibliche Formen von Christian. Aus dem Lateinischen. Bedeutung: zu Christus gehörend. 18./19. Jh.: Die Liebesgeschichte der unbekümmerten, natürlichen Christiane Vulpius beschäftigte die Gemüter, weil sie sich mit dem Dichterfürsten Johann Wolfgang von Goethe zusammentat, zuerst als Geliebte, später als Ehefrau und Mutter seines Sohnes. 20./21. Jh.: Christiane Nüsslein-Volhard, deutsche Biologin, besonders interessiert an Genetik und Entwicklungsbiologie. Erhielt für ihre Forschungen 1995 den Nobelpreis für Physiologie und Medizin. Kosenamen und Abkürzungen: Ana, Ane, Chris, Chrissie, Chrissy, Christa, Christel, Cinja, Cinnia, Jana, Jane, Janna, Janne, Jannette, Janny, Kika, Kicki, Nana, Nane, Nanette, Nanna, Tiana, Tita, Tjana.

Christie: unverbraucht. Vor allem in England beliebte Form von → Christina, einer weiblichen Form von Christian. Aus dem Lateinischen. Bedeutung: zu Christus gehörend. Abkürzungen: Chris, Tita. Ähnlich: Christy.

Christien: aus den Niederlanden, hergeleitet von → Christina, einer weiblichen Form von Christian. Aus dem Lateinischen. Bedeutung: zu Christus gehörend. Abkürzungen: Chris, Chrissie, Chrissy.

Christin. Auch **Cristin:** neuere Namensformen, angelehnt an Christina, einer weiblichen Form von Christian. Aus dem

Lateinischen. Bedeutung: zu Christus gehörend. Abkürzungen: Chris, Chrissy, Cri, Tini, Tinni.

Christina, Christine: zeitlos. Seit Jahrhunderten aktuell. Ursprünglich eine Variante von → Christiana, einer weiblichen Form von Christian. Aus dem Lateinischen. Bedeutung: zu Christus gehörend. Dass der Name durch die Jahrhunderte beliebt war, ist an der langen Liste berühmter Namensträgerinnen zu erkennen. 17./18. Jh.: Königin Christina von Schweden, eigentlich Kristina, dankte nach zehn Jahren Regentschaft ab, trat zum Katholizismus über und lebte fortan in Rom. Außerdem: Elisabeth Christine von Braunschweig Wolfenbüttel heiratete Kaiser Karl VI., der sie ob ihrer hellen Haut die »weiße Liesel« nannte. Sie war die Mutter der österreichischen Kaiserin Maria Theresia. 20./21. Jh.: Christine Nöstlinger, die in den vergangenen Jahrzehnten viele erfolgreiche Bücher, vor allem Kinder- und Jugendbücher geschrieben hat. Verarbeitet darin Alltagssituationen der Gegenwart. In Irland: Cristiona; in Italien und Spanien: Cristina. Abkürzungen: Chrisie, Chrissie, Cinja, Cinnia, Cissie, Cris, Ina, Ine, Kicki, Stina, Stine, Tina, Tine, Tineke, Tinia, Tinka, Tita.

Christophine: weibliche Form von Christoph. Aus dem Griechischen. Bedeutung: Christus tragend. Früher nicht unbekannt, heute fast vergessen. 18./19. Jh.: Die Lieblings-

NAMENTLICHE ZUKUNFTSTRÄUME

Je mehr Mandys und Chelsys auf die Welt purzeln, desto entschlossener gehen viele werdende Eltern entschieden auf Gegenkurs und geben ihren Mädels wieder alte Namen wie Paula und Pauline, Josefine und Natalia – Namen, die nicht über den großen Teich zu uns herübergeschwappt sind, sondern vor hundert Jahren hierzulande verwurzelt waren. Natürlich wird es nicht generationenlang bei Mandy, Chelsy, Paula, Pauline, Josefine und Natalia bleiben. Was wird wohl in zwanzig Jahren en vogue sein? Vielleicht wieder Humberta und Landeline, Osterhild und Osberta? Oder gar etwa Nivea und Salami? Apple und Peach wurden jedenfalls bereits genehmigt.

schwester von Friedrich Schiller hieß Christophine. Abkürzungen: Chrissie, Cinja, Cinnia, Cissie, Cris, Fine, Fina.

Chrysantha: ungewöhnlich und besonders. Aus dem Griechischen. Bedeutung: Gold und Blume. Abkürzungen: Chris, Chrys, Sana, Sandra, Santa.

Cilia: neu, nicht alltäglich. Ursprünglich Kurzform von → Cäcilia und → Cecilia. Aus dem Lateinischen. Hinweis auf ein altrömisches Geschlecht. Im Pyrenäenvorland, am Rande des Jakobswegs, gibt es einen kleinen Ort mit Namen Santa Cilia. Abkürzungen: Ille, Lia.

Cilla: Kurzform von Cäcilia, Cäcilie. Aus dem Lateinischen. Hinweis auf ein altrömisches Geschlecht.

Cinderella: wahrlich märchenhaft, denn der Name erinnert an die Geschichte von »Aschenputtel«. Aus dem Englischen. Bedeutung: die Asche. Abkürzungen: Cindie, Cindy, Ena, Eni, Dina.

Cindy. Auch **Cindi:** vor allem in den USA bekannte Kurzform von → Cinderella. Aus dem Englischen. Bedeutung: die Asche. 20./21. Jh.: Das erfolgreiche US-amerikanische Topmodel Cindy Crawford machte den Namen bekannt.

Cinja: leicht und angenehm, fällt aus dem Rahmen und ist trotzdem einfach in Klang und Schreibweise. Wohl in Anlehnung an den Pflanzennamen Zinnie entstanden.

Cintia, Cinzia. Auch **Cynthia:** fröhlich und beschwingt. International. Von Spanien bis Ungarn bekannt. Aus dem Englischen, angelehnt an das Griechische. Bedeutung: vom Berge Kynthos. Abkürzungen: Cindy, Cyn, Ina, Zia.

Citha: kurz, besonders. Vor allem in Italien bekannt, im deutschsprachigen Raum weniger. Angelehnt an den schottischen, bei uns weitgehend unbekannten Namen Keitha. Vielleicht aber auch eine Kurzform von Namen mit den Anfangsbuchstaben »Ci« wie etwa → Cinderella.

Clara: einfach in der Schreibweise, angenehm im Klang. Unter den hundert beliebtesten Mädchennamen. Aus dem Lateinischen. Bedeutung: hervorragend, berühmt. 19. Jh.: Clara Schumann, Pianistin, Komponistin. Ihr Vater wollte aus ihr ein Wunderkind machen. Streng und autoritär bestimmte er ihr Leben. Später versuchte er, ihre Ehe mit sei-

nem Schüler Robert Schumann zu verhindern. Vergebens.
Sie heiratete Schumann, der sie allerdings ebenfalls regle-
mentieren wollte. Er sah ungern, dass Clara als Pianistin
arbeitete. Acht Kinder kamen zur Welt. Trotzdem gelang es
Clara, auf Konzertreisen zu gehen. Mit der Erkrankung
Schumanns brachen schwere Zeiten für sie an. In den Nie-
derlanden und Friesland: Claartje. Andere Namensformen:
→ Chiara, Ciara, → Claire, → Klara.

Cläre: aus dem französischen → Claire entwickelt. Verwandt
mit → Clara. Aus dem Lateinischen. Bedeutung: hervorragend, berühmt.

Claire: warm und sonnig. Aus dem Französischen, angelehnt
an → Clara. Aus dem Lateinischen. Bedeutung: hervorragend, berühmt. 19./20. Jh.: Claire Waldorff, sang Chansons
und spielte vor dem 1. Weltkrieg eine große Rolle in der
Berliner Kabarettszene. Seit den 80er-Jahren sind ihre Chansons wieder ein Begriff. Kosenamen: Clairette, Klärchen.

Claretta, Clarette: eine vor allem in Italien bekannte Ver-
kleinerungsform von → Clara; in Frankreich: Clairette.
Abkürzungen: Cläre, Claire, Clara, Etta.

Clarice: modern, unverbraucht. Aus England stammende,
längst international bekannte Form von → Clara. Aus dem
Lateinischen. Bedeutung: hervorragend, berühmt. 20. Jh.:
Clarice Lispector, ukrainisch/brasilianische Schriftstellerin.
Abkürzungen: Clara, Isa, Issy.

Clarina: unaufdringlich, wohlklingend. Besondere Form von
→ Clara. Aus dem Lateinischen. Bedeutung: hervorragend,
berühmt. In der ersten Oper von Gioachino Rossini, »Cam-
biale di Matrimonio«, singt eine Clarina, keine große Rolle,
aber immerhin. Abkürzungen: Cläre, Claire, Clara, Ina, Rina.

Clarinda, Clarinde: hergeleitet von → Clara. Aus dem Lateinischen. Bedeutung: hervorragend, berühmt. Abkürzungen:
Cläre, Claire, Clara, Ina, Linda, Linde, Rina.

Clarissa, Clarisse. Auch **Clarise:** mädchenhaft, zeitlos, haben
vielleicht das Zeug zum Klassiker. Kosenamen zu → Clara,
die sich verselbstständigt haben. Aus dem Lateinischen.
Bedeutung: hervorragend, berühmt. Abkürzungen: Clara,
Issy, Ria.

Clarita: nicht alltäglich, nicht zu exotisch. Aus Spanien. Form von → Clara. Aus dem Lateinischen. Bedeutung: hervorragend, berühmt. Abkürzungen: Cläre, Claire, Clara, Ita, Ria, Rita.

Claudette: verniedlichte Form vom französischen Claude, verwandt mit → Claudia. Aus dem Lateinischen. Hinweis auf das Geschlecht der Claudier. 20. Jh.: Claudette Colbert, französisch/amerikanische Schauspielerin, die in den 30er-Jahren ein sehr gefragter Star am Hollywoodhimmel war und es sich leisten konnte, nie nach 17 Uhr zu filmen. Abkürzungen: Deta, Detta, Etta.

Claudia: zeitlos. Häufig weit oben auf der Hitliste beliebter Namen, aber nie ganz oben. Aus dem Lateinischen. Hinweis auf das Geschlecht der Claudier. 1. Jh.v.Chr.: Damals war von einer wegen ihres Lebenswandels verpönten Clodia in Rom die Rede, denn sie wurde verdächtigt, ihren Mann, Quintus Caecilius Mettelus Celer, per Gift ins Jenseits befördert zu haben. 20./21. Jh.: die höchst attraktive italienische Filmschauspielerin Claudia Cardinale aus längst vergangenen Filmzeiten, dennoch bis heute unvergessen. Außerdem: Claudia Schiffer. Ehemals Topmodel, hübsch, Vorbild an Disziplin für viele junge Mädchen und Frauen. Abkürzungen: Claude, Dina, Dine.

Claudine. Auch **Claudina:** verwandt mit → Claudia. Aus dem Lateinischen. Hinweis auf das Geschlecht der Claudier. 20. Jh.: Claudine Anger, französische Schauspielerin, die James Bond in »Feuerball« helfen soll, die geraubten Atombomben zu finden. Abkürzungen: Dina, Dine, Ina.

Claudinette: Kosename, der einst aus → Claudina entstanden ist und sich verselbstständigt hat. Aus dem Lateinischen. Hinweis auf das Geschlecht der Claudier. Abkürzungen: Deta, Detta, Dina, Dine, Etta, Ina.

Clea: einfach, aber wirkungsvoll. Aus dem Lateinischen. Bedeutung: Ich rühme.

Clelia: ungewöhnlich. In England und Italien vertrauter. Aus dem Lateinischen. Bezieht sich auf die Familie Cloelia. 19. Jh.: die heilige Clelia Barbieri, die in Oberitalien die Erziehung benachteiligter Kinder zu ihrer Aufgabe machte.

Namenstag: 13. Juli. In Frankreich Clèlie. Abkürzungen: Cleo, Clio, Ela, Lia, Lila.

Clementia, Clemenza: kommt aus Italien. Weibliche Varianten zu Clemens. Aus dem Lateinischen. Bedeutung: sanftmütig, gütig. Abkürzungen: Clea, Emma, Ena.

Clementine. Auch **Clementina:** ein Klassiker, fern jeder Mode. Weibliche Formen von Clemens. Aus dem Lateinischen. Bedeutung: sanftmütig, gütig. Der Name erinnert an die Zitrusfrucht Clementine: süß und von leuchtender Farbe. 19./20. Jh.: Weil Kaiser Wilhelm II. einst einmal pro Jahr nach Wiesbaden kam, galt es als chic, dort zu residieren. So baute zu jener Zeit auch ein Fabrikant aus Mainz eine repräsentative Villa in Wiesbaden, die er nach seiner Frau benannte: die Villa Clementine. Abkürzungen: Clea, Emma, Ena, Tina, Tine.

Cleo: ähnlich in Herkommen und Klang wie → Clea. Aus dem Griechischen. Bedeutung: ich rühme. Gilt auch als Kurzform von → Cleopatra, ägyptische Königin der Antike (69 bis 30 v. Chr.). Kosename: Cosy.

Cleopatra: aus dem Griechischen. Bedeutung: rühmen und Vater. 1. Jh. v. Chr.: Der Name erinnert an das Drama um die berühmte ägyptische Königin Cleopatra, erst Geliebte von Julius Cäsar, dem sie einen Sohn gebar. Später die Geliebte von Marcus Antonius, mit dem sie drei Kinder hatte. Nach einer verlorenen Schlacht bei Actium gegen die Römer floh sie nach Ägypten und nahm sich dort das Leben. Seit Jahrhunderten beschäftigen sich Komponisten und Dichter mit diesem Stoff, so zum Beispiel William Shakespeare mit seinem Drama »Antonius und Cleopatra«. 1963 kam der monumentale Historienfilm »Cleopatra« mit Elizabeth Taylor und Richard Burton (als Marcus Antonius) in die Kinos (bei dem sich die beiden ineinander verliebten und ein Jahr später heirateten). Abkürzung: Cleo.

Clio: originell, aber nicht übertrieben. Aus dem Griechischen. Bedeutung: die Rühmende.

Clivia: Dieser Vorname und die Klivien, farbenprächtige Amaryllisgewächse, verweisen auf die im 18./19. Jh. lebende Lady Charlotte Florentia Clive, Herzogin von Northumberland. Gouvernante der späteren Königin → Victoria.

Clodia: eine alte, heute sehr seltene Namensform von →Claudia. Aus dem Lateinischen. Der Name geht auf das römische Geschlecht der Claudier zurück.

Cloe: →Chloe.

Clorinda, Clorinde: verspielt, mädchenhaft. Aus dem Griechischen. Bedeutung: hellgrün, frisch, jung. Der Name taucht bereits im 18./19. Jh. auf, zum Beispiel in dem Schauspiel »Clorinde die Zauberin«, das Gottlieb Bertrand für Kinder schrieb. Eine alte Namensform: Chlorinde. Abkürzungen: Chloe, Rina.

Coco, Cocco: heiter, unkompliziert. Kurzformen von Namen mit der Anfangssilbe »Co« wie etwa →Constanze oder →Cornelia. 19./20. Jh.: die Modeschöpferin Coco Chanel, die selbst Jahrzehnte nach ihrem Tod noch für Eleganz, guten Stil und Qualität steht.

Cöleste: weibliche Form von Cölestin. Aus dem Lateinischen. Bedeutung: himmlisch.

Cölestina, Cölestine: ebenfalls weibliche Form von Cölestin. Aus dem Lateinischen. Bedeutung: himmlisch. Der Name passt zu einem kleinen Stern (ein Asteroid), nach der Frau seines Entdeckers, Theodor von Oppolzer, benannt. Abkürzungen: Celia, Cena, Cora, Cosy, Lina, Stine, Tina, Tine.

Coletta, Colette: beschwingt und leicht. Ehemals italienische und französische Kosenamen, entstanden aus →Nicoletta, Nicolette, weibliche Formen von Nicolaus. Aus dem Griechischen. Bedeutung: Sieg und Volk. Abkürzungen: Coco, Etta, Letta.

Coline: zärtlich, liebenswert. Kosename zu →Nicole, weibliche Form von Nicolaus. Aus dem Griechischen. Bedeutung: Sieg und Volk. Abkürzungen: Coco, Lina, Line.

Colomba, Columba: alte, klangvolle Namen. Aus dem Griechischen. Bedeutung: Täubchen. 3. Jh.: Die heilige Columba starb als Märtyrerin. Namenstag: 31. Dezember. Abkürzungen: Collie, Colly, Cosy.

Colombina, Colombine. Auch **Columbina, Columbine:** Aus dem Lateinischen. Bedeutung: Täubchen. In der Literatur und in der Musik taucht dieser Name durch die Jahrhunderte immer wieder auf. 17. Jh.: in der Commedia dell'Arte.

18. Jh.: Wolfgang Amadeus Mozart komponierte die Pantomime »Pantalon und Columbine« für eine Faschingsredoute. Abkürzungen: Bina, Bine, Coco, Ona.

Connie. Auch **Conny:** erst einige Jahrzehnte alte Koseform in der Regel von → Cornelia. Aus dem Lateinischen. Der Name weist auf das Geschlecht der Cornelier hin.

Conradine: im 19. Jh. beliebter als heute. Weibliche Form von Konrad. Aus dem Althochdeutschen. Bedeutung: kühne Ratgeberin. 19. Jh.: Christiana Friederike Augustina Conradine Bethmann-Unzelmann, Schauspielerin, Opernsängerin, sammelte viele Erfolge am Berliner Hoftheater. Ihr Repertoire reichte von Shakespeare-Dramen bis zu Mozart-Opern. Abkürzungen: Connie, Conny, Dina, Dine.

Constanze: traditionell. Aus dem Lateinischen. Bedeutung: Beharrlichkeit. 18./19. Jh.: Constanze Mozart. Im Gegensatz zu etlichem Gerede, das sie als bequem, treulos, faul beschrieb, soll sie liebe- und verständnisvoll gewesen sein. Heiratete lange nach dem Tod ihres ersten Mannes den Dänen Georg Nikolaus Nissen. Übrigens singt eine liebreizende Constanze in der Mozartoper »Entführung aus dem Serail«. In Italien: Constanca; in Frankreich und England: Constance. Abkürzungen: Coco, Cosy, Nanderl, Stanze, Tana, Tania, Tanne.

Cora: guter Klang, einfache Schreibweise, abgeleitet von → Cornelia. Aus dem Lateinischen. Bezieht sich auf das Geschlecht der Cornelier. Andere sehen den Namen in Zusammenhang mit → Cordula. Aus dem Lateinischen. Bedeutung: Herzchen. Kosename: Coretta.

Coralie: liebenswert und leicht. In England, Frankreich und den Niederlanden bekannter als in deutschsprachigen Ländern. Aus dem Lateinischen. Bedeutung: Koralle. Wird aber auch als Kosename von → Cornelia verstanden. Aus dem Lateinischen. Der Name bezieht sich auf das Geschlecht der Cornelier. Abkürzungen: Coco, Cora, Cori, Lilli, Lily, Lilly.

Cordelia: zeitlos, angenehm im Klang, nicht zu ausgefallen. Eine Variante von → Cordula. Aus dem Lateinischen. Bedeutung: Herzchen. 17. Jh.: In William Shakespeares »King Lear« heißt die jüngste Tochter Cordelia. 18./19. Jh.: Rodolphe

Kreutzer, ein typischer Vertreter der Frühromantik und des Biedermeier, komponierte die lyrisch-tragische Oper »Cordelia«. Abkürzungen: Cora, Delia, Lia.

Cordula: weich, freundlich. Aus dem Lateinischen. Bedeutung: Herzchen. 3./4. Jh.: In einer Legende heißt es, die heilige → Ursula sei von den Hunnen überfallen worden, als sie mit engen Gefährtinnen und weiteren elftausend jungen Frauen per Schiff auf der Rückreise von ihrer Wallfahrt nach Rom war. Eine dieser Frauen soll Cordula geheißen haben und als Märtyrerin gestorben sein. Namenstag: 22. Oktober. Abkürzungen: Coco, Cordel, Cordi, Cordl, Cordy, Corrie, Corry, Lola, Lula, Lulu.

Corinna, Corinne. Auch **Corina:** wahrscheinlich eine Weiterführung von → Cora, abgeleitet von dem Namen → Cornelia. Aus dem Lateinischen. Bezieht sich auf das Geschlecht der Cornelier. Andere sehen den Namen in Zusammenhang mit → Cordula. Aus dem Lateinischen. Bedeutung: Herzchen. Auf jeden Fall ein Name mit einer poetischen Vergangenheit. Der römische Dichter Ovid – er lebte um Christi Geburt – erzählte in seinen Gedichten »Amores« von der Liebe zu einem Mädchen namens Corinna. Andere Formen: Corryne, Corynna. Abkürzungen: Cinna, Coco, Cora, Corrie, Corry, Ina, Ona.

Cornelia, Cornelie: klassisch. Weibliche Form von Cornelius. Aus dem Lateinischen. Der Name bezieht sich auf das Geschlecht der Cornelier. 2. Jh.v.Chr.: Zur Familie der Cornelier zählten auch Scipio Africanus und dessen Tochter Cornelia, die den nicht mehr ganz jungen Konsul Tiberius Sempronius Gracchus heiratete, mit ihm glücklich wurde und zwölf Kinder bekam. Sie wurde als Beispiel einer tugendhaften Matrona mit einer Statue geehrt. Vor ihr hatte noch keine Frau solch eine Ehrung erfahren. 18. Jh.: Cornelia Schlosser, Schwester von Johann Wolfgang von Goethe. Erhielt zusammen mit ihrem Bruder eine hervorragende Ausbildung. Litt später darunter, als Frau nicht annähernd so viele Chancen auf ein Studium und eine anspruchsvolle Tätigkeit zu haben wie ein Mann. Auch die Heirat mit dem Juristen Johann Georg Schlosser brachte nicht das ersehnte Glück. 20./21. Jh.:

Cornelia Funke, erfolgreiche Autorin von Kinder- und Jugendbüchern. In England Cornela, Cornelle; in Frankreich: Cornélie. Abkürzungen: Conne, Connei, Conni, Connie, Conny, Cora, Corny, Corrie, Corry, Lia, Lilli, Neela, Neele, Neelke, Neeltje, Nela, Nele, Nelia, Nella, Nelli, Nelly, Nena.

Corona: ein alter Name, selten vergeben. Aus dem Lateinischen. Bedeutung: Krone. 2. Jh.: die heilige Corona, als Märtyrerin verehrt. Namenstag: 14. Mai. Abkürzungen: Cocco, Cora, Nona, Rona.

Corrie, Corry: entstanden als Kurzform von → Cornelia. Aus dem Lateinischen. Der Name bezieht sich auf das Geschlecht der Cornelier.

Cosetta, Cosette: Kosenamen zu → Nicoletta. Hergeleitet vom männlichen Nikolaus. Aus dem Griechischen. Bedeutung: Sieg und Volk. Abkürzungen: Cosie, Cosy, Etta, Setta.

Cosima: origineller Klassiker. Aus dem Griechischen. Bedeutung: die Sittsame. 19./20. Jh.: Cosima Wagner, Tochter des Komponisten Franz Liszt und gar nicht nur sittsam. Bekam den Namen von ihrer Mutter, der Schriftstellerin Marie Gräfin d'Agoult, die ihn durch das Drama »Cosima« von George Sand kennen lernte. Wuchs in Paris auf. Heiratete erst Hans von Bülow, nach turbulenten Scheidungswirren in zweiter Ehe den Komponisten Richard Wagner. Nach dessen Tod managte sie die Festspiele in Bayreuth. Abkürzungen: Coco, Cosi, Cosma, Cosy, Sima.

Cosmea: eine Blume als Namensgeberin: die aus Mexiko stammende Sommerblume. Aus dem Griechischen. Bedeutung: die Schmucke. Abkürzung: Cosy.

Crescentia. Auch **Creszenz:** fast vergessen. Aus dem Lateinischen. Bedeutung: die Wachsende. 18. Jh.: Die heilige Crescentia, eine Mystikerin, soll allzeit fröhlich und vergnügt gewesen sein, dazu eine lebenskluge Ratgeberin, ein Vorbild für viele und eine gute Oberin ihres Klosters für Franziskanerinnen. Namenstag: 5. April. Abkürzungen: Centa, Centia, Cessie, Senta, Zenze.

Cyprienne: ein romantischer französischer Name, seit Langem im Gespräch. Die weibliche Form von Cyprien. Bedeutung: Einwohner von Zypern. Abkürzung: Cyra.

Dafne: → Daphne.

Dagmar: vor etlichen Jahrzehnten in Mode, heute seltener. Aus dem Dänischen. Bedeutung: Tag und berühmt. 19./20. Jh.: In ganz Europa kannte man diese schöne, kluge, beliebte und sehr familienbewusste Dagmar. Sie war Prinzessin von Dänemark, verheiratet mit dem russischen Zaren Alexander III. und Mutter des letzten Zaren Nikolaus II. Abkürzungen: Dagi, Daggi, Mare, Mari.

Dagny: in Skandinavien gefragt. Ein liebenswerter alter Wikingername, fast wie eine Koseform von → Dagmar. Aus dem Nordischen. Bedeutung: Tag und berühmt.

Dahlia: → Dalia.

Daisy: leicht und luftig. Vor allem in England bekannt. Längst eigenständig. Ursprünglich Kurz- und Koseform von → Elisabeth. Aus dem Hebräischen. Bedeutung: die Gott verehrt. 20. Jh.: Daisy Buchanan ist eine Figur aus dem gesellschaftskritischen Roman »Der große Gatsby« von F. Scott Fitzgerald. Schon sympathischer: Daisy Duck, von Walt Disney erfunden. Gefährtin von Donald, dem sie geduldig zur Seite steht. 20./21. Jh.: Hört der Modeschöpfer Marc Jakobs den Namen Daisy, sieht er ein Mädchen über eine Wiese voller Gänseblümchen laufen.

Dajana. Auch **Dayana:** international. Einmal ein arabischer Name. Bedeutung: die Amme. Vielleicht auch aus dem Türkischen. Bedeutung dann: Widerstand leisten. Wird in anderen Ländern von → Diana hergeleitet. Abkürzungen: Daja, Dana, Jana.

Dalia. Auch **Dahlia:** bunt und blumig. Der Name bezieht sich auf die Dahlie. Kosename: Dalisa. Abkürzungen: Li, Lia.

Damiana: aus Italien. Damiana ist auch der Name einer Pflanze, die in Nord- und Südamerika zu finden ist. Abkürzungen: Ana, Dana, Jana, Mia, Mina, Nana.

Dana: ein unkomplizierter Zweisilber. Passt überall. Entstanden als Kurzform von Daniela. Aus dem Hebräischen. Bedeutung: Gott ist mein Richter. Gilt in Schweden als weibliche Variante von Dan. Bedeutung dann: die Dänin.

Danella, Danelle: in England gefragte Variante von → Daniela. Aus dem Hebräischen. Bedeutung: Gott ist mein Richter. Abkürzungen: Dana, Dani, Danja, Danny, Danu, Dany, Ela, Ella, Elli, Nela, Nele, Nelly.

Dania. Auch **Danja:** angenehm, modern. Kurzform von Daniela. Aus dem Hebräischen. Bedeutung: Gott ist mein Richter.

Daniela, Daniele: beliebter Klassiker. Weibliche Form von Daniel. Aus dem Hebräischen. Bedeutung: Gott ist mein Richter. 20./21. Jh.: Daniela Dahn, Journalistin, Schriftstellerin. Mitglied der internationalen Schriftstellervereinigung P. E. N. In osteuropäischen Ländern wird aus dem Namen: Danaila, Danila, Danilka; in Polen: → Danuta. Abkürzungen: Dana, Dani, Danja, Danny, Danu, Dany, Ela, Nela, Nele, Nelly.

Daniella, Danielle: fröhliche Lautmalerei. Aus Italien und Frankreich, Ableger von → Daniela. Aus dem Hebräischen. Bedeutung: Gott ist mein Richter. Abkürzungen: Dana, Dani, Danja, Danni, Danu, Dany, Ela, Ella.

Danila: in Osteuropa bekannter als im deutschsprachigen Raum. Variante von → Daniela. Aus dem Hebräischen. Bedeutung: Gott ist mein Richter. Ganz ähnlich: Danika. Abkürzungen: Dana, Dani, Danja, Danni, Illa, Ille, Nila.

Danja: → Dania.

Danuta: nicht gerade alltäglich. Aus dem Polnischen. Wahrscheinlich eine Kurzform von Namen wie etwa → Daniela. Aus dem Hebräischen. Bedeutung: Gott ist mein Richter. Abkürzungen: Dana, Dani, Danja, Danni, Danu, Dara, Nuta.

Daphne, Dafne: immer schon besonders. Aus dem Griechischen. Bedeutung: der Lorbeer. In der griechischen Mythologie wird eine reizende Daphne von Apollon umworben und verfolgt. Sie rief ihren Vater zu Hilfe, der sie in einen Lorbeerbaum verwandelte, immerhin in einen ansehnlichen Baum. 20. Jh.: Richard Strauss hat dieser Daphne eine Oper gewidmet. Außerdem: Daphne du Maurier, eine sehr erfolgreiche englische Schriftstellerin. Abkürzungen: Dana, Dani, Danni.

Daria. Auch **Darja:** weibliche Form von Darius. Aus dem Persischen. Bedeutung: der Mächtige. Kosename: Darina.

Davida: weibliche Form von David. Aus dem Hebräischen. Bedeutung: Liebling. 19. Jh.: August Heinrich Hofmann von Fallersleben, den Frauen besonders zugetan, machte einer jungen Davida den Hof. In den Niederlanden: Davide, Davita. Abkürzungen: Dana, Vida, Vita, Vitta.

Davina, Davine: romantisch. Ursprünglich aus England beziehungsweise Schottland eingeführte Namen. Verwandt mit → Davida. Aus dem Hebräischen. Bedeutung: Liebling. Zur britischen Königsfamilie zählt Lady Davina, mit vollem Namen Davina Elisabeth Alice Benedikta, Urenkelin von König Georg VI. Abkürzungen: Dana, Danni, Dany, Dara, Darja, Ina, Vina, Vine, Vinni, Winnie.

Deborah. Auch **Debora:** klassisch. Aus dem Hebräischen. Bedeutung: Biene. Im Alten Testament ist Debora der Name der Amme von Rebekka. Das berühmte »Deborahlied« sang – nach einer von den Israeliten gewonnenen Schlacht – jedoch die Prophetin und Richterin Deborah. Namenstag: 21. September. Abkürzungen: Abby, Deb, Deba, Debbie, Debby, Debra, Deby, Ebba.

Deda, Dede. Auch **Dedda:** aus dem Friesischen. Entstanden aus Namen mit der Anfangssilbe »Diet« wie etwa Dietgard oder Diethild. Aus dem Althochdeutschen. Bedeutung: Volk.

Delia, Deliah: aus dem Griechischen. Bedeutung: von der Insel Delos stammend. Beiname der Göttin Artemis, die auf Delos geboren sein soll. Abkürzungen: Ela, Ella, Lia.

Deliane: originell. Verwandt mit → Delilah. Aus dem Hebräischen. Bedeutung: die Sehnende. Abkürzungen: Dela, Della, Deta, Lia, Liane, Nane.

Delilah. Auch **Delila:** ein biblischer Name. Aus dem Hebräischen. Bedeutung: die Sehnende. Abkürzungen: Dela, Delia, Della, Lia, Lila.

Denice. Auch **Denise:** aus dem Englischen und Französischen. Weibliche Varianten von Denis. Aus dem Griechischen. Bedeutung: dem Gott Dionysos geweiht. Abkürzungen: Deta, Iccy, Isa, Issy, Nike.

Deniz: aus dem Türkischen. Bedeutung: Meer.

Desdemona: ziemlich dramatisch. Aus dem Griechischen. Bedeutung: unglücklich. In William Shakespeares »Othello« gibt es eine Desdemona. Abkürzungen: Mona, Ona.

Desirée. Auch **Desideria:** ansprechend, klassisch. Nicht nur in Frankreich bekannt. Aus dem Lateinischen. Bedeutung: die Erwünschte. 18./19. Jh.: Bernadine Eugénie Désirée, erst mit Napoleon Bonaparte verlobt und entlobt, dann mit Jean Baptiste Bernadotte verheiratet, später von den Schweden als Königin auserwählt. Abkürzungen: Deda, Isa, Sita.

Despina: aus dem Griechischen. Bedeutung: Herrin. In der Oper »Cosi fan tutte« von Wolfgang Amadeus Mozart wirbelt eine Despina über die Bühne und gibt weise Ratschläge. Abkürzungen: Deda, Ina, Pia, Pina.

Diana, Diane: ein Klassiker. Nicht wirklich in Mode, aber auch nie ganz aus dem Blickfeld verschwunden. Aus dem Lateinischen. In der römischen Mythologie die Göttin der Jagd. Auch Fruchtbarkeitsgöttin. 20. Jh.: Der Name wird wohl immer an Diana, Princess of Wales, und ihre tragische Lebensgeschichte erinnern. 20./21. Jh.: Diane Keaton, US-amerikanische Schauspielerin, die inzwischen auf eine lange und sehr erfolgreiche Karriere zurückblicken kann. Einst fing alles mit Woody Allen an … Weitere Form: Dyana. Abkürzungen: Ana, Di, Dina.

Dianna, Dianne: neueren Datums. Varianten von → Diana. Aus dem Lateinischen. Hinweis auf Diana, die römische Göttin der Jagd. Abkürzungen: Ana, Dina.

Dieta: ein Zweisilber, ursprünglich aus Namen mit der Anfangssilbe »Diet« wie Dietgard oder Diethild entstanden. Aus dem Althochdeutschen. Bedeutung: Volk.

Dietlinde. Auch **Dietlind, Dietlindis:** heute selten. Aus dem Althochdeutschen. Bedeutung: Volk und sanft, lind. 6./7. Jh.: Dietlinde heiratete zwei Langobardenkönige. Ihren zweiten Mann brachte sie dazu, sich mit der Kirche zu arrangieren. Wurde selig gesprochen. Namenstag: 22. Januar. Abkürzungen: Deta, Di, Dieta, Dilia, Ditta, Linda, Linde.

Digna: selten und ungewöhnlich. Hergeleitet von → Edigna. Aus dem Althochdeutschen. Bedeutung: Reichtum. Abkürzungen: Dina, Ina.

Dina, Dinah: modern und wohlklingender Zweisilber. Passt immer. Aus dem Hebräischen. Bedeutung: die Gerechte. Im Alten Testament ist Dina die einzige Tochter Jakobs und Leas, die erwähnt wird.

Dionysia. Auch **Dionisia:** ausgefallen. Weibliche Varianten vom männlichen Dennis. Hinweis auf Dionysos, den (oft als genusssüchtig dargestellten) griechischen Gott des Weines. Übrigens auch Name eines im 20. Jh. entdeckten Sternchens am Himmel. In Frankreich: Dénise. Abkürzungen: Deda, Dena, Denny, Dona, Donna, Nice, Niz.

Diotima: Aus dem Griechischen. Bedeutung: Gott bestimmt. Schon in der Antike bekannt: In Platons »Symposion« belehrt Diotima Sokrates über die Liebe. 18./19. Jh.: Auch in Friedrich Hölderlins »Hyperion« wird eine Diotima gefeiert. Abkürzungen: Di, Tima.

Doda: ein alter, heute seltener Name, der bereits im 10. Jh. auftaucht, zum Beispiel in der nahen Verwandtschaft von Wilhelm I. (»Wilhelm der Eroberer«), König von England. Herkunft und Bedeutung sind unbekannt.

Dodo: Abkürzung von → Dorothea, Dorothee. Aus dem Griechischen. Bedeutung: Gottesgeschenk.

Dörte, Dörthe. Auch **Dorte, Dorthe:** norddeutsche Kurzformen zu Dorothea. Aus dem Griechischen. Bedeutung: Gottesgeschenk. Weitere Namensformen aus dem Niederdeutschen: Doortje, Dortje.

Dolly: englischer Kosename von → Dorothea oder Dorothy. Aus dem Griechischen. Bedeutung: Gottesgeschenk.

Dolores: aus dem Spanischen übernommen. Gilt als Beiname der Mutter Maria. Bedeutung: die schmerzensreiche Mutter. In England: Delora. Abkürzungen: Dodo, Dolly, Doly, Doro, Lora, Lore.

Dominica, Dominika: kein Trendname im deutschsprachigen Raum. Aus dem Lateinischen. Bedeutung: Gott geweiht. 19. Jh.: Dominica Mazzarello, Mitbegründerin der Gemeinschaft der Don-Bosco-Schwestern: Namenstag: 14. Mai. In Frankreich: Dominique; in Italien: Domenica; in Spanien: Dominga; in Russland: Domka, Donka. Abkürzungen: Inca, Inka, Nica, Nika, Minka, Mona.

Donata, Donate: traditionell. Weibliche Form von Donatus. Aus dem Lateinischen. Bedeutung: Geschenk Gottes. 2. Jh.: Die heilige Donata musste für ihren Glauben sterben. Namenstag: 17. Juli. Kosename: Donatella. Abkürzungen: Ana, Dona, Donna, Dota, Nana, Nata, Nati.

Donatella: aus Italien stammende Form von → Donata. Aus dem Lateinischen. Bedeutung: Geschenk Gottes. 20./21. Jh.: die Modeschöpferin Donatella Versace, bei Promis hoch im Kurs. Abkürzungen: Dodo, Dolly, Dona, Donna, Ella, Nane.

Donatina: warm, zärtlich. Kosename, entstanden aus → Donata. Aus dem Lateinischen. Bedeutung: Geschenk Gottes. Abkürzungen: Ana, Dona, Donna, Dota, Nana, Nata, Nati, Tina, Tine.

D

TIPPS FÜR DIE WAHL DES VORNAMENS

Wie soll unser Kind heißen? Eine Frage, die werdende Eltern oft nicht gleich und manchmal sogar lange Zeit nicht beantworten können. Drei Anregungen, wie Sie den passenden Namen finden können:

- **In der Familie suchen.** Vielleicht finden Sie Onkel, Großtante, Urgroßmutter – eine Person, die ihr Leben bewundernswert gemeistert hat. Und dazu einen interessanten Vornamen trägt, der ein Kind, das diesen Namen übernimmt, mit Stolz erfüllt. Der alte Brauch, den Kindern die Namen von Eltern und Paten zu geben, ist auch nicht ganz und gar zu verachten. Schließlich sind sie automatisch die großen Vorbilder für die Kleinen.
- **In der Geschichte suchen.** Halten Sie Ausschau nach einer Person im öffentlichen Leben, die eine positive Rolle gespielt hat – sei es in Politik oder Kunst, in vergangener Zeit oder derzeit – und sich damit als Vorbild eignet. Und obendrein einen Vornamen trägt, mit dem sich Ihr Kind identifizieren kann.
- **In der eigenen Lebensgeschichte suchen.** Welche Bücher, Filme oder Lieder bedeuten Ihnen viel? Manchmal wird nach solchen Überlegungen plötzlich klar: So soll unser Kind heißen.

Donka. Auch **Domka:** freundlich. Aus dem Russischen. Kurzform von Dominika, weibliche Form zu Dominik. Aus dem Lateinischen. Bedeutung: Gott geweiht.

Donna: ziemlich neu. Vor allem in England und Amerika gefragt, im deutschsprachigen Raum eher weniger. Aus dem Italienischen. Bedeutung: Frau. 20./21. Jh.: die US-amerikanische Modeschöpferin Donna Karan.

Dora, Dore: ursprünglich Kurzform von → Dorothea, → Theodora oder Isidora. 19./Anfang 20. Jh.: Dora Duncker: Nach Privatunterricht und Bildungsreisen, nach Heirat und baldiger Scheidung wurde sie Schriftstellerin. Schrieb Novellen, Essays, Romane. 20. Jh.: die Fotografin und Malerin Dora Maar. Muse und unglückliche Geliebte Pablo Picassos, dessen Arbeit an seinem Werk »Guernica« sie fotografisch dokumentierte. Kosenamen: Dorita, Dorle.

Doraliesa, Doraliese. Auch **Doralisa, Doralise:** einst sehr beliebt, zusammengesetzt aus den Namen → Dora und → Lies, Liesa, Liese. Weitere Formen: Doralies, Doralis. Abkürzungen: Dorita, Dorle, Lies, Liesa, Lis, Lisa, Lise.

Doreen: aus England. Verwandt mit → Dorothea. Aus dem Griechischen. Bedeutung: Gottesgeschenk. Abkürzungen: Dodo, Doro, Rena, Rina.

Dorella: eigentlich ein Kosename, verwandt mit → Dorothea. Aus dem Griechischen. Bedeutung: Gottesgeschenk. Abkürzungen: Dodo, Doro, Ella.

Dorena, Dorene: verwandt mit → Doreen und → Dorothea. Aus dem Griechischen. Bedeutung: Gottesgeschenk. Abkürzungen: Dodo, Doro, Rena, Reni.

Dorette. Auch **Dorett:** aus dem Französischen stammende Namensform von → Dorothea. Aus dem Griechischen. Bedeutung: Gottesgeschenk. Wer kennt Dorette Duck aus Entenhausen, die Grandma von Donald Duck? Abkürzungen: Dodo, Doro, Etta.

Doriana: weibliche Form von Dorian. Aus dem Griechischen. Bedeutung: der Dorer. Abkürzungen: Ana, Dodo, Dora, Rana, Riana.

Dorina, Dorine: ein italienischer und französischer Name, abgeleitet von → Dorothea. Ursprünglich aus dem Griechi-

D

schen. Bedeutung: Gottesgeschenk. 17. Jh.: In Molieres Theaterstück »Tartuffe« macht eine fröhliche, ehrliche, vor allem aber gewitzte Dorine auf sich aufmerksam – eine Frau, die bei sämtlichen Verstrickungen den Durchblick behält. Abkürzungen: Dodo, Dora, Doro, Dörchen, Ina, Ria, Rina.

Doris: vor etlichen Jahrzehnten in Mode. Aus der griechischen Mythologie: Doris, so rein wie Wasser, ist die Tochter von Okeanos, Gott des gewaltigen Stroms, der die Erdscheibe umfließt, Frau des Seegottes Nereus (in Goethes klassischer Walpurgisnacht erwähnt) und Mutter von fünfzig Sprösslingen, den Nereiden. 20./21. Jh.: Die englische Schriftstellerin Doris Lessing, weltweit bekannt geworden durch »Das goldene Notizbuch«, erhielt 2007 den Literaturnobelpreis. Kosenamen: Dodo, Dorle, Doro, Ria.

Dorit. Auch **Dorrit, Doriet:** Kurzformen von → Dorothea. Aus dem Griechischen. Bedeutung: Gottesgeschenk. Abkürzungen: Dordo, Doro, Rita.

Dorothea, Dorothee: ein Klassiker, beliebt seit Jahrhunderten. Ursprünglich aus dem Griechischen. Bedeutung: Gottesgeschenk. 14. Jh.: Dorothea von Montau: mit einem Waffenschmied verheiratet, bekam neun Kinder. Hatte religiöse Visionen. Nach dem Tod ihres Mannes verschenkte sie ihr Vermögen und lebte für ihren Glauben. Namenstag: 25. Juni. Im 18. Jh.: Goethe berichtet in seinem Epos »Hermann und Dorothea« von einer den Menschen sehr zugewandten Dorothea. Außerdem: Dorothea Christiane Erxleben – wurde von ihrem Vater, einem Mediziner, unterrichtet und half bereits früh bei der Behandlung seiner Patienten. Durfte dennoch nicht auf die Universität. Auf Intervention von Preußenkönig Friedrich II. musste die Universität Halle sie schließlich doch zur Promotion zulassen. Wurde so zur ersten deutschen Ärztin mit Doktortitel. 20./21. Jh.: Günter Grass befasst sich in seinem Roman »Der Butt« mit einer Dorothea. In England: Dorothy; in Polen: Dorota. Kosenamen: Dörchen, Dorita, Dorle, Dorte, Dortje. Abkürzungen: Dodo, Dolly, Dordo, Doro, Ita, Rita, Tea, Thea.

Dunja: klingt rassig und selbstbewusst. Aus dem Slawischen. Bedeutung: die Wohlgefällige.

Ebba. Auch **Ebbe:** weibliche Form von Ebbo, abgeleitet vom Wort Eber. 17. Jh.: Ebba Magnusdotter Brahe erregte Aufsehen. Sie war Hofdame am schwedischen Hof bei der Königinwitwe Christine und so wunderschön, dass der junge König Gustav Adolf sie heiraten wollte. Aber nicht durfte. Seine Mutter war dagegen. Diese schwedische Ebba war auch besonders geschäftstüchtig, resolut und ziemlich emanzipiert. Vermehrte das Vermögen ihrer Familie beträchtlich. Kosename: Ebbine.

Eberta: Kurzform von Eberharde. Aus dem Althochdeutschen. Bedeutung: Eber und hart. Weitere Namensform: Ebertine. Abkürzungen: Ebba, Tina, Tine, Tinja.

Edda. Auch **Eda:** Kurzformen von Namen wie Edelburg, Edeline oder Edelberta. Aus dem Althochdeutschen. Bedeutung: edel.

Edeline: eigentlich ein Kosename, entstanden aus alten Namen wie Edelinde, → Edeltraud. Abkürzungen: Ella, Elli, Lina, Line, Linja.

Edeltraud. Auch **Edeltrud:** aus dem Althochdeutschen. Bedeutung: edel und Kraft. Abkürzungen: Edda, Traudel, Traudi, Traudl, Truda, Trude, Trudel.

Edigna: ungewöhnlich in unseren Zeiten. Aus dem Althochdeutschen. Bedeutung: Reichtum. 12. Jh.: Edigna, der Legende nach Königstochter, soll auf der Flucht vor ihrer unglücklichen Ehe im bayerischen Puch Zuflucht gesucht und länger als 35 Jahre im Inneren der hohlen (Edigna-) Linde gelebt haben. Namenstag: 26.Februar. Abkürzungen: Digna, Dina, Edda.

Edina: besonders, aber doch nicht zu abgehoben. Verwandt mit dem biblischen Namen → Adina. Aus dem Hebräischen. Bedeutung: schmücken, verzieren. Abkürzungen: Edda, Dina, Ina.

Edita, Edite. Auch **Editha:** entstanden aus → Edith. Aus dem Altenglischen. Bedeutung: Besitz und Kampf. Abkürzungen: Edda, Dita, Ditta.

Edith, Edit: aus dem Altenglischen. Bedeutung: Besitz und Kampf. 19./20. Jh.: Edith Stein, Philosophin, Frauenrechtlerin, katholische Nonne jüdischer Herkunft, die im Konzentrationslager Auschwitz starb, wurde später heilig gesprochen. Namenstag: 9. August. 20. Jh.: Der Name Edith erinnert auch an eine kleine Frau mit großer Stimme: Edith Piaf, Interpretin französischer Chansons, bis heute unvergessen. Abkürzungen: Edda, Dita, Ditta.

Edmonda, Edmonde: weibliche Form des männlichen Edmond. Aus dem Englischen. Der Name kam ursprünglich aus Island. Bedeutung: Besitz und Schutz. Abkürzungen: Edda, Mona, Moni, Ona.

Edna: seit etwa hundert Jahren bekannt. Verwandt mit dem Namen → Adina. Aus dem Hebräischen. Bedeutung: schmücken, verzieren.

Edwina, Edwine: weibliche Form von Edwin. Aus dem Althochdeutschen. Bedeutung: Erbgut und Freund. 20. Jh.: Verheiratet war eine Edwina Cynthia Annette Ashley mit Lord Louis Mountbatten, einem Urenkel von Königin Victoria. Abkürzungen: Edda, Win, Wini, Winnie, Winny.

Effi: unkompliziert. Kurzform von Elfriede. Aus dem Althochdeutschen. Bedeutung: edel und Frieden. 19. Jh.: Der Name wurde durch die Titelfigur des Romans »Effi Briest« von Theodor Fontane bekannt.

Eika, Eike: aus dem Norden, dem Friesischen. Kurzformen von fast vergessenen Namen wie Ehrenreich, Ehrengard oder Ehrentraud.

Eileen. Auch **Eyleen, Eilene:** ein geheimnisvoller Name, dessen Herkunft nicht wirklich geklärt ist. Aus dem Englischen, verwandt mit dem irischen Eibhlin oder dem neueren Aileen, hergeleitet von → Aveline, eine Koseform von → Ava. Manche sehen diesen Namen in enger Verwandtschaft zu → Helena, auch → Elena. 20./21. Jh.: Eileen Marie Collins, eine US-Amerikanerin, die schon als Kind vom Fliegen träumte. Sie wurde nicht nur Pilotin, sondern auch Astronautin. Saß als erste Frau auf dem Pilotensitz eines Space Shuttles und war auch als Kommandantin im Weltraum im Einsatz. Eine weitere Form: → Ayleen. Abkürzungen: Ella, Lina, Linn.

Elaine: elegant. Aus dem Englischen, verwandt mit → Helena. Aus dem Griechischen. Bedeutung: die Strahlende. Abkürzungen: Ela, Elea, Lana, Lany.

Eleana: ein Kosename, entstanden aus Elea, Kurzform von → Eleonora, Eleonore. Wohl aus dem Arabischen. Bedeutung: Gott ist mein Licht. Abkürzungen: Ela, Lea, Nana.

Elena: ansprechend. International. Unter den hundert beliebtesten weiblichen Vornamen. Verwandt mit → Helena. Aus dem Griechischen. Bedeutung: die Strahlende. 20./21. Jh.: Die spanische Prinzessin Elena von Bourbon, Schwester von Kronprinz Felipe, weckt Interesse. Ähnlich: Elea. Abkürzungen: Ela, Ella, Lena, Lene.

Eleonora, Eleonore. Auch **Eleanor, Elenora:** ein Klassiker. Wahrscheinlich aus dem Arabischen. Bedeutung: Gott ist mein Licht. 13. Jh.: Eleonore von der Provence heiratete den englischen König Heinrich III. 19. Jh.: Eine Geschichte von Edgar Allen Poe mit dem Titel »Eleonora« beginnt mit dem viel versprechenden Satz: »Ich stamme aus einem Geschlecht, das durch kraftvolle Phantasie und heiße Leidenschaft ausgezeichnet ist …« 19./20. Jh.: Die sehr einflussreiche Eleanor Roosevelt, Ehefrau des amerikanischen Präsidenten Franklin D. Roosevelt, setzte sich für die Menschenrechte ein. In Spanien: Leanor. Kosename: Lorina. Abkürzungen: Ela, Elea, Eleane, Eli, Ella, Ellen, Elli, Lo, Lola, Lora, Lore, Lorle, Nell, Nelli, Nonna, Nonno, Nora.

Elfi, Elfie: aus der Mode gekommene Kurzform von → Elfriede. Aus dem Althochdeutschen. Bedeutung: edel und Friede.

Elfrieda, Elfriede: aus England stammend. Aus dem Althochdeutschen. Bedeutung: edel und Frieden. 20./21. Jh.: Elfriede Jelinek, österreichische Schriftstellerin, leidet an ihrem Heimatland, eigentlich an der ganzen Menschheit. 2004 erhielt sie den Literaturnobelpreis, den sie nicht selbst in Empfang nahm. Abkürzungen: Ella, Elli, Frieda, Friede.

Elga: ungewöhnlich. Seltene Variante von → Helga, abgeleitet von dem häufigeren männlichen Vornamen Helge.

Ursprünglich aus dem Nordischen. Bedeutung: gesund und
heil. Abkürzungen: Ella, Elli.

Eliana, Eliane: melodiös, angenehm. Verwandt mit → Helena.
Aus dem Griechischen. Bedeutung: die Strahlende. 20./21. Jh.:
Die französische Komponistin Éliane Radigue ist eine Pio-
nierin elektronischer Musik. Abkürzungen: Elea, Lana.

Elida. Auch **Ellida:** Über die Herkunft streiten die Geister.
Vielleicht aus Island. Bedeutung: das segelnde Schiff. Abkürzungen: Ela, Ella, Elli, Ida, Lida.

Eliette: französischer Name, weibliche Form von Elias. Aus
dem Hebräischen. Bedeutung: mein Gott ist Jahwe. Abkürzungen: Eli, Elli, Jette.

Elina: besonders, aber nicht zu ausgefallen. Aus dem Englischen, verwandt mit dem irischen → Eileen, hergeleitet
von → Avelina, Aveline. Eventuell aus dem Nordischen, eine
weibliche Form von Elias oder eine Verwandtschaft mit
→ Helena. Abkürzungen: Ela, Elli, Lina, Line.

Elinor. Auch **Elinore:** in England gefragt. Verwandt mit
→ Eleonora. Wohl aus dem Arabischen. Bedeutung: Gott ist
mein Licht. In dem Buch »Tintenherz« von der Kinderbuchautorin Cornelia Funke taucht eine Elinore auf. In Schweden:
Ellinor. Abkürzungen: El, Elli, Nora, Nore.

Elisa, Elise: unter den beliebtesten hundert Vornamen. Ursprünglich eine Kurzform von → Elisabeth. Aus dem Hebräischen. Bedeutung: die Gott verehrt. Bekannt geworden durch
die heitere, beschwingte Komposition »Für Elise« von Ludwig van Beethoven. Für junge Klavierschüler ein Muss.
Abkürzungen: Ella, Elli, Els, Lisa, Lise, Lissy.

Elisabeth. Auch **Elisabetha:** traditionell. Schon im Mittelalter
war der Name beliebt. Auch heute noch unter den hundert
beliebtesten Vornamen. Aus dem Hebräischen. Bedeutung:
die Gott verehrt. Im Alten Testament heißt Aarons Frau Eli-
scheba, und im Neuen Testament ist eine Elisabet die Mutter
von Johannes dem Täufer. Namenstag: 23. September. 12. Jh.:
Elisabeth, Landgräfin von Thüringen, hilfsbereit, großzügig,
immer bemüht, das Leid der Armen und Kranken zu lindern,
ist die bekannteste Heilige Deutschlands. Namenstag: 19. November. Durch die Jahrhunderte ein beliebter Kaiserinnen-,

Königinnen-, Zarinnenname. 16./17. Jh.: Die sicherlich eindrucksvollste Königin diesen Namens ist die englische Königin Elisabeth I., Tochter von Heinrich VIII., die nach langem Hin und Her die Herrschaft eroberte und eine fähige Regentin war. Und nicht zu vergessen: die derzeitige Regentin von England, Königin Elisabeth II. In Italien: Elisabetta; in England: Elizabeth. Kosenamen: Ilsabe, Ilsabet, Ilsabeth, Lisenka, Liska. Abkürzungen: Beth, Betsy, Bette, Betty, Elies, Ella, Elli, Elly, Elsbeth, Elsi, Liese, Liesel, Lis, Lisi, Liska, Lissy, Liz, Liza, Lizzy, Sisi, Sissa, Sisse, Sissy, Telsa.

Elke. Auch **Elka:** im Norden bekannter als im Süden. Eine Variante vom friesischen Vornamen Alke, verwandt mit → Adelheid. Aus dem Althochdeutschen. Bedeutung: edel. Ein Kosename: Elleke.

Ella: Kurzform von vielen Vornamen mit den Anfangsbuchstaben »El« wie → Elina, → Elisabeth oder → Elise.

Ellen: zeitlos, fern jeden Trends. Eigentlich eine englische Variante von Eleonora. Wohl aus dem Arabischen. Bedeutung: Gott ist mein Licht.

Ellis: kurz und frisch. Kurzform von → Elisabeth. Aus dem Hebräischen. Bedeutung: die Gott verehrt.

Elly. Auch **Elli:** zu Beginn des 20. Jh. ein echter Renner. Kurzform von → Elisabeth. Aus dem Hebräischen. Bedeutung: die Gott verehrt.

Eloisa, Éloise: aus Frankreich. Verwandt mit → Héloise. Aus dem Althochdeutschen. Bedeutung: gesund und groß. Abkürzungen: Ela, Loisa.

Elsa, Else: ursprünglich Kurzform von → Elisabeth. Aus dem Hebräischen. Bedeutung: die Gott verehrt. Wer Richard Wagner kennt, kennt auch Elsa von Brabant aus seiner Oper »Lohengrin«, die auf der Lohengrin-Sage basiert. 19./20. Jh.: die Schwedin Elsa Andersson, Luftfahrtpionierin, genannt »die verwegene Schonin« (Schonen ist eine historische Provinz im Süden Schwedens) erregte Aufsehen. Kosenamen: Elseke, Elske.

Elsabe, Elsabea. Auch **Elsebe:** zärtliche Kosenamen, entstanden aus → Elisabeth. Aus dem Hebräischen. Bedeutung: die Gott verehrt. Abkürzungen: Bea, Ella, Elli, Elsa, Else, Elsie.

Elsbeth: ein Kosename, entstanden aus → Elisabeth. Aus dem Hebräischen. Bedeutung: die Gott verehrt. Abkürzungen: Beth, Betty, Elsa, Elsi, Elsy.

Else: → Elsa.

Elvina. Auch **Elwina:** abgeleitet vom männlichen Alwin. Aus dem Althochdeutschen. Bedeutung: edel und Freund. Abkürzungen: Ela, Wina, Winnie.

E

Elvira. Auch **Elwira:** aus dem Spanischen übernommen. Bedeutung: die Erhabene. In der Oper »Don Giovanni« von Wolfgang Amadeus Mozart ist eine Elvira Opfer von Don Giovanni und wesentlich daran beteiligt, sein Verhalten publik zu machen. Abkürzungen: Ela, Ella, Vit, Witta.

Emanuela: zeitlos, fern jeder Mode. Weibliche Form von Emanuel. Aus dem Hebräischen. Bedeutung: Gott mit uns. In Frankreich: Emanuelle. Abkürzungen: Ela, Ella, Ema, Emma, Manuela, Nunu.

Emerita: ungewöhnlich. Aus dem Lateinischen. Bedeutung: würdig sein. Abkürzungen: Emi, Emma, Ria, Rita.

Emilia, Emilie: lange fast vergessen, heute wieder sehr populär. Die weibliche Form von Emil. Aus dem Lateinischen. Der Name erinnert an die Familie der Ämilier. 18. Jh.: Mit Gotthold Ephraim Lessings »Emilia Galotti« kam der Name ins Gespräch. 18./19. Jh.: Emilie Ortlepp, spätere Gräfin von Reichenbach-Lessonitz, Mätresse des Kurfürsten Wilhelm II. von Hessen, Mutter von acht Kindern und schließlich Ehefrau des Kurfürsten, erregte Aufmerksamkeit. Alte Formen: Aemilia, Aemilie. Abkürzungen: Ema, Emma, Emmi, Miele, Mila, Milia, Milja, Milli.

Emily: in England populäre Form von → Emilia und auch in Deutschland unter den Spitzenreitern. Aus dem Lateinischen. Der Name erinnert an die Familie der Ämilier. 19. Jh.: Emily Brontë, eigenwillige, geliebte und bewunderte Schriftstellerin, die zusammen mit ihren ebenfalls schreibenden Schwestern → Anne und → Charlotte berühmt geworden ist. Außerdem: Emily Dickinson, Vertreterin der amerikanischen Lyrik, machte dank ihres Wortwitzes auf sich aufmerksam, wird jetzt wiederentdeckt. Weitere Formen: Emelie, Emely, Emmely. Abkürzungen: Emma, Miele, Mila, Milia, Milja, Milli.

Emma. Auch **Emmi:** lange vergessen, jetzt wieder hochaktuell. Aus dem Althochdeutschen. Bedeutung: gewaltig. 9. Jh.: Kaiserin Adelheid hatte mit König Lothar von Italien eine Tochter mit Namen Emma, spätere Stieftochter Kaiser Ottos I., und deshalb heiß begehrt auf dem Heiratsmarkt. Um das Jahr 1000 machte eine weitere Emma auf sich aufmerksam: Als Tochter König Richards von der Normandie und seiner Frau Gunnora heiratete sie den ungehobelten Aethelred, der über England herrschte. Diese Emma wollte den Engländern die etwas feinere Lebensart ihrer Heimat beibringen. Sie soll mit ihrem Bemühen nicht erfolgreich gewesen sein. Nach dem Tod ihres ersten Mannes heiratete sie seinen Rivalen Knut. 20./21. Jh.: Emma Thompson, britische Regisseurin, Produzentin, vor allem aber bekannt als hinreißende Schauspielerin.

Ena: einfach, einprägsam. Passt überall. Aus dem Schwedischen. Verwandt mit Eina, der weiblichen Form von Einar. Aus dem Isländischen. Bedeutung: allein und Heer.

Enrica: in Italien nicht unüblich. Weibliche Variante von Enrico, angelehnt an Heinrich. Aus dem Althochdeutschen. Bedeutung: Einfriedung und reich, mächtig. Abkürzungen: Rica, Rice, Rika.

ORIGINELL UM JEDEN PREIS

Der Zwang zur Originalität bei der Namensgebung eines neuen Familienmitglieds scheint kein deutsches Phänomen, sondern eine weltweite Entwicklung zu sein. Jedenfalls überbieten sich in den internationalen Chatrooms zum Thema Namenswahl die Teilnehmer an Einfallsreichtum und Kreativität. Und in den Charts beliebter Vornamen tauchen immer neue flippige Kreationen auf, die nicht nur Kinder von Filmschauspielern und aus dem Jetset tragen. Sicherlich kehrt auch deshalb manches verunsicherte Elternpaar wieder zu Klassikern und seit Jahrhunderten bewährten Namen zurück: zu Benedikta und Victoria, Konstanze und Claudia. Getreu dem Motto: Was lange währt, kann nicht völlig danebenliegen.

Erika. Auch **Erica:** zu Beginn des 20. Jh. sehr gefragt, später weniger populär. Die weibliche Form von Eric, Erich. Aus Skandinavien/Island. Bedeutung: alleiniger Herrscher. 20. Jh.: Erika Mann, Tochter von → Katja und Thomas Mann, Schauspielerin, Schriftstellerin, Journalistin, Lektorin, die ein überaus buntes und facettenreiches Leben führte, vor allem jedoch als Emigrantin die Nationalsozialisten vehement bekämpfte. Abkürzungen: Eri, Kaja, Kara.

Erma: verwandt Namen mit der Anfangssilbe »Irm« wie Irmgard oder Irmtraud. Aus dem Althochdeutschen. Bedeutung: allumfassend.

Ermina. Auch **Erminia:** eine Weiterführung von fast vergessenen Namen wie Ermenhild, Ermentraud, Ermingard oder auch Irmgard. Abkürzungen: Eri, Erna, Ery, Mimmi, Mina, Mine, Minna.

Erna: Kurzform von → Ernesta, der weiblichen Variante von Ernst. Bedeutung: ernst.

Ernesta: weibliche Form von Ernst. Heute sehr selten. Aus dem Althochdeutschen. Bedeutung: ernst. Abkürzungen: Ena, Erna, Erni, Esta, Nena.

Ernestina, Ernestine: Kosenamen zu → Ernesta. Aus dem Althochdeutschen. Bedeutung: ernst. Weitere Formen: Ernstin, Ernstine. Abkürzungen: Erna, Erni, Tina, Tine, Tinja.

Esmeralda: so anspruchsvoll wie die Bedeutung des Namens. Aus Spanien. Bedeutung: Smaragd, Edelstein. Abkürzungen: Ada, Alda, Eska, Esra, Mea.

Estella, Estelle. Auch **Estela:** aus dem Italienischen/Französischen, ursprünglich aus dem Lateinischen. Bedeutung: Stern. In Spanien: Estrella. Abkürzungen: Esta, Stella.

Ester, Esther: ein biblischer Name, gar nicht so selten. Aus dem Hebräischen. Bedeutung: Stern. Das »Buch Ester« gehört zu den Schriften des Alten Testaments. In den Niederlanden und in England: Hester.

Eugenia, Eugenie: ein Klassiker. Weibliche Form von Eugen. Aus dem Griechischen. Bedeutung: die Wohlgeborene. 16. Jh.: Isabella Clara Eugenia Prinzessin von Spanien. Wuchs nach dem frühen Tod ihrer Mutter zusammen mit ihrer Schwester Katharina Michaela in Obhut der Amme Maria am spanischen Königshof auf. Der König liebte diese beiden Töchter sehr und schrieb ihnen während seiner Abwesenheit zärtliche Briefe: »Ich höre, dass es euch gut geht – das sind herrliche Nachrichten für mich!« 18./19. Jh.: Eugenia ist jetzt ein beliebter Name. So hieß etwa die Tochter des schwedischen und norwegischen Königs Oskar I. Charlotte Eugénie. Abkürzungen: Gena, Genia, Jeni, Jenni, Nia, Nini, Ninni.

Eulalia, Eulalie: früher üblich, heute selten. Aus dem Griechischen. Bedeutung: beredt. Anfang 20. Jh.: Der deutsche Astronom Max Wolf entdeckte einen neuen Stern am Himmel (ein Asteroid), den er Eulalia nannte, nach der Großmutter seiner Frau. Abkürzungen: Eula, Lale, Lalia, Lia, Lili, Lilli, Lilly, Lily.

Eustacia, Eustachia: traditionell. Weibliche Form von Eustach. Aus dem Griechischen. Bedeutung: ährenreich. Abkürzungen: Staci, Tasia, Tassia, Tazzia, Zia.

Eva, Eve: nach wie vor sehr beliebt. Ein klassischer und biblischer Name. Aus dem Hebräischen. Bedeutung: Lebensspenderin. Nach der Bibel ist Eva der älteste weibliche Vorname überhaupt, denn Eva war die erste Frau. Jeder kennt die Geschichte von Adam und Eva und ihrer Vertreibung aus dem Paradies. 19. Jh.: In der Oper »Die Meistersinger von Nürnberg« von Richard Wagner tritt eine Eva auf. In Spanien: Evita; in Frankreich: Ève; in Polen: Ewa.

Evangeline: ein englischer Name, ursprünglich aus dem Griechischen. Bedeutung: gute Botschaft. Im 19. Jh. populärer geworden durch das Gedicht »Evangeline« von Henry Wadsworth Longfellows. Abkürzungen: Eva, Geli, Line.

Evelin, Evelina, Eveline. Auch **Evelyn:** aus dem Englischen. Verwandt mit → Abelina, der weiblichen Form von Abel. Aus dem Hebräischen. Bedeutung: Hauch. 19. Jh.: Mit unendlich vielen Briefen begann die Liebe zwischen dem französischen Schriftsteller Honoré de Balzac und der Gräfin Eveline de Hanska, welche in der fernen Ukraine sehnsüchtig auf ihn wartete. Er holte sie erst nach Frankreich und heiratete sie, als er ihr ein aufwändig eingerichtetes Haus bieten konnte, auch wenn er dafür immense Schulden machen musste. Abkürzungen: Eva, Eve, Lina, Line, Linn.

Fabia: ein angenehmer Dreiklang. Weibliche Form von Fabian, Fabius. Aus dem Lateinischen. Hinweis auf eine altrömische Familie. Der Name war bereits bei den alten Ägyptern beliebt und galt dort als göttlich, ruhmreich. Abkürzungen: Bi, Bia, Fanni, Fanny.

Fabiana, Fabiane: ausgefallen. Aus dem Lateinischen. Hinweis auf eine altrömische Familie. Abkürzungen: Ana, Bi, Bina, Bine, Fanni, Fanny, Faye.

Fabienne: derzeit auch hierzulande sehr beliebt. Aus Frankreich. Verwandt mit Fabius. Aus dem Lateinischen. Hinweis auf eine altrömische Familie. Abkürzungen: Ana, Bi, Bina, Bine, Fanni, Fanny, Faye.

Fabiola: vor allem in Spanien bekannt, verwandt mit Fabian, Fabius. Aus dem Lateinischen. Hinweis auf eine altrömische Familie. 20./21. Jh.: Heute erinnert der Name an die aus Spanien stammende Königin Fabiola von Belgien, Witwe von König Baudouin I., die großes soziales Engagement zeigt. Abkürzungen: Bi, Fanni, Fanny, Faye.

Fabrizia: zeitlos, fern jeder Mode. In Italien üblicher als im deutschsprachigen Raum. Die weibliche Form von Fabrizio. Aus dem Lateinischen. Hinweis auf eine altrömische Familie. Bedeutung: geschickt. Abkürzungen: Bi, Faye, Issy, Izzi, Ria, Zia, Zija.

Fanni, Fanny: zunehmend beliebt. Aus England. Ursprünglich eine Kurzform von → Franziska oder → Stephanie. Schon lange verselbstständigt. Eine recht begabte Fanny aus dem 19. Jh.: Fanny Hensel, Schwester von Felix Mendelssohn Bartholdy. Wurde zur Pianistin ausgebildet. Und komponierte selbst. Trotzdem verhinderte ihre Familie, dass sie Musik als Beruf ausübte. Sie heiratete den Hofmaler Wilhelm Hensel. Die Musik spielte auch weiterhin eine große Rolle in ihrem Leben. Kosename: Fannerl.

Fausta: weibliche Variante von Faustus. Aus dem Lateinischen. Bedeutung: Glück bringend.

Faustina, Faustine: als Kosenamen von Fausta entstanden. Aus dem Lateinischen. Bedeutung: Glück bringend. Abkürzungen: Stina, Stine, Tina, Tine.

Faye: international, märchenhaft und trotzdem modern. Aus dem Englischen. Bedeutung: Fee. 20./21. Jh.: die US-amerikanische Schauspielerin Faye Dunaway, seit vielen Jahren als Weltstar gefeiert.

Federica. Auch **Federiga:** in Italien üblicher als bei uns. Weibliche Formen von Federico, Friedrich. Aus dem Althochdeutschen. Bedeutung: Friede und Herrschaft. Abkürzungen: Fedra, Fee, Ria, Rica, Ricca.

Fee: versponnen und märchenhaft. Hinweis auf eine Fee, natürlich auf eine gute.

Felice: in Italien bekannt. Weibliche Form zum männlichen Felix. Aus dem Lateinischen. Bedeutung: glücklich. Abkürzungen: Fee, Lissy, Lizzy.

Felicia. Auch **Felizia:** besonders, aber nicht zu ausgefallen. Weibliche Form von Felix. Aus dem Lateinischen. So leicht und luftig wie die Bedeutung des Namens: die Glückliche. Ende 18./19. Jh.: Die britische Dichterin Felicia Hemans veröffentlichte schon als Fünfzehnjährige erste Gedichte. Hatte viele Anhänger. Felicia heißt auch ein Stern (ein Asteroid), der Ende 19. Jh. entdeckt wurde. Abkürzungen: Fee, Lia, Licia, Lisi, Liz, Lizia, Lizzie, Lizzy.

Felicitas. Auch **Felizitas:** ein Klassiker. Aus dem Lateinischen. Bedeutung: Glück. 3. Jh.: Felicitas, Sklavin aus Kartago, starb zwei Tage nach der Geburt ihres Kindes als christliche Märtyrerin. Über ihren Prozess gibt es einen bis heute erhaltenen Bericht. Namenstag: 7. März. Abkürzungen: Cilla, Cita, Fee, Ita, Lia, Liz. Lizia, Lizzie, Lizzy, Sita, Tess, Tessan, Zita.

Felicity: modern und leicht. Englische Form von → Felicitas. Aus dem Lateinischen. Bedeutung: Glück. Abkürzungen: Fee, Lia, Licia, Lisi, Liz, Lizia, Lizzie, Lizzy.

Felipa: ein alter spanischer Name, abgeleitet von Philippa. Aus dem Griechischen. Bedeutung: Pferdefreundin. 15. Jh.: Die Frau von Christoph Columbus, dem Entdecker Amerikas, hieß Felipa Moniz Perestrello. Sie stammte aus einer portugiesischen Adelsfamilie mit italienischen Vorfahren. Abkürzungn: Ela, Fee, Feli, Lia, Pia.

Fenja: ursprünglich ein russischer Kosename zu → Feodora. Aus dem Griechischen. Bedeutung: Gottesgeschenk. Dieser Name taucht auch in Friesland als Kurzform von Alfrede auf. Bedeutung dann: Friede. Varianten: Fenka, Fenke, Fenna, Fenne, Fenneke.

Feodora. Auch **Fedora:** aus dem Russischen, aber seit Langem in Deutschland bekannt. Verwandt mit → Theodora. Aus dem Griechischen. Bedeutung: Gottesgeschenk. Früher auch ein Prinzessinnenname. 19. Jh.: So hieß eine Halbschwester der britischen Königin Victoria mit vollem Namen: Anna Feodora Auguste Charlotte Wilhelmine zu Leiningen. Abkürzungen: Dodo, Dora, Doro, Fedra, Fee, Fenja, Feo, Oda.

Ferdinanda, Ferdinande. Auch **Fernanda, Fernande:** zeitlos. Weibliche Form von Ferdinand. Aus dem Althochdeutschen. Bedeutung: Friede und kühn. Eine strahlend schöne Fernanda aus dem 19. Jh.: Marie Luisa Fernanda, Frau von Antoine Maria Philippe d'Orléans. Bekam zehn Kinder, und jedes Kind wurde mit einem besonders schönen alten spanischen Vornamen bedacht. Abkürzungen: Ada, Ana, Fela, Nana, Nanda, Nande, Nane.

Ferdinandine: in den Niederlanden eingeführter verselbstständigter Kosename von → Ferdinanda. Weibliche Form von Ferdinand. Aus dem Althochdeutschen. Bedeutung: Friede und kühn. Abkürzungen: Ada, Ana, Dina, Fela, Nana, Nanda, Nande, Nane.

Fidelia, Fidelie: weibliche Variante zu Fidelius. Aus dem Lateinischen. Bedeutung: treu, zuverlässig. In der Oper »Edgar« von Giacomo Puccini hat eine Fidelia ihren großen Auftritt. Weitere Namensform: Fides. Bedeutung: Treue. Abkürzungen: Delia, Fides, Fidis, Fila, Filia, Fita, Lia.

Filippa: Pendant zum italienischen Filippo, verwandt mit Philipp. Aus dem Griechischen. Bedeutung: Pferdefreund. Weitere Form: → Felipa. Abkürzungen: Filiz, Pia, Pippa.

Filomena: aus dem Griechischen. Bedeutung: Geliebte, Heilige. Abkürzungen: Ena, Fina, Fine, Hilla, Illo, Lolo.

Fiene: niederdeutsche Koseform zu → Josefine, der weiblichen Form von Josef. Aus dem Hebräischen. Bedeutung: Gott möge hinzufügen.

Finja, Finnja. Auch **Finia:** seit Jahren beliebt. Kurzformen von Rufina, einer weiblichen Form von Rufus. Aus dem Lateinischen. Bedeutung: fuchsrot.

Fiona: international. Unter den Top-Namen. Ursprünglich in England zu Hause, aus dem Keltischen. Bedeutung: weiß und schön. Abkürzungen: Fi, Ona.

Fiorella: eine in Italien beliebte Koseform von Fiora, → Flora. Aus dem Lateinischen. Bedeutung: Blume. 20./21. Jh.: Isabella Fiorella Elettra Giovanna Rossellini, Tochter der großen schwedischen Filmschauspielerin Ingrid Bergman und des italienischen Regisseurs Roberto Rossellini. Weitere Namensform: Florella. Abkürzungen: Ella, Finia, Finja.

Fiorenza: in Italien bekannte Form von → Florenze, der weiblichen Variante von Florenz. Aus dem Lateinischen. Bedeutung: im blühenden Alter. Abkürzungen: Fini, Fio, Rea, Rena.

Fioretta: bezieht sich auf den männlichen italienischen Namen Fiore. Aus dem Lateinischen. Bedeutung: Blume. Abkürzungen: Etta, Fini, Fio.

Flavia: edel und zeitlos. Aus dem Lateinischen. Erinnert an die römische Familie der Flavier. 2. Jh.: Eine Flavia Domitilla wurde wegen ihres Glaubens erst auf eine kleine Insel verbannt, dann dort zu Tode gemartert. Sie besaß ein Grundstück an der römischen Via Ardenta. Darauf entstand ein christlicher, nach ihr benannter Friedhof. Namenstag: 7. Mai. Abkürzungen: Ava, Lia.

Fleur: → Flora.

Flora, Floria: aus dem Lateinischen. Bedeutung: Blume. 19. Jh.: Flora Tristan, Sozialistin, Schriftstellerin, Frauenrechtlerin. Verdiente ihren Lebensunterhalt als Reiseführerin und schrieb Reiseberichte und Reportagen. Wurde wegen ihrer Sozialkritik verfolgt. Sie war übrigens die Großmutter des französischen Malers Paul Gauguin. Weitere Formen: Florida, Florinda. In Frankreich auch Fleur, Fleurette; in Italien: Fiora; in England: Floreen, Floris, Florry, Flower; in Spanien: Floreta; in Rumänien: Florica.

Florence: international, vor allem in England und Frankreich beliebt. Eine Weiterentwicklung vom männlichen Florenz. Aus dem Lateinischen. Bedeutung: blühend. 19./20. Jh.: Florence Nightingale, britische Krankenschwester, die im Krimkrieg segensreich wirkte und bis heute nicht vergessen ist. Abkürzungen: Flo, Flora, Flori, Rena.

Florentina, Florentine: mädchenhaft und fröhlich. Kosename zu → Flora. Aus dem Lateinischen. Bedeutung: Blume. Übrigens gibt es einen kleinen Stern am Himmel namens Florentina, der in Wien entdeckt wurde. Abkürzungen: Flo, Flora, Flori, Rena, Tina, Tine, Tinja.

Florenze. Auch **Florentia, Florenzia, Florencia:** klassisch. Weiterentwicklung von Florenz. Aus dem Lateinischen. Bedeutung: im blühenden Alter. 6./7. Jh.: Noch heute wird im spanischen Sevilla Florentia von Cartagena verehrt, fromme Schwester von Leander und Isidor, beide waren Bischöfe von Sevilla. Namenstag: 20. Juni. Abkürzungen: Flo, Flora, Flori, Floro, Rea, Rena.

Floretta, Florette: in Italien beliebter Kosename von → Flora. Aus dem Lateinischen. Bedeutung: Blume. In Frankreich: Fleurette. Abkürzungen: Etta, Flo, Flora, Flori.

Floriana, Floriane. Auch **Florianna:** seit mehr als zweihundert Jahren gefragt. Weibliche Varianten von Florian oder Florius. Aus dem Lateinischen. Bedeutung: im blühenden Alter. Abkürzungen: Ana, Flo, Flora, Flori, Jana, Lo, Rana, Ria.

Florina, Florine: verspielte Kosenamen. Weibliche Varianten von Florus. Aus dem Lateinischen. Bedeutung: im blühenden Alter. Abkürzungen: Flo, Flora, Flori, Rina.

Fortunata. Auch **Fortuna:** traditionell. Abgeleitet von Fortunatus. Aus dem Lateinischen. Bedeutung: glücklich. Fortunata ist in der römischen Mythologie die Glücksgöttin. Quer durch Europa und die Jahrhunderte taucht dieser Name immer wieder auf. Abkürzungen: Nata, Nati, Una.

Frances, Francis: vor allem in England aktuell. Verwandt mit → Franziska. Der Name geht auf den heiligen Franz von Assisi zurück. Diana, Kronprinzessin von Großbritannien und Irland, Fürstin von Wales, hieß mit vollem Namen Diana Frances Mountbatten-Windsor.

Francesca: erinnert an Süden und Sonne. In Italien beliebt. Verwandt mit → Franziska. Aus dem Lateinischen. Bedeutung: die Freie. Abkürzungen: Cesca, Fanny.

Francoise: französische Form von → Franziska. Aus dem Lateinischen. Bedeutung: die Freie. 17./18. Jh.: die attraktive Francoise d'Aubigné, Marquise de Maintenon, erst Erzieherin der Kinder des Sonnenkönigs Ludwig XIV. Später, immer schwarz gekleidet, seine Vertraute. Ob sie wirklich eine geheime »Ehe zur linken Hand« mit Ludwig geschlossen hat, ist bis heute ungewiss. Besonders pikant: Auch ihre Kontrahentin, Marquise de Montespan, hieß mit Vornamen Francoise. Eine weitere Namensform: Francine. Abkürzungen: Fanny, France, Sisi, Sissi.

Franka. Auch **Franca:** weibliche Form von Frank. Bedeutung: der Franke oder frei.

Franziska. Auch **Francisca:** ein Klassiker, gerade wieder im Kommen. Aus dem Lateinischen. Bedeutung: die Freie. 18. Jh.: Im Lustspiel »Minna von Barnhelm« von Gotthold Ephraim Lessing heißt die Zofe Franziska. Sie behält im Liebesgewirr den großen Durchblick. 19./20. Jh.: Franziska Gräfin zu Reventlow. Wehrte sich dagegen, eine »höhere Tochter« zu sein. Floh schließlich für ein Malstudium nach München, führte ein eigenständiges Bohemien-Leben mit viel Malen und Schreiben und wenig Geld. Viele Münchener Künstler und Intellektuelle gingen bei ihr aus und ein. Ihre Biografie fasziniert bis heute. In Osteuropa: Franciska, Franeka, Franika. Abkürzungen: Cisca, Ciska, Fannerl, Fanni, Fanny, Franja, Franny, Franzi, Siska, Sissy, Ziska.

Frauke: gelegentlich noch zu hören. Aus dem Friesischen. Bedeutung: Genaues weiß man nicht.

Freda: ein Rufname, entstanden aus → Frederica, einer weiblichen Form von Friedrich. Aus dem Althochdeutschen. Bedeutung: Friede und Herrschaft.

Frederica. Auch **Frederika, Frederike:** schwedische und norddeutsche Fassung von Frederik, Friederich, Friedrich. Aus dem Althochdeutschen. Bedeutung: Friede und Herrschaft. In Frankreich: Frédérique. Abkürzungen: Deda, Freda, Ica, Ita, Rica, Rike.

Freia. Auch **Freya, Freyja:** aus dem hohen Norden. Ein isländischer Name, der sich auf die Göttin Freya bezieht. Bedeutung: die Herrscherin. In der Oper »Das Rheingold« von Richard Wagner geht es um Liebe und Macht, und dabei hat die Göttin Freia ihre Hände im Spiel. In Skandinavien: Freja. Abkürzungen: Aja, Aya.

Frida. Auch **Frieda, Friede:** gefragte Kurzformen von fast vergessenen Namen wie etwa Friedburg, Friedhild, Friedegund, Friedelind, aber auch von → Friederike oder → Elfriede. Eine unverwechselbare, sehr selbstständige und kreative Frida aus dem 20. Jh.: die Mexikanerin Frida Kahlo, berühmte und engagierte Malerin mit einer dramatischen Lebensgeschichte.

Friederika, Friederike: zeitlos, traditionell. Mal mehr, mal weniger gefragt. Die weibliche Form von Friedrich. Aus dem Althochdeutschen. Bedeutung: Friede und Herrschaft. 18./19. Jh.: Eine besonders kecke, selbstbewusste Prinzessin Friederike kam zusammen mit ihrer Schwester Luise nach Preußen. Die Schwester wurde Königin. Sie heiratete ebenfalls einen preußischen Prinzen, hatte es jedoch schwer am Hof, weil sie sich nicht wirklich anpassen wollte. Johann Gottfried Schadow schuf Ende 18. Jh. eine bezaubernde Marmorgruppe von den beiden Prinzessinnen, die heute in der Alten Nationalgalerie in Berlin bewundert werden kann. Abkürzungen: Fita, Frida, Frieda, Friede, Frieke, Frigga, Frika, Fritzi, Frizzi, Rica, Rieke, Rika, Rike.

MEHR ALS EINEN VORNAMEN?

Nur *ein* Vorname? Beileibe nicht! Eltern geben ihren Kindern heute gern wieder mehrere Namen. Und wie viele Vornamen dürfen es offiziell sein? Dafür gibt es kein Gesetz. Die zulässige Zahl ist (weitgehend) der Entscheidung des Standesbeamten überlassen. Doch bis zu fünf Vornamen werden normalerweise problemlos eingetragen. Sind die Namen durch Bindestrich(e) verbunden, muss der Namensträger später bei einer offiziellen Unterschrift immer alle Namensteile ausschreiben.

Gabi, Gaby: früher äußerst beliebt, heute selten. Kurzform von →Gabriela, Gabriele. Abgeleitet von Gabriel. Aus dem Hebräischen. Bedeutung: Mann Gottes.

Gabina: angenehm, aber in unseren Breiten recht unbekannt. Aus dem Lateinischen. Bezieht sich auf die Stadt Gabii in der Nähe von Rom. Ist darüber hinaus ein Beiname für die Göttin Juno, Gemahlin des Jupiter. Abkürzungen: Bina, Bine, Gabi, Gaja, Ina.

Gabriela, Gabriele: ein Klassiker, beliebt seit dem 19. Jh., Mitte des 20. Jh. ein Modename. Hergeleitet vom männlichen Gabriel. Aus dem Hebräischen. Bedeutung: Mann Gottes. 19./20. Jh.: Gabriele Münter, Malerin, zählte zu der Münchener Künstlergruppe »Der blaue Reiter«, war Schülerin und über viele Jahre die Lebensgefährtin des russischen Künstlers und Kunsttheoretikers Wassilj Kandisky. 20. Jh.: Gabriele Mistral (Pseudonym), chilenische Dichterin und Diplomatin, die 1945 mit dem Literaturnobelpreis ausgezeichnet wurde. Abkürzungen: Ela, Ella, Gabi, Gabie, Gaby, Jella, Jelle, Yella, Yelle.

Gabriella, Gabrielle: hergeleitet von →Gabriela, weibliche Form von Gabriel. Aus dem Hebräischen. Bedeutung: Mann Gottes. 16. Jh.: Gabrielle d'Estrées, schöne, geistreiche und leidenschaftlich geliebte Mätresse König Heinrichs IV. von Frankreich, dank ihrer Bescheidenheit beliebt. Fast wäre sie Königin geworden. Abkürzungen: Gabi, Gabie, Gaby, Gaja, Ela, Ella, Jella, Jelle, Yella, Yelle.

Gada: einfacher, unkomplizierter Zweiklang. Ungewöhnlich. Aus dem Hebräischen. Bedeutung: glücklich.

Gaia. Auch **Gäa, Gaea:** aus der griechischen Mythologie bekannt. Dort ist Gaia die mütterliche Göttin der Erde, brachte den Himmel, die Gebirge und das Meer hervor und war die Mutter der Titanen. Eine weitere Form: Gea.

Gala: entweder Kurzform von → Galdina oder → Galina. Gilt aber auch als eigenständiger Name. Aus dem Lateinischen. Bedeutung dann: die Gallierin. 20. Jh.: Der Name wurde weltweit durch die Gefährtin des spanischen Malers Salvador Dali bekannt. Diese schöne, exzentrische Gala war eine berühmte Muse und hatte viele Verehrer.

Galdina: selten. Aus dem Italienischen. Weibliche Form von Galdo oder Gerhard. Aus dem Althochdeutschen. Bedeutung: Speer und hart. Abkürzungen: Ada, Dina, Gala, Galja, Ganja, Gila, Lina.

Galina. Auch **Gallina:** ausgefallen. Aus dem Russischen. Bedeutung: Friede. Abkürzungen: Gaja, Gala, Galja, Ganja, Gila, Gulja, Ina, Lina.

Ganja: ein einfacher, einprägsamer Zweiklang. Gilt als Kurzform von → Galina, → Galdina oder → Gabriele.

Garda: Verwandt mit → Gerda. Vor allem in Friesland bekannt. Nordisch. Bedeutung: Schützerin. Häufiger gilt der Name als Kurzform von Gerhild, → Gertraut und → Gertrud. Kosename: Gardina.

Gardenia: ein Blumenname, der zum Vornamen geworden ist. Abkürzungen: Ada, Denia, Denny.

Garnet. Auch **Garnett:** aus dem Englischen. Im deutschsprachigen Raum ziemlich unbekannt. Der Name erinnert an den Edelstein Granat. Abkürzungen: Netta, Nette.

Gea: → Gaia.

Geeltje: vertraut und zärtlich für norddeutsche Ohren. Aus dem Friesischen. Verwandt mit dem englischen → Gail, Gayle. Kurzformen von → Abigail. Aus dem Althochdeutschen. Bedeutung: übermütig.

Geerdina: aus den Niederlanden und Friesland. Verwandt mit → Gertrud. Aus dem Althochdeutschen. Bedeutung: Speer und Zauberkraft. Abkürzungen: Dina, Ena, Gela, Gerti, Gertie, Ina.

Geesa: → Gesa.

Gela, Gele. Auch **Geela:** wahrscheinlich Kurzformen von → Gertrud. Aus dem Althochdeutschen. Bedeutung: Speer und Zauberkraft. Auf Sizilien gibt es eine griechische Koloniestadt mit dem Namen Gela.

Geneviève: klassisch. Aus dem Französischen, verwandt mit → Genovefa. Vielleicht aus dem Altfranzösischen. Bedeutung möglicherweise: Volk und Frau. Abkürzungen: Genia, Nia, Nini, Ninni.

Genia: Kurzform von → Eugenia, ein Name, der sich inzwischen verselbstständigt hat. Aus dem Griechischen. Bedeutung: die Wohlgeborene.

Genovefa. Auch **Genoveva:** ein zeitloser und melodischer Name, fern jeder Mode. Vielleicht aus dem Gälischen. Bedeutung möglicherweise: Volk und Frau. Andere sehen eine Verwandtschaft zu → Gwendolin. Aus dem Keltischen. Bedeutung: weiß und glatt, schön. Der Sage nach lebte im 8. Jh. Genoveva von Brabant, schöne Gemahlin des Pfalzgrafen Siegfried. In Abwesenheit Siegfrieds wurde sie von dessen Statthalter Golo umworben. Als sie ihn abwies, beschuldigte er sie aus verletztem Mannesstolz des Ehebruchs – eine hochdramatische Geschichte, die glücklicherweise ein gutes Ende nahm. Namenstag: 3. April. 18. Jh.: Genoveva (manchmal auch Genovefa) Weber. Sie machte nicht nur als Schauspielerin und Opernsängerin von sich reden, sondern auch als Mutter des Komponisten Carl Maria von Weber und als Tante von Constanze Mozart. Abkürzungen: Efa, Eva, Eve, Fee, Gena, Genia, Genna, Noa, Nora.

Georgetta, Georgette. Auch **Georgete:** romantisch, international. Weibliche Formen von Georg. Aus dem Griechischen. Bedeutung: Bäuerin. Abkürzungen: Eta, Etta, Gera.

Georgia: weltweit bekannt. Weibliche Form von Georg. Aus dem Griechischen. Bedeutung: Bäuerin. 20. Jh.: Georgia O'Keeffe, eine wichtige amerikanische Malerin der amerikanischen Gegenbewegung zu den avantgardistischen Tendenzen in Europa. Die Natur beflügelte ihre Fantasie, was sich in ihren Bildern zeigt: Vorrangig malte sie einzelne Blüten, später die karge Landschaft von Santa Fee. Noch später erweiterte sie ihr Repertoire um Wolkenformationen, die sie auf ihrer ersten Weltreise aus dem Flugzeug betrachtete. Da war sie bereits achtzig Jahre alt, mit 98 starb sie. In Italien: Giorgina; in Rumänien: Georgeta. Abkürzungen: Gea, Gera, Gia, Gina, Ina.

Georgina, Georgine: ansprechend. Sehr weiblich. Hergeleitet von Georg. Aus dem Griechischen. Bedeutung: die Bäuerin. Abkürzungen: Gea, Gera, Gia, Gina, Ina.

Geraldine: international, bei uns selten. Weibliche Form von Gerald, Gerwald. Aus dem Althochdeutschen. Bedeutung: Speer und herrschen. Vor Jahrzehnten bekannt geworden durch die Schauspielerin Geraldine Chaplin, Tochter des großen Charlie Chaplin, die zum Beispiel in dem Filmklassiker »Dr. Schiwago« mitspielte. Kosenamen: Aldina, Aldine. Abkürzungen: Alda, Dina, Ela, Gea, Gera, Geri, Gerri, Gerrie, Gerry, Gia, Gina, Jerrie, Jerry.

Gerda. Auch **Gerdi, Gerdie:** nordisch. Bedeutung: Schützerin. Auch Kurzformen von Gerhild, → Gertraut und → Gertrud. Varianten: Gerdina, Gerdine.

Gerdina, Gerdine: → Gerda.

Gerdis: freundlich. In Schweden gebräuchlich. Aus dem Althochdeutschen. Die Anfangssilbe »Ger« bedeutet Speer und die Silbe »dis« Göttin. Auch als Kurzform von Gerhild, → Gertraut, Gertrud verstanden.

Gerit, Geritt. Auch **Gerret, Gerriet:** abgeleitet von Gerharda und damit dem männlichen Gerhard. Aus dem Althochdeutschen. Bedeutung: Speer und hart. Kosename: Gerittje. Abkürzungen: Geri, Gerri, Gerry.

Gerlind, Gerlinde. Auch **Gerlindis:** heute fast vergessen. Aus dem Althochdeutschen. Bedeutung: Speer und Lindenholzschild. Bereits in der alten Gudrunsage ist von Gerlind die Rede, Mutter von Hartmut, dem Normannenkönig. Ein Vorbild für besonders mutige Mädchen: Gerlinde Kaltenbrunner, Extrembergsteigerin, die in den vergangenen Jahren zehn der vierzehn Achttausender erklommen hat und damit im Moment die Liste der erfolgreichsten Höhenbergsteigerinnen anführt. Abkürzungen: Gea, Gerda, Gerta, Linda, Linde, Lindis.

Gerline: verselbstständigter Kosename von Vornamen wie etwa Gerburg, Gerhilde oder → Gerdina.

Germaine: zeitlos. Aus dem Französischen. Weibliche Form von Germain, abgeleitet von German. Aus dem Lateinischen. Bedeutung: der Germane. 18./19. Jh.: Germaine de Stael erregte als gute und sehr eigenständige Schreiberin Aufsehen.

20./21. Jh.: Germaine Greer, Intellektuelle, Autorin, Professorin für englische Literatur in Cambridge, vor allem jedoch eine der bedeutendsten Feministinnen der Gegenwart, setzt sich für die Frauen ein. Abkürzungen: Gea, Gena, Gera, Geri, Gerta, Mina, Minna.

Gerta, Gerte, Geerta, Geerte. Auch **Gerti, Gerty:** früher sehr populär. Nordisch. Bedeutung: Schützerin. Häufiger gelten die Namen allerdings als Kurzformen von Gerhild, → Gertrud, Gertraut. 20. Jh.: Gerta Overbeck, die in den 20er-Jahren den Mut besaß, Malerin zu werden. Sie ist eine Vertreterin der Neuen Sachlichkeit, ein detailgenauer Malstil. Kosenamen: Geertje, Gertje.

Gertraud: → Gertrud.

Gertrud, Gertruda, Gertrude. Auch **Gertraud, Gertraut:** früher ein beliebter Name, inzwischen allerdings aus der Mode gekommen. Aus dem Althochdeutschen. Bedeutung: Speer und Kraft. 19./20. Jh.: die amerikanische Schriftstellerin, Verlegerin, Mäzenin Gertrude Stein, die in Paris einen Salon führte, Zentrum der Avantgarde. War mit Picasso befreundet. Außerdem berühmt: die Schriftstellerin Gertrud von Le Fort, 1949 sogar für den Literaturnobelpreis vorgeschlagen. Weitere

DIE WIEGE DER NAMEN

Im deutschsprachigen Raum waren seit dem Mittelalter Vornamen christlicher und deutscher Herkunft gefragt. Ab dem 12. Jh. wurden Namen aus dem Neuen Testament beliebt. Ab 18./19. Jh. kamen Namen aus anderen europäischen Ländern dazu, wie etwa Antoinette und Sophia. Im 20. Jh. brachten Ferienreisende aus dem Süden spanische und italienische Vornamen mit, zum Beispiel Marcella, Chiara und Carmen. Gegen Ende des 20. Jh. haben zwei Drittel aller Vornamen weder einen germanischen noch einen christlichen Hintergrund. In Zeiten der Globalisierung ist es für viele Eltern zunehmend wichtiger geworden, dass der Vorname überall verständlich und möglichst international ist. Wohl auch deshalb haben kurze Namen wie Lea, Marie und Sophie einen Aufschwung erlebt.

Form: Gertrudis. Kosenamen: Geeske, Gesk. Abkürzungen: Gea, Gena, Gerda, Geri, Gerta, Gerte, Gerti, Gerty, Gesa, Gesche, Traudel, Traute, Trud, Truda, Trude, Trudi, Trudis.

Gervaise: aus dem Französischen. Weibliche Form von Gervas. Aus dem Althochdeutschen. Bedeutung: Speer und heranwachsen. 19. Jh.: Der französische Schriftsteller Emile Zola verhalf mit seinem Roman »Der Totschläger« einer fleißigen Gervaise zu Ruhm, denn er beschrieb das Leben dieser Wäscherin mit äußerster Genauigkeit. Abkürzungen: Gea, Gesa, Isa, Vally, Wally.

Gerret, Gerrit: → Gerit.

Gesa, Gese. Auch **Geesa:** angenehmer Zweiklang, unkompliziert. Aus dem Althochdeutschen. Ursprünglich Kurzform von → Gertrud. Bedeutung: Speer und Kraft. Im Norden bekannter als im Süden.

Gesche. Auch **Geesche:** typisch norddeutsch. Aus dem Althochdeutschen. Ursprünglich Kurzform von → Gertrud. Bedeutung: Speer und Kraft.

Gesina, Gesine: eigentlich Kosenamen, abgeleitet von → Gertrud. Aus dem Althochdeutschen. Bedeutung: Speer und Kraft. Abkürzungen: Gea, Gerda, Gerta, Gerte, Gesa, Sina, Sine, Sinja, Sinje, Zina.

Ghislaine: ausdrucksvoll, ungewöhnlich. Die weibliche Form von Ghislain. Ursprünglich aus dem Lateinischen. Bezieht sich auf den heiligen Gislenus, Ghislain. Ein französischer Rosenzüchter namens Turbot züchtete die zartrosagelbe Rose Ghislaine de Féligonde, nach seiner Frau benannt. Abkürzungen: Gila, Gisa, Isa, Lana, Lani, Lany.

Gigi, Giggi: Kurzformen von Vornamen wie etwa → Griseldis oder → Giesela. 20. Jh.: Durch die französische Schriftstellerin Colette und ihr Buch »Giggi« ist der Name ins Gespräch gekommen. Colette wurde in die Académie Goncourt aufgenommen, ein erlauchter literarischer Kreis, und bekam als erste Frau Frankreichs ein Staatsbegräbnis.

Gila: kurz und prägnant. Passt immer. International. Ursprünglich Kurzform von → Gisela. Aus dem Althochdeutschen. Bedeutung: Geisel, Bürge. Eventuell aus dem Hebräischen. Bedeutung dann: Glück, Freude.

Gilda, Gilta: angenehmer Zweiklang. Ursprünglich eine italienisch/spanische Kurzfassung von → Gertrud. Aus dem Althochdeutschen. Bedeutung: Speer und Kraft. In Giuseppe Verdis Oper »Rigoletto« dreht sich alles um die tragische Liebe Gildas zum Herzog.

Gilla: unkompliziert in Klang und Schreibweise. Vor allem in Schweden bekannt. Ursprünglich Kurzform von → Gisela. Aus dem Althochdeutschen. Bedeutung: aus edlem Geschlecht. Abkürzungen: Gill, Illa, Ille.

Gina: attraktiv, klangvoll, dabei schlicht und einfach. Kurzform von → Regina. Aus dem Lateinischen. Bedeutung: Königin. Wird auch als Kurzform von → Georgina, → Genovefa, → Ginette, → Josefina oder → Virginie verstanden. 20. Jh.: Dank des italienischen Filmstars Gina Lollobrigida wird der Name Mitte des Jahrhunderts zum Inbegriff von Weiblichkeit. Ein deutliches Zitat von ihr: »Frauen geben Fehler leichter zu als Männer. Deshalb sieht es so aus, als machten sie mehr!«

Ginette: heiter wie ein Kosename. Aus dem Französischen. Verwandt mit → Geneviève. Vielleicht aus dem Gälischen. Bedeutung möglicherweise: Volk und Frau. Abkürzungen: Gia, Gina, Ginga, Gini, Ginia, Ginny, Netta, Nette.

Gisa, Giesa: frisch wie das Meer. Kurzform von → Gisela oder → Giselle. Abkürzungen: Gia, Gina.

Gisela: Mitte des 20. Jh. ausgesprochen beliebt, dann flaute das Interesse ab. Aus dem Althochdeutschen. Bedeutung: aus edlem Geschlecht. 9. Jh.: Schon damals bekannt, denn eine Tochter der Irmingard von Tour, verheiratet mit Kaiser Lothar I., hieß Gisela. Im 11. Jh.: Königin Gisela von Schwaben, Mutter von Kaiser Heinrich III., Gemahlin von Konrad II., hat als einflussreiche, kluge, schöne Frau Geschichte gemacht. Abkürzungen: Gila, Gilla, Gisa, Illa, Ille.

Giselind, Giselinda, Giselinde: heute selten. Verwandt mit → Gisela. Aus dem Althochdeutschen. Bedeutung: aus edlem Geschlecht. Abkürzungen: Gila, Gilla, Gisa, Linda.

Giselina, Giseline: Koseform von → Gisela. Aus dem Althochdeutschen. Bedeutung: aus edlem Geschlecht. Abkürzungen: Gila, Gill, Gilla, Gisa, Lina, Line.

Gisella, Giselle: in vielen Ländern Europas bekannt. Aus dem Althochdeutschen. Bedeutung: aus edlem Geschlecht. 19. Jh.: das Ballett »Giselle« von Adolphe Adams, etwas für echte Romantiker. Jede klassische Tänzerin träumte in jungen Jahren davon, die Rolle der Giselle zu tanzen. In Frankreich auch Gisèle; in Ungarn: Gizella. Abkürzungen: Ela, Ila, Illa, Ille, Gila, Gill, Gilla, Gisa, Sella.

Gitta, Gitte. Auch **Gita:** fröhlich, unbeschwert. Passt immer, Kurzform von → Brigitta. Keltischen Ursprungs. Bedeutung: die Erhabene.

Gladys: aus dem Englischen, vor allem in Irland bekannt. Bedeutung ungewiss. 20. Jh.: die beeindruckende Gladys Aylwood. Ging als Missionarin nach China und überprüfte im Auftrag des Mandarin von Yang Cheng landauf, landab, ob das Verbot des Fuß-Verschnürens eingehalten wurde. Lernte so Land und Leute kennen.

Glenda: überall verständlich. Aus Irland. Bedeutung: enges Tal. 20./21. Jh.: Eine vielseitige Glenda: die Engländerin Glenda Jackson. Nach dürren Anfängerjahren erfolgreiche Schauspielerin (zwei Oscars), heute ebenso erfolgreiche Parlamentsabgeordnete der Labour Party. Abkürzungen: Glen, Glennie, Glenny.

Gloria: klassisch. Triumphierend wie eine Fanfare und ein Jauchzen. Aus dem Lateinischen. Bedeutung: Ruhm. 20./21. Jh.: Gloria Prinzessin Thurn und Taxis. Tanzte als Promi auf vielen Hochzeiten, ist heute als Unternehmerin weit über Regensburg hinaus bekannt. Ebenso berühmt: die Rose Gloria Dei. Abkürzungen: Gora, Lo, Lora, Ria.

Goda: einprägsam. Passt meistens. Kurzform von Namen mit den Anfangssilben »God« oder »Gud« wie → Gudrun oder Godelinde. Eine weitere Namensform: Godela.

Gölin: ein Name, bei dem Zärtlichkeit mitschwingt. Aus dem Schwedischen. Herkunft und Bedeutung ungewiss. Abkürzungen: Linn, Lynn.

Golda: international. Aus dem Englischen. Bedeutung: die Goldene. Ist auch ein in Israel bekannter Name. Bedeutung dort: die Glänzende. 20. Jh.: Weltweites Interesse erweckte die in Kiew geborene Politikerin Golda Meir, erst langjährige

Außenministerin Israels, später erste Premierministerin dieses Landes. In den Niederlanden und Friesland: Goudje. Kosenamen: Goldchen, Goldie, Goldine.

Gonda: ungewöhnlich. Verwandt mit → Gunda. Aus dem Althochdeutschen. Bedeutung: Kampf

Gordona: aus dem Englischen. Weibliche Form von → Gordon. Ursprünglich ein Familienname. Abkürzungen: Dona, Donna, Oda.

Gosta: klarer Zweiklang. Kurzform von → Augusta, der weiblichen Form von Augustus. Aus dem Lateinischen. Bedeutung: ehrwürdig. Auch Kurzform von Gustav. Aus dem Altschwedischen. Bedeutung: Gott und Stütze.

Grace: international. In England und Amerika besonders populär, → Gracia. Ursprünglich aus dem Lateinischen. Bedeutung: die Anmutige.

Gracia, Grazia. Auch **Gratia:** aus dem Lateinischen. Bedeutung: die Anmutige. Ein Fest zum Namen am 9. Juni: »Gratia Maria«, Mutter der Gnade, wird vor allem in Rom gefeiert. Von großer Anmut, Schönheit und Eleganz, unvergessen als eine Ikone des 20. Jh.: die US-amerikanische Hollywood-Schauspielerin Grace Kelly, aus der nach ihrer Heirat mit Fürst Rainier von Monaco die Fürstin Gracia Patricia wurde. Sie kam 1982 bei einem Autounfall ums Leben. Abkürzungen: Grace, Tita, Tizzia, Zia.

Graziana: Neben- und Koseform zu Gracia. Aus dem Lateinischen. Bedeutung: die Anmutige. Abkürzungen: Ana, Grace, Nana, Zia.

Graziella: eigentlich ein Kosename aus Italien zu → Gracia. Aus dem Lateinischen. Bedeutung: die Anmutige. Abkürzungen: Ela, Ella, Grace, Zia.

Gregoria: ungewöhnlich. Bekannter ist die männliche Variante: Gregor. Aus dem Griechischen. Bedeutung: die Wachsame. Verwandte Namen: → Jorina, → Jorinde. Abkürzungen: Jo, Ria.

Greta, Grete, Gretel. Auch **Grethe:** lange fast vergessen, neuerdings wieder sehr aktuell. Ursprünglich ein schwedischer Name, Kurzform von → Margareta. Aus dem Griechischen. Bedeutung: Perle. Das berühmteste Gretchen, das inzwischen zwei Jahrhunderte überdauert hat: das Gretchen in »Faust« von Johann Wolfgang von Goethe. Ebenfalls berühmt: die Gretel im Märchen der Gebrüder Grimm, die sehr einfallsreich mit Hänsel die Hexe besiegt. 20. Jh.: Hollywoodstar Greta Garbo stand lange im Rampenlicht, schwedische Schauspielerin mit geheimnisvoller Aura. In den Niederlanden: Gretske. Kosenamen: Greet, Greetje, Gretchen, Gretje.

Griselda, Griselde, Griseldis: aus dem Althochdeutschen. Bedeutung: grau und Held. 14. Jh.: In »Decamerone«, eine Sammlung von hundert Novellen, geschrieben von Giovanni Boccaccio, taucht in der letzten Geschichte eine Griselda auf, ein Bauernmädchen. Diese Geschichte wurde durch alle Zeiten und Länder immer wieder von Dichtern aufgegriffen, so auch Anfang 20. Jh. von Gerhart Hauptmann. In England: Grishilda; in Schottland: Grizelda, Griteld. Abkürzungen: Gri, Grit, Griz, Selda, Zela, Zelda, Zia.

Grit, Griet, Grietje. Auch **Grid, Grita:** nordisch. Die Tochter des Gottes Odin, wichtigster Gott der nordischen Mythologie, hieß Grid. Der Name wird auch als Kurzform von → Margareta verstanden. Aus dem Griechischen. Bedeutung: Perle.

Gry: ein nordischer Name, frisch wie ein neuer Tag, und genau das bedeutet er auch.

Guda: klangvoller, seltener Zweisilber. Eigentlich eine Kurzform von → Gudrun oder Gudila. Aus dem Altnordischen. Die Silbe »Gud« weist auf Gott hin. 11./12. Jh.: Eine gläubige Guda funktionierte ihre Burg in ein Doppelkloster um, in dem sie und ihr Mann ein Leben im Gebet verbrachten. Namenstag: 17. August.

Gudrun: Mitte des 20. Jhs. besonders beliebt. Aus dem Altnordischen. Bedeutung: Gott und Zauber, Geheimnis. 13. Jh.: Der Name wurde durch die Gudrunsage bekannt. Den Forschungen zufolge im bayerischen oder österreichischen Raum entstanden. Die Gudrunsage stellt neben dem Nibelungenlied das zweite große Heldenepos der mittelalterlichen deutschen Literatur dar. Abkürzungen: Guda, Gulja, Gunda, Guscha, Una.

Gudula: ein Kosename, entstanden aus → Guda. Aus dem Altnordischen. Abkürzungen: Guda, Gulja.

Gunda: heute recht selten. Kurzform von → Gudula oder → Gundula, auch von → Kunigunde.

Gundula. Auch **Gundela:** hergeleitet von → Gudrun. Aus dem Altnordischen. Abkürzungen: Guda, Gunda, Una.

Gunilla: verwandt mit → Gudrun. Aus dem Altnordischen. Abkürzungen: Guscha, Ila, Illa, Ille.

Gusta, Guste. Auch **Gustel:** klar und einfach. Passt überall und immer. Kurzformen von → Augusta oder → Gustava, Gustafa.

Gustava, Gustave. Auch **Gustafa:** weibliche Form zu Gustav. Aus dem Schwedischen. Bedeutung: Gott und Stütze. Abkürzungen: Ava, Gosta, Gusta.

Gutja: fremd, aber unkompliziert und ansprechend. Aus dem Russischen. Kurzform von → Augusta. Aus dem Lateinischen. Bedeutung: die Erhabene.

Gwen. Auch **Gwenda:** kurz und einprägsam. Kurzformen von → Gwendolin. Aus dem Englischen, ursprünglich Keltischen. Bedeutung: weiß und Ring.

Gwendolin, Gwendolyn: aus dem Englischen. Ursprünglich aus dem Keltischen. Bedeutung: weiß und Ring. Erinnert an eine verliebte Fee aus der Artussage. Abkürzungen: Dodo, Dollie, Dolly, Gwen, Gwenda, Lina, Line, Linn, Lynn.

Gyda, Gyde. Auch **Gy, Gya:** in Skandinavien bekannter. Verwandt mit altdeutschen Namen mit der Anfangssilbe »Gott« wie Gotthilde. 9./10. Jh.: Der Sage nach soll König Harald I., Herrscher über einige Landstriche Norwegens und »Schönhaar« genannt, seiner geliebten Gyda versprochen haben, sein Haar erst wieder nach der Eroberung ganz Norwegens zu kämmen und zu scheren. Gyda musste ihn daraufhin eine Weile mit Strubbelhaar ertragen. Er soll viele höfische Dichter um sich versammelt haben.

Gwyneth: ausgefallen. Aus dem Englischen. Hergeleitet vom walisischen Gwynedd. Wahrscheinliche Bedeutung: die Weiße. Vielleicht auch: die Gesegnete. 20./21. Jh.: Der Name ist durch die US-amerikanische Filmschauspielerin Gwyneth Paltrow bekannt geworden, die nicht nur schön ist, sondern wegen ihrer schauspielerischen Fähigkeiten auch schon einen Oscar gewann.

Haide: → Heide.

Haidi: → Heidi.

Haike: → Heike.

Haila: → Heila.

Halima: angenehmer Dreiklang. Aus dem Arabischen. Bedeutung: die Milde. Abkürzungen: Li, Lia.

Halina: in Tschechien und Polen populärer. Verwandt mit → Galina. Aus dem Russischen. Bedeutung: Friede. Andere sehen eine Verwandtschaft zu → Halka oder → Helena. Abkürzungen: Hanna, Lina, Line.

Halka: gilt vielen als Kosename zu → Halina. Verwandt mit dem Namen → Galina. Aus dem Russischen. Bedeutung: Friede. Andere sehen eine Verwandtschaft zu → Helena. In der Oper »Halka« von dem in Polen gefeierten Stanislaw Moniuszko wird die tragische Liebesgeschichte des Bauernmädchens Halka erzählt. Als Kosename: Halenka. Abkürzungen: Alka, Alke.

Hana: → Hanna.

Hanja: ein neuer, leicht verständlicher Name, der von vielen als Kosename von → Hanna, → Hannah und → Johanna verstanden wird.

Hanka: ein in Osteuropa gebräuchlicher Kosename zu → Hanna und → Johanna. In Friesland auch Hanke.

Hanna, Hanne: einprägsam, unkompliziert und seit vielen Jahren auf der Hitliste beliebter Namen ganz oben. Anpassungsfähig. Kurzformen von → Johanna, der weiblichen Form von Johann, Johannes. Aus dem Griechischen. Bedeutung: der Herr ist gnädig. 20. Jh.: Hanna Schygulla, deutsche Schauspielerin mit internationaler Karriere, bekannt geworden durch ihre Zusammenarbeit mit dem Regisseur Rainer Werner Fassbinder. Weitere Namensformen: Hana, Hannele, Hannerl, Hanni.

Hannah: ein biblischer Name. Aus dem Hebräischen. Bedeutung: die Anmutige. 20. Jh.: Hannah Arendt, jüdische Soziologin, Publizistin, seit ihrer Emigration aus Deutschland in den USA beheimatet, wurde weltweit berühmt durch ihre Gedanken zur politischen Philosophie.

Hannelore: aus der Mode gekommen, Anfang/Mitte des 20. Jh. dagegen ein Hit. Zusammengesetzt aus → Hanna und → Lore. 20./21. Jh.: Im Gespräch geblieben dank der vielseitigen Schauspielerin Hannelore Elsner. Weitere populäre Doppelformen: Hannedore, Hannerose. Abkürzungen: Hanna, Hanne, Hannerl, Lora, Lore.

Harmina, Harmine: weibliche Form des ostfriesischen Namens Harm, verwandt mit Hermann. Aus dem Althochdeutschen. Bedeutung: Heer und Mann. Weitere Namensformen: Harmenkea, Harmke. Abkürzungen: Hardi, Hardy, Mina, Mine, Minna.

Harriet: englisch, seit langem bei uns eingeführt. Verwandt mit → Henriette, Henri und damit Heinrich. Aus dem Althochdeutschen. Bedeutung: Einfriedung und reich, mächtig. 19. Jh.: Harriet Taylor Mill, englische Frauenrechtlerin, Autorin, Mitarbeiterin ihres zweiten Mannes, des Philosophen John Stuart Mill, erregte die Gemüter, weil sie für damalige Zeiten ein unkonventionelles Leben führte, Anlass für Klatsch und Tratsch.

Hazel: lässig, locker wie so viele Namen, die aus dem Englischen kommen. Bedeutung: der Haselnussstrauch.

Heather: aus dem Englischen. In England und Amerika recht geläufig. Bedeutung: das Heidekraut. 20./21. Jh.: In die Schlagzeilen gekommen durch den peinlichen Scheidungskrieg von Heather und Paul McCartney.

Hedda. Auch **Heda, Heda:** schon lange eingeführte Kurzformen von → Hedwig. Aus dem Althochdeutschen. Bedeutung: Streit und Kampf. 19. Jh.: »Hedda Gabler« von Henrik Ibsen, häufig auf deutschen Bühnen aufgeführt.

Hedwig. Auch **Hedvig:** ein alter Name. Aus dem Althochdeutschen. Bedeutung: Streit und Kampf. Bereits im Mittelalter beliebt. 12./13. Jh.: Hedwig von Andechs, verheiratet mit dem Herzog von Schlesien, der später auch Herzog von Polen wurde, Mutter von Herzog Heinrich II. Als Witwe gründete sie verschiedene Klöster, half den Armen und lebte bescheiden. Namenstag: 16. Oktober. In Polen: Jadwiga. Abkürzungen: Hedda, Hedi, Winnie.

Heide. Auch **Heida:** Mitte des vorigen Jahrhunderts bei uns groß in Mode gewesen. Kurzformen von → Adelheid. Aus dem Althochdeutschen. Bedeutung: edel. Weitere Namensformen: Haide, Haidi.

Heidelinde: zusammengesetzt aus den Wörtern »Heide« und »Linde«. Ähnliche Doppelformen wie Heiderose, Heidelore, Heidemarie. Mitte 20. Jh. üblicher als heute. Abkürzungen: Hedi, Heida, Heide, Heidi, Linda, Linde.

Heidi: vor Jahrzehnten sehr populär. Kurzform von → Heidrun oder → Adelheid. 19. Jh.: Die Autorin Johanna Spyri schreibt das Kinderbuch »Heidi«, das mehrmals verfilmt wurde. Noch heute ist die Geschichte bekannt und wird von Mädchen ebenso gern gelesen wie damals. 20./21. Jh.: Das Topmodel Heidi Klum macht Karriere und damit den Namen weltweit bekannt.

Heidrun: Mitte des 20. Jh. ein Renner, heute weniger populär. Aus dem Althochdeutschen. Bedeutung: Wesen und Zauber, Geheimnis. Abkürzungen: Heide, Heidi.

Heike. Auch **Haike:** vor allem im Norden beliebte Kurzform von → Heinrike und damit von Heinrich. Aus dem Althochdeutschen. Bedeutung: Einfriedung und reich, mächtig. Nebenform: Heikea.

Heila. Auch **Haila:** Kurzformen von heute weniger bekannten Namen wie Heilburg, Heilgard, Heiltraud, Heilwig. Aus dem Althochdeutschen. Bedeutung der Silbe »Heil«: gesund. Weitere Namensformen: Heilka, Heilke.

Heimke: aus Friesland. Eine Kurzform von Namen wie Heimberga, Heimburga, Heimlinde. Aus dem Althochdeutschen. Bedeutung der Silbe »Heim«: Haus.

Heinrika, Heinrike: alte Namen, heute selten, hergeleitet von Heinrich. Aus dem Althochdeutschen. Bedeutung: Einfriedung und mächtig, reich. In Friesland: Heinke, Heinkje. Verwandte Formen: Hinderika, Hinderike. Abkürzungen: Henny, Rika, Rike.

Helen: moderner als der Ursprungsname → Helena. In England, Amerika zuerst populär. Aus dem Griechischen. Bedeutung: die Strahlende. 19./20. Jh.: Helen Keller, taubblind seit ihrem 2. Lebensjahr, erkämpfte sich ein Universitätsstudium, setzte sich für Minderheiten ein und arbeitete auch erfolgreich als Schriftstellerin.

Helena, Helene: ein Klassiker, mal mehr, mal weniger gefragt. Momentan im Hoch. Aus dem Griechischen. Bedeutung: die Strahlende. In der Mythologie die Tochter von Leda und Zeus. Wurde wegen ihrer außergewöhnlichen Schönheit schon einmal als Kind (von Theseus) geraubt, aber von ihren Brüdern, den Dioskuren, nach Sparta zurückgebracht. Königin von Sparta. Ihre zweite Entführung, diesmal von Paris, Sohn des trojanischen Königs, war Anlass für den Trojanischen Krieg. Diese aufregende Geschichte wurde von vielen Dichtern – von Euripides über Goethe bis Heinrich Heine – aufgegriffen. Im 19. Jh. war der Name → Helene, wesentlich bodenständiger als Helena, besonders beliebt. Wer erinnert sich an die »fromme Helene« von Wilhelm Busch und den guten Rat an das gute Kind: »Komm' aufs Land, wo sanfte Schafe und die frommen Lämmer sind!« In England: → Eileen; in Frankreich: → Elaine, Hélène; in Italien und Spanien: → Elena; in Tschechien: → Alena, → Alina; in Russland: Jelena. Weitere verwandte Formen: → Ellen, Ileana, Ileane, → Ilona. Kosenamen: Alenica, Alenka. Abkürzungen: Ena, Eni, Hela, Helia, Helja, Jelka, Lea, Lena, Lene, Leni, Lenka, Nena, Nene.

Helga, Helge: Anfang bis Mitte 20. Jh. recht beliebt, dann fast verschwunden. Weibliche Variante des männlichen Vornamens Helge. Ursprünglich aus dem Nordischen. Bedeutung: heil, gesund.

Helia: verwandt mit dem männlichen Namen Helios. Aus dem Griechischen. Bedeutung: Sonne. Kann auch als Kurzform von → Helena verstanden werden.

Heliane: Kosename zu → Helena. Aus dem Griechischen. Bedeutung: die Strahlende. Andere Namensform: → Helia. Abkürzungen: Heli, Helja, Lana, Lany, Lia.

Hella, Helle. Auch **Hela:** Kurzformen von → Helena. Aus dem Griechischen. Bedeutung: die Strahlende.

Helma. Auch **Hilma:** Kurzformen von Helmburg, Helmtraud, Helmgard. Aus dem Althochdeutschen. Bedeutung der Anfangssilbe »Helm«: Helm.

Helmina, Helmine: Kurzformen von → Wilhelmina und damit vom männlichen Wilhelm. Aus dem Althochdeutschen. Bedeutung: Wille und Helm. Abkürzungen: Hella, Helle, Mina, Mine, Minna.

Héloise: alt, mit langer Tradition, selten in unseren Breiten. Aus dem Französischen. 12. Jh.: Eine gebildete, intelligente Héloise, voller Bewunderung für die Wissenschaften, dazu Nichte des Domherrn von Notre–Dame de Paris. Verliebte sich als Sechzehnjährige in Abaelard, einen vierzigjährigen, berühmten theologischen Lehrer, von seinen Bewunderern zuerst verehrt, dann stark angegriffen. Sie wurde schwanger, heimliche Heirat. Später ging sie (ebenso wie Abaelard) in ein Kloster, das sie als Äbtissin zu einem wichtigen geistigen Zentrum machte. Das Kloster verließ sie nie mehr. Jahrhundertelang ist das traurige und romantische Leben der beiden – zwischen Liebe und Vernunft – immer wieder neu erzählt und besungen worden. Weitere Namensformen: Abkürzungen: Hela, Hella, Loise, Loisa.

Hemma: verwandt mit → Emma oder Erma. Abgeleitet von Namen mit der Anfangssilbe »Irm«. Aus dem Althochdeutschen. Bedeutung: gewaltig.

Hendrika, Hendrike: im deutschen Sprachraum ungewöhnliche Namen, abgeleitet von Hendrik, Heinrich. Aus dem Althochdeutschen. Bedeutung: Einfriedung und mächtig, reich. In den Niederlanden: Hendrikje. Abkürzungen: Henja, Henny, Rike.

Henny. Auch **Henni:** Kurzformen von → Hendrika, → Henrika, → Henriette oder auch → Johanna. 19./20. Jh.: Berühmt aus Stummfilmzeiten: die große Schauspielerin und Mimin Henny Porten.

Henrica: → Henrika.

Henrietta, Henriette: mit der Beliebtheit der französischen Sprache im 17. Jh. populärer geworden. Abgeleitet von Heinrich, Henri, Henry und → Heinrike. Aus dem Althochdeutschen. Bedeutung: Einfriedung und mächtig, reich. 18./19. Jh.:

H

die Schriftstellerin Henriette Herz. Führte emanzipiert und geschickt einen literarischen Salon in Berlin. Bei ihr traf sich die intellektuelle Prominenz. 19. Jh.: Mary Henrietta Kingsley, die alles über Afrika gelesen hatte und unbedingt dorthin wollte. Nach dem Tod ihrer Eltern konnte sie endlich reisen. Und wie sie reiste: Allein im Kanu auf dem Ogowe Fluss. Allein bei Kannibalenstämmen … Diese Reisen machten sie berühmt. Abkürzungen: Etta, Henja, Henny, Jette.

Henrika, Henrike. Auch **Henrica:** weibliche Formen von Hendrik, Henry, Heinrich. Aus dem Althochdeutschen. Bedeutung: Einfriedung und mächtig, reich. 19. Jh.: Henrike Fassbender, eine Franziskanernonne, wollte mit vier Begleiterinnen per Dampfer in die USA reisen. Als das Schiff in Seenot geriet, verzichteten die Nonnen auf ihre Plätze in den Rettungsbooten, und zwar zugunsten der mitreisenden Familienväter. Namenstag: 6. Dezember. Weitere Form → Heinrike. In den Niederlanden: Hendrikje. Abkürzungen: Henni, Henny, Ria, Rica, Rika, Rike.

Hera: aus der griechischen Mythologie bekannt. Schwester und Gattin von Zeus, Schützerin des Hauses und der Ehe. Nahm als solche die zahlreichen Seitensprünge ihres Mannes sehr übel und verfolgte zeitweilig sehr listig seine Gespielinnen und deren Nachkommenschaft. Eine der drei Göttinnen (neben Aphrodite und Athene), die sich um den Apfel der Eris stritten, den diese mit den Worten »der Schönsten« in die Menge warf. Bis Paris entschied. Daher kommt übrigens die Bezeichnung »Zankapfel«.

Herdis: nordisch, mit isländischem Hintergrund. Bedeutung: Heer und Schutzgöttin.

Herma. Auch **Hermia:** einprägsam, ansprechend. Verwandt mit Hermanna, Hermanne, weibliche Formen von Hermann. Aus dem Althochdeutschen. Bedeutung: Heer und Mann. 16. Jh.: In »Ein Sommernachtstraum« von William Shakespeare spielt die Liebesgeschichte zwischen Hermia und Lysander eine ganz entscheidende Rolle. In Frankreich: Armande, Armandine; in Italien: Erminia; in Russland: Germina.

Hermina, Hermine: früher hoch im Kurs, dann fast vergessen. Abgeleitet von Hermann. Aus dem Althochdeutschen. Bedeutung: Heer und Mann. 20. Jh.: In dem Roman »Der Steppenwolf« von Hermann Hesse gibt es eine zentrale Figur mit Namen Hermine. 20./21. Jh.: Mit dem Bestseller »Harry Potter« ist auch der Name Hermine wieder ins Gespräch gekommen. Sie ist eine gute Freundin von Harry und Ron. In England: Hermione. Abkürzungen: Herma, Hermi, Mia, Mina, Mine, Minna.

Herminia: eine Weiterbildung von → Hermina, einer weiblichen Form von Hermann. Aus dem Althochdeutschen. Bedeutung: Heer und Mann. Abkürzungen: Herma, Hermi, Mia, Mina, Mine, Minna.

Herta, Hertha: gilt als Ableitung vom lateinischen Nerthus, sagen die einen. Andere meinen, der Name stamme aus dem Althochdeutschen, die Anfangssilbe bedeute Heer. Auf jeden Fall hat der Name eine lange Geschichte: 4. Jh.: Aus dieser Frühzeit ist die Märtyrerin Herta oder Hertula von Rom bekannt. Namenstag: 12. April.

Hetta. Auch **Heta, Hete:** Kurzformen von Hedwig, der weiblichen Variante von Hartwig. Aus dem Althochdeutschen. Bedeutung: hart und Kampf. Weitere Formen und Kosenamen: Hetti, Hetty.

Hilde, Hilda: zählt zu den alten Namen, die gerade wieder neu entdeckt werden. Ursprünglich Kurzformen von Clothilde, → Hildegard, → Mathilde oder Brunhilde. Aus dem Althochdeutschen. Bedeutung: Kampf. In der Gudrunsage spielt eine Hild, auch Hilde, als Mutter Gudruns eine Rolle. Kosenamen: Hilja, Hilla, Hillu, Hiltje.

Hildegard, Hildegart: ein alter Name aus dem Althochdeutschen. Bedeutung: Kampf und Einfriedung. 12. Jh.: Hildegard von Bingen, Mystikerin und Äbtissin eines Benediktinerinnenklosters. Tat, was Frauen zu jener Zeit eigentlich verwehrt war: Sie schrieb umfangreiche philosophische Werke, dichtete, komponierte und brachte das Abendland bis heute zum Staunen. Ihre Anweisungen zum gesunden Leben sind in den letzten Jahren wieder populär geworden. Später heiliggesprochen. Namenstag: 17. September. Andere Formen: Hildegarda, Hildegarde, Hildegardis. Abkürzungen: Hilda, Hilde, Hilja, Hilla, Hillu, Hiltje, Hiltke.

Hildis: verwandt mit → Hilda. Aus dem Althochdeutschen. Bedeutung: Kampf. Abkürzungen: Dina, Hilla, Hillu, Hiltje, Isa, Issy.

Hildrun. Auch **Hiltrun:** ein alter Name, heute fast vergessen. Aus dem Althochdeutschen. Bedeutung: Kampf und Zauber, Geheimnis. Abkürzungen: Duna, Hilda, Hilde, Hilja, Hilla, Hillu, Hiltje, Hissa, Una.

Hilka, Hilke: im Norden populärer als im Süden. Aus dem Niederdeutschen. Hergeleitet von → Hilda. Aus dem Althochdeutschen. Bedeutung: Kampf.

Hilla, Hille: Kurzform von Namen wie → Mathilde, Hiltraud, → Hildrun.

Hilma: → Helma.

Hinrika, Hinrike: weibliche Pendants zu Hinrich, Heinrich. Aus dem Althochdeutschen. Bedeutung: Einfriedung und reich, mächtig. Verwandte Namensformen: Hinderika, Hinderike, Hinnerika. Abkürzungen: Hinka, Hintje, Rika.

Holda, Holde: verwandt mit → Hulda. Aus dem Althochdeutschen. Bedeutung: gnädig, huldvoll. Abkürzung: Oda.

Holle: verwandt mit → Hulda. Aus dem Althochdeutschen. Bedeutung: gnädig, huldvoll. Der Name erinnert natürlich sofort an »Frau Holle« im gleichnamigen Märchen der Gebrüder Grimm.

Hollie. Auch **Holly:** aus dem Englischen. Bedeutung: die Stechpalme. Ein geeigneter Name für aufmüpfige kleine Mädchen. 20. Jh.: Eines dieser Mädchen, wunderschön und eigensinnig: die Holly aus der Romanverfilmung »Frühstück bei Tiffany«, dargestellt von Audrey Hepburn. Ein Klassiker unter den Filmen der Sechzigerjahre.

Hortense. Auch **Hortensia:** aus dem Lateinischen. Bezieht sich auf das Geschlecht der Hortensier. 18./19. Jh.: Die Tochter der schönen, faszinierenden Joséphine de Beauharnais, erste Frau von Napoleon Bonaparte, hieß Hortense und war mit einem Bruder Napoleons verheiratet: mit Louis Bonaparte. Ein Sohn Hortenses kam später als Napoleon III. an die Macht. Die wohlriechende Blume Hortensie, die in südeuropäischen Ländern in vielen Gärten wuchert, ist übrigens nach ihr benannt. Abkürzungen: Holly, Hora, Tessa.

DER VORNAME – AUSDRUCK UNBEWUSSTER ERWARTUNGEN?

Natürlich haben Eltern immer auch bestimmte Erwartungen an ihr Kind, selbst wenn sie das Gegenteil behaupten. Manchmal spielen diese Erwartungen sogar bei der Namensgebung eine Rolle. Namen sind nun einmal stark mit persönlichen Assoziationen verbunden. So ahnt ein Mädchen, das Aglaia oder Hortensia heißt, sicherlich bald, dass seine Eltern andere Bilder im Kopf haben als Mutter und Vater einer Altersgenossin, die ihre Tochter Kai oder Frauke genannt haben. Natürlich können solche Erkenntnisse Einfluss auf das kindliche Verhalten haben. Ein weiteres Beispiel: Wer seine Tochter Audrey nennt – im Gedenken an die zauberhafte, grazile, begabte und dabei auch noch kluge Schauspielerin Audrey Hepburn – und dieses Bild vor seinem Kind häufig blumig ausmalt, vermittelt ihm damit die Botschaft: Bitte entsprich diesem wunderbaren Bild! Eines ist klar: Ohne solche Botschaften und Bilder lebt es sich – als Kind wie auch als Erwachsener – leichter!

Huberta: weibliche Form von Hubert. Heute selten. Aus dem Althochdeutschen. Bedeutung: Geist und glänzend. Abkürzungen: Berta, Berte.

Hubertina, Hubertine: einst entstanden als Kosenamen von → Huberta, später verselbstständigt. Aus dem Althochdeutschen. Bedeutung: Geist und glänzend. Abkürzungen: Berta, Berte, Bina, Bine.

Hulda: vor allem in Schweden üblich. Aus dem Althochdeutschen. Bedeutung: weiblicher Geist. Gegen Ende des 19. Jh. recht beliebt. Abkürzung: Ula, Ulla.

Hyazintha: weibliche Form von Hyazinth. Aus dem Griechischen. In der Mythologie ist Hyazinth der Geliebte Apollons. Beim Diskuswerfen versehentlich von ihm getötet, wuchs aus seinem Blut die nach ihm benannte Blume Hyazinthe. Abkürzungen: Zinzia, Zita.

Iba: klangvoll, selten und von unkomplizierter Schreibweise. Aus dem Friesischen. Bedeutung: Eibe.

Ida: ein einfacher Zweisilber, der überall verstanden wird. Wieder auf dem Vormarsch auf der Beliebtheitsskala. Aus dem Althochdeutschen. Bedeutung: schützende Frau. Andere sagen, der Name bedeute Werk, Arbeit. Ida gilt auch als Kurzform von Idaberga oder Iduberga. 10. Jh.: die heilige Ida von Herzfeld, »Mutter der Armen« genannt. Vorbild im Glauben. Namenstag: 4. September. 20./21. Jh.: Ida Fleiß, hochbegabte Psychologin, Autorin, Gründungsmitglied von »Mensa Deutschland e.V.«, einem weltweiten Zusammenschluss hochbegabter Menschen, etwa 6500 in Deutschland. Weitere Namensformen: Idis, Idje, Itje; in England: Ead, Eed.

Idita: selten. Vor allem in Norddeutschland bekannt. Abgeleitet von → Jutta. Wird auch als Koseform von → Judith, Juditha verstanden. Aus dem Hebräischen. Bedeutung: die Gepriesene. Abkürzungen: Dita, Ida, Ita, Itta.

Idje. Auch **Itje:** Koseformen von → Ida.

Iduna: nicht alltäglich. Nordisch. Im Gedenken an die nordische Göttin der Jugend und der Unsterblichkeit. Abkürzungen: Duna, Ida, Una.

Ignatia. Auch **Ignazia:** ausgefallen. Weibliche Form von Ignatius. Aus dem Lateinischen. Bedeutung: Feuer. 18./19. Jh.: Maria Anna Walburga Ignatia Mozart, Schwester von Wolfgang Amadeus Mozart, genannt Nannerl, trat zusammen mit ihrem Bruder als Pianistin auf, war sehr gut. Trotzdem gelang ihr der große Erfolg nicht. Sie heiratete, hatte acht Kinder zu versorgen und arbeitete als Klavierlehrerin. Abkürzungen: Ika, Nata, Nati, Naty, Tita.

Ika, Ike, Iken oder **Ikka:** aus Friesland. Wahrscheinlich abgeleitet von → Ida. Aus dem Althochdeutschen. Bedeutung: schützende Frau.

Ilana: schlicht, wohlklingend, unkompliziert. Aus dem Bulgarischen. Abgeleitet von → Juliana, sagen viele. Aus dem Lateinischen. Bezieht sich auf einen Familiennamen. Andere meinen, der Name komme aus dem Hebräischen. Bedeutung: Baum. Abkürzungen: Ila, Illa, Lana.

Ilaria: in Italien populärer als im deutschsprachigen Raum. Verwandt mit Hilaria. Aus dem Lateinischen. Bedeutung: die Heitere. Abkürzungen: Illa, Ille.

Ildico, Ildiko: nicht ganz so einfache Schreibweise. Aus dem Ungarischen. Heute noch in Ungarn und in der Türkei gebräuchlich. Eine Koseform von Namen mit der Anfangssilbe »Hild«. Aus dem Althochdeutschen. Bedeutung: Kampf. 5. Jh.: Der Sage nach wurde Ildico, Tochter eines gotischen oder burgundischen Fürsten, mit dem Hunnenkönig Attila verheiratet. Attila soll in der Hochzeitsnacht an einem Blutsturz gestorben sein. Die Bediensteten fanden Ildico am nächsten Morgen weinend vor dem Bett ihres Mannes. In späteren Sagenfassungen trägt Ildico den Namen Kriemhild oder Krimhild. Abkürzungen: Dikta, Illa, Ille.

Ileana, Ileane. Auch **Iliana:** ursprünglich aus dem Rumänischen. Abgeleitet von → Helena. Aus dem Griechischen. Bedeutung: die Glänzende. 20. Jh.: Ileana Sonnabend, einflussreiche Sammlerin und Galeristin, die sowohl in Europa als auch in den USA die zeitgenössische Malerei gefördert hat. Ähnliche Namensformen: Ilena, Ilene, Ilenia. Abkürzungen: Ille, Ina, Lana, Lea.

Ilga: ziemlich unbekannt. Vielleicht verwandt mit → Helga. Aus dem Nordischen. Bedeutung: gesund.

Ilia: ansprechend. Leicht zu verwechseln mit dem männlichen Vornamen Ilia. Ein biblischer Name, abgeleitet vom Propheten Elija. Aus dem Hebräischen. Bedeutung: mein Gott ist Jahwe. Bezieht sich vielleicht auch auf Ilia, Prinzessin von Troja, Tochter von Priamus. Aus der Oper »Idemeneo« von Wolfgang Amadeus Mozart bekannt.

Iliana, Iliane: klangvoll, besonders. Nicht zu ausgefallen. Aus dem Schwedischen, Flämischen. Abgeleitet von → Juliane. Aus dem Lateinischen. Bezieht sich auf einen Familiennamen. Abkürzungen: Ana, Ila, Illia, Illja, Lia, Nane.

Ilina, Iliane: eingängig, unkompliziert. Aus dem Bulgarischen. Wird manchmal in Zusammenhang mit → Juliana gesehen. Aus dem Lateinischen. Bezieht sich auf einen Familiennamen. Wird aber auch als Form von → Helena verstanden. Aus dem Griechischen. Bedeutung: die Glänzende. Kosename: Ilinka. Abkürzungen: Ila, Illa, Ina, Jana, Lina, Linka.

Iljana: angenehmer Dreiklang. Wohl verwandt mit → Ilia und mit dem männlichen Vornamen Elias. Aus dem Hebräischen. Bedeutung: mein Gott ist Jahwe. Abkürzungen: Ila, Illa, Jana.

Ilka, Ilke: eigentlich Kurzformen des ungarischen → Ilona, und Ilonka, verwandt mit → Helena. Aus dem Griechischen. Bedeutung: die Glänzende. Abkürzungen: Ila, Illa.

Ilona: aus dem Ungarischen. Mitte des 20. Jhs. häufiger. Verwandt mit → Helena. Aus dem Griechischen. Bedeutung: die Glänzende. Kosenamen: Ilonca, Ilonka. Abkürzungen: Ila, Illa, Ille, Lona, Loni, Lonny, Ona.

Ilsa, Ilse: unkompliziert. Abgeleitet von → Elisabeth. Aus dem Hebräischen. Bedeutung: die Gott verehrt. 20. Jh.: Ilse Schneider-Lengyel, eine mehr als vielseitige Frau. War Fotografin, Kunsthistorikerin, Ethnologin, Lyrikerin, Essayistin und Literaturkritikerin. Sie sorgte dafür, dass sich eine Gruppe von Literaten zusammentat. Zu dieser »Gruppe 47« zählte auch Ilse Aichinger, österreichische Schriftstellerin. Kosename: Ilske.

Ilsabe, Ilsabet, Ilsabeth: verspielt und liebevoll. Ursprünglich Koseformen von → Elisabeth. Aus dem Hebräischen. Bedeutung: die Gott verehrt. Abkürzungen: Beth, Betsy, Bette, Betty, Isa, Issy, Sally.

Ilsebill: eigentlich ein Kosename. Abgeleitet von → Elisabeth. Aus dem Hebräischen. Bedeutung: die Gott verehrt. Wer erinnert sich noch an das Märchen »Vom Fischer und seine Frau« und den verzweifelten Ausspruch des Fischers: »Myne Frau de Ilsebill will nicht so as ik wohl will …«? Abkürzungen: Billi, Billie, Billy, Ilsa, Ilse.

Imelda: Abgeleitet von Irmhilda. Aus dem Althochdeutschen. Bedeutung: groß, mächtig, Kampf. Abkürzungen: Imma, Imme, Mela, Melda.

Imke: ein friesischer Kosename, hergeleitet von Namen mit der Anfangssilbe »Irm« wie Irmgard, Irmhild, Irmlind und Irmfried. Aus dem Althochdeutschen. Bedeutung: groß.

Imma, Imme: von gutem Klang. Verwandt mit Irmhild, Irmlind, auch mit → Emma. Aus dem Althochdeutschen. Bedeutung: groß. Der Name ist seit mehr als tausend Jahren bekannt, auch durch Thomas Manns »Königliche Hoheit«.

Imogen: aus dem 17. Jh.: von William Shakespeare in seinem Stück »Cymbeline« aufgegriffen und bekannt gemacht. Abkürzungen: Ima, Imma, Imme.

Ina: klar und einprägsam. Ein norddeutscher Name. Kurzform von Namen, die mit den Silben »ina« enden wie etwa → Christina, → Josefina oder → Marina. 19. Jh.: Die Autorin und Abenteuerin Ina von Grumbkov machte von sich reden. Sie reiste auf den Spuren ihres tödlich verunglückten Verlobten durch das menschenleere Island, verliebte sich in ihren Begleiter Reck, heiratete ihn und schrieb ein erfolgreiches Buch über diese Reise. Später ging sie mit ihrem Mann nach Afrika.

Indira: aus Indien. Hinweis auf die Regengöttin Indira. Der Name bedeutet auch Schönheit. 20. Jh.: In der Vergangenheit hatte Indira Gandhi großen Einfluss auf die Entwicklung Indiens. Abkürzungen: Dina, Dira, Ina.

Ines: aus Spanien importiert und zwischenzeitlich recht beliebt. Verwandt mit → Agnes. Aus dem Griechischen. Bedeutung: die Reine. Eine weitere Namensform: Inis.

Inga, Inge: schwedische Namen, verwandt allen Namen, die mit der Silbe »Ing« beginnen wie → Ingrid, → Ingeborg oder Ingerid. Der Name bezieht sich auf den germanischen Gott Ingwio. Kosename: Ingela.

Ingeborg. Auch **Ingeburg:** Ein alter nordischer Name. Erinnert an den Gott Ingwio und an eine Burg. Andere sehen eine Verbindung zum Wort Engel. 11./12. Jh.: Der französische König Philipp August, ein wahrer Schurke, heiratete die dänische Königstochter Ingeborg und kerkerte sie gleich nach der Hochzeit ein. Es dauerte seine Zeit, bis sie von Papst Innocenz befreit wurde. Namenstag: 30. Juli. 20. Jh.: Die Österreicherin Ingeborg Bachmann prägte die moderne Literatur ganz wesentlich. Abkürzungen: Inga, Inge, Inia, Inja.

Ingrid, Ingerid: traditionell. War vor einigen Jahrzehnten sehr in Mode. Aus dem Nordischen. Bezieht sich auf den germanischen Stammesgott Ingwio, bedeutet außerdem: schön. Der Name ist von jeher in skandinavischen Königshäusern beliebt. 20./21. Jh.: Auch heute noch gibt es Majestäten dieses Namens, wie etwa Prinzessin Ingrid Alexandra, Tochter des norwegischen Kronprinzen Haakon und seiner Frau, Prinzessin → Mette-Marit. In Dänemark: Inger, Ingerid, Ingfred, Ingred; in Norwegen: Ingefrid, Ingfrida; in Schweden noch zusätzlich: Ingra, Ingri. Abkürzungen: Grid, Grit, Gritt, Inga, Inge, Inia, Inja.

Ingrun: zusammengesetzt aus → Inge und Namen wie etwa → Gudrun oder Hildrun.

Inka, Inke: aus dem hohen Norden. Wahrscheinlich einst Kosenamen zu → Inga, Inge, zu Namen jedenfalls, die auf den germanischen Stammesgott Ingwio hinweisen. Weitere Formen: Ineke, Ingke, Inken.

Innocentia: traditionell. Weibliche Form von Innocenz. Aus dem Lateinischen. Bedeutung: unschuldig. 20. Jh.: Schwester Maria Innocentia Hummel, Zeichnerin, Malerin und Mitglied des Franziskanerinnenordens, wurde mit ihren Zeichnungen von Kindern und den nachgebildeten »Hummelfiguren« weltberühmt. Abkürzungen: Ina, Senta.

Insa, Inse: ein in Friesland beliebter und gebräuchlicher Name, der sich auf Namen bezieht wie etwa Inghild, Ingetrud, Ingerose. Weitere Namensformen: Inska, Inske.

Iphigenia, Iphigenie: anspruchsvoll. Aus dem Griechischen. Bedeutung: von Geburt an kräftig. In der griechischen Mythologie heißt die älteste Tochter Agamemnons Iphigenie. Sie wurde entführt, doch ihr Bruder Orest konnte sie retten. Ihr Schicksal wurde von Goethe in seinem Bühnenstück »Iphigenie auf Tauris« in Verse gefasst. Auch Euripides und Gerhart Hauptmann griffen den Stoff auf. Abkürzungen: Ena, Gena, Genia, Gina, Ina, Pia.

Ira: einprägsame Kurzform von Namen mit der Anfangssilbe »Ir« wie Irmberga, Irmhild oder auch → Irene.

Irena, Irene: traditionell. Aus dem Griechischen. Bedeutung: die Friedliche. Aus der griechischen Mythologie: Eirene, eine der drei Horen, Tochter von Zeus und Themis, Inbegriff des Friedens. 12./13. Jh.: Irene von Schwaben, von Walther von der Vogelweide als Rose ohne Dornen gepriesen, heiratete König Philipp von Schwaben, den Sohn Kaiser Friedrich Barbarossas. 19./20. Jh.: Irène Curie wird als Forscherin berühmt. In Frankreich: Irène; in Griechenland: Irini. Abkürzungen: Ina, Ira, Irka, Nena, Nina, Rena, Rina.

Irina, Iryna: aus dem Slawischen. Beliebte Form, verwandt mit → Irene. Aus dem Griechischen. Bedeutung: die Friedliche. Abkürzungen: Ina, Ira, Rina.

Iris: ansprechend. Erinnert an die gleichnamige Frühlingsblume. Aus dem Griechischen. Bedeutung: ankündigen. In der griechischen Mythologie ist Iris eine Botin und Vertraute von Hera. Als Göttin des Regenbogens stellt sie die Brücke zwischen Götter- und Menschenwelt dar.

Irm, Irma: Kurzform von fast vergessenen Namen wie etwa Irmhild, Irmtraud, Irmberga. Aus dem Althochdeutschen. Bedeutung der Anfangssilbe »Irm«: allumfassend.

Irmela: Kosename zu → Irm. Aus dem Althochdeutschen. Bedeutung der Anfangssilbe »Irm«: allumfassend. Abkürzungen: Imma, Immy, Irm, Mela, Mella.

Isa: angenehmer Zweiklang. Immer passend. Überall verständlich. Eine Kurzform von → Isabella, → Louisa oder → Elisa. Kosenamen: Isalie, Iselle.

Isabella, Isabelle. Auch **Isabel:** klassisch und sehr beliebt. Passt zu den meisten Familiennamen. Aus Südeuropa entliehen. Ursprünglich eine Kurzform von → Elisabeth. Aus dem Hebräischen. Bedeutung: die Gott verehrt. Andere sagen: Hergeleitet von Jesebel oder Isebel. Aus dem Hebräischen. Bedeutung: nicht einheimisch. 15./16. Jh.: Isabella I., Königin von Kastilien. Vertrieb alle nicht taufwilligen Juden und ließ die besiegten Mauren von der iberischen Halbinsel ausweisen. Die Einrichtung der Inquisition gehört zur Schattenseite ihrer Regentschaft. 19. Jh.: Isabel Burton, britische Reiseschriftstellerin. Hatte immer Fernweh und träumte von der weiten Welt. Aus den Träumen wurde Wirklichkeit: Sie machte große Reisen, erkundete Arabien, den Amazonas, Indien. 19./Anfang 20. Jh.: Isabelle Eberhardt, Reiseschriftstellerin.

Lernte mit zwölf Arabisch und trat zusammen mit ihrer Mutter zum Islam über. Führte ein Wanderleben. Ritt durch die Sahara. Reiste durch Tunesien, Algerien, Marokko. Als Mann verkleidet erlebte sie, was sie als Frau nie erlebt hätte. Modernere Namensformen: Isabel, Isabell. In Frankreich: Isabeau; in England: Isobel; in Schottland: Iseabal. Abkürzungen: Bel, Bella, Belle, Billa, Isa, Isabe, Issy.

Isidora, Isidore: aus dem Griechischen. Bedeutung: Geschenk der Göttin → Isis. Weitere Namensformen: Isadora oder Isadore. Abkürzungen: Isa, Isi, Iska, Dodo, Dora.

Isis: aus dem Griechischen. Nach der ägyptischen Göttin Isis, die die Leichenteile von Osiris einsammelte, zusammenfügte und durch Zauber wiederbelebte.

Isolde: vielleicht ein keltischer Name. Eventuell auch ein althochdeutscher. Bedeutung dann: Rüstung und walten. 12./ 13. Jh.: In melodischen Reimen wurde eine Isolde von Gottfried von Straßburg besungen. Die Geschichte von Tristan und Isolde ist weltbekannt, nicht zuletzt durch die gleichnamige Oper von Richard Wagner. In Italien: Isotta. Abkürzungen: Isa, Iska, Oda, Sol.

Iva: einfach und originell. Kurzform, entstanden aus → Ivana, der weiblichen Variante von Iwan, eine russische Form von Johannes. Aus dem Hebräischen. Bedeutung: der Herr ist gnädig. Andere Schreibweise: Yva.

Ivana. Auch **Iwana:** verwandt mit Johannes. Aus dem Hebräischen. Bedeutung: der Herr ist gnädig. Kosename: Ivanka. Abkürzungen: Ana, Iva, Iwa.

Ivanka: ein Kosename, entstanden aus → Ivana. Aus dem Hebräischen. Bedeutung: der Herr ist gnädig. Abkürzungen: Anka, Anke, Iva.

Ivonne. Auch **Ivonn:** ein französischer Name, weibliche Form von Yvon. Bedeutung: Eiche. Andere Namensforscher sehen eine Verwandtschaft zum Namen → Adelheid. Die Bedeutung dann: edel. Abkürzungen: Iva, Nona, Nonna, Ona, Vonne, Vonny, Yva.

Ivy: Frisch, einfach und doch ungewöhnlich. Aus dem Englischen. Bedeutung: Efeu.

Iwana: → Ivana.

Jacinta, Jacintha: aus Spanien. Verwandt mit →Hyazintha und Hyazinth. Aus dem Griechischen. In der Mythologie ist Hyazinth der Geliebte Apollons, der ihn beim Diskuswerfen versehentlich tötete. Aus seinem Blut wuchs eine Blume, die Hyazinthe. 20. Jh.: Jacinta Marto hieß das jüngste der drei Hirtenkinder, die 1917 im portugiesischen Fatima auf freiem Feld Marienerscheinungen gehabt haben sollen. Namenstag: 20. Februar. Abkürzungen: Cindi, Cindy, Cintia, Jara.

Jackie. Auch **Jacky:** unkomplizierte Kurzformen vom englischen →Jacklyn, weibliche Formen von Jacques, Jakob. Aus dem Hebräischen. Bedeutung: Gott möge beschützen. 20. Jh.: Der Name ist durch Jackie Kennedy, Ehefrau und spätere Witwe von John F. Kennedy, der als Präsident der USA einem Attentat zum Opfer fiel, ins Gespräch gekommen.

Jacqueline. Auch **Jacquelin, Jaqueline:** weibliche Variante zu Jakob. Aus dem Hebräischen. Bedeutung: Gott möge beschützen. 20./21. Jh.: die britische Schauspielerin Jaqueline Bisset, mit großen Leinwandhelden vor der Kamera. Abkürzungen: Jackie, Jacky, Jamie, Jascha, Line, Linny.

Jade: neueren Datums. Bezeichnet einen Edelstein.

Jaira: weibliche Form von Jairus aus dem Neuen Testament. Bedeutung: Lichtbringende.

Jakoba. Auch **Jacoba:** alter Name mit langer Geschichte, abgeleitet von Jakob. Heute sehr selten. Aus dem Hebräischen. Bedeutung: Gott möge beschützen. Abkürzungen: Bea, Jackie, Jacky, Jannie, Janny, Jascha.

Jakobina, Jakobine: weich, freundlich. Als Kosename von Jakoba entstanden. Abgeleitet von Jakob. Aus dem Hebräischen. Bedeutung: Gott möge beschützen. Abkürzungen: Bina, Bine, Jackie, Jacky, Jannie, Janny, Jascha.

Jana: derzeit höchst beliebt. Kurzform von so unterschiedlichen Namen wie →Johanna, →Ariana oder →Juliana.

Gilt bei manchen auch als weibliche Form von Jan. Kosenamen: Janja, Janni, Janny.

Jane: früher englisch, heute international. Verwandt mit
→ Johanna. Aus dem Hebräischen, Bedeutung: Gott ist
gnädig. 16. Jh.: Lady Jane Grey, von ihrem Vetter, König Edvard VI., zur englischen Thronerbin bestimmt, wurde bald
des Verrats beschuldigt und in den Tower verbannt. Als
»Nine Day Queen« ist sie in die Geschichte eingegangen.
19. Jh.: Die englische Schriftstellerin Jane Austen schrieb ihre
bis heute beliebten Romane. Einige davon wurden verfilmt.
19./20. Jh.: Die amerikanische Feministin Jane Addams war
als Sozialarbeiterin, Soziologin und Journalistin tätig. Engagierte sich in der Friedensbewegung. Erhielt 1931 zusammen mit Nicholas Murray Butler den Friedensnobelpreis.
Kosenamen: Janet, Janey, Janice, Janise.

Janetta, Janette. Auch **Janett:** hergeleitet von → Johanna.
Wird von manchen auch in Zusammenhang mit → Jana
gesehen. Weitere Namensform: Jannette. Abkürzungen:
Etta, Jana, Neta, Netta.

Janika. Auch **Jannika:** in Bulgarien besonders beliebt. Entstanden als weibliche Form von Jannik. Aus dem Hebräischen. Bedeutung: Gott ist gnädig. Kosename: Janita.
Abkürzungen: Jana, Jaya, Nika.

Janina, Janine: weibliche Formen zu Jan/Johannes. Aus dem
Hebräischen. Bedeutung: Gott ist gnädig. Andere sehen
einen Zusammenhang mit → Janna, Janne, → Marianne,
vielleicht auch → Jeanne. Weitere Namensformen: Janin,
Jannina. Abkürzungen: Jana, Janna, Nina, Ninni.

Janna, Janne. Auch **Janny:** unkompliziert und frisch. Passt
immer. Wahrscheinlich Kurzformen von → Marianne oder
→ Christiane.

Jara: wahrscheinlich eine Kurzform von Jarmila und dem
männlichen Jaromir. Aus dem Russischen. Bedeutung: ernst
und Friede.

Jasmin. Auch **Jasmina, Jasmine:** seit Langem schon gleichbleibend beliebt. Der Name bezieht sich auf einen Zier-
strauch mit weißen, wunderbar duftenden Blüten. Ein Tee
gleichen Namens kommt aus China.

Jeanette: → Jeannette.

Jeanne: aus dem Französischen, verwandt mit → Johanna und deshalb auch mit Johannes. Bedeutung: die Reine, die Unschuldige. 15. Jh.: Die berühmteste Jeanne aller Zeiten machte Geschichte im wörtlichen Sinn. Als Jeanne d'Arc führte sie die französischen Truppen gegen die Engländer an. Gilt bis heute als Nationalheldin der Franzosen und ist eine katholische Heilige. Wurde in Rouen auf dem Scheiterhaufen verbrannt und 25 Jahre nach ihrem Tod rehabilitiert. Namenstag: 30. Mai. Ihr Lebens- und Leidensweg wurde in verschiedenen Gattungen bearbeitet. So beispielsweise von Friedrich Schiller in seinem Drama »Die Jungfrau von Orleans« und von Giuseppe Verdi in seiner gleichlautenden Oper, die 1845 an der Mailänder Scala uraufgeführt wurde. Aber auch in Verfilmungen mit Ingrid Bergman, Jean Seberg und Sandrine Bonnaire. Kosenamen: Jeanie, Jeannie.

Jeannette. Auch **Jeanette:** eigentlich Kosenamen von → Jeanne. Aus dem Hebräischen. Bedeutung: Gott ist gnädig. 19./20. Jh.: Jeanette Rankin, Politikerin, Frauenrechtlerin, Friedensaktivistin in den USA. Erste Frau im Repräsentantenhaus und im US-Kongress. Weitere Namensform: Jeanett. Abkürzungen: Jeanie, Jenna, Jennie.

Jeannine. Auch **Jeanine:** Kosenamen, entstanden zu → Jeanne. Abkürzungen: Jeanie, Jeannie, Nini, Ninni.

Jelena: auch bei uns immer bekannter. Aus dem Russischen. Verwandt mit → Helena. Aus dem Griechischen. Bedeutung: die Strahlende. Als Kosename: Jelenka. Abkürzungen: Ena, Eni, Janka, Jela, Jella, Lena, Lene.

Jelka: Aus dem Ungarischen. Im deutschen Sprachraum eher unbekannt. Verwandt mit Namen wie → Ilona, Ilonka und → Helena. Aus dem Griechischen. Bedeutung: die Strahlende. Abkürzungen: Ela, Ella, Kara.

Jella, Jelle: gefällt vielen. Vor allem in den Niederlanden und in Friesland bekannt. Abgeleitet von Jael, einem biblischen Namen, sagen manche. Bedeutung: Steinbock oder Bergziege. Andere sehen darin einen Kosenamen, abgeleitet von → Gabriele, der weiblichen Form von Gabriel. Aus dem Hebräischen. Bedeutung: Mann Gottes.

Jenni: → Jenny.

Jennifer: unter den beliebten Vornamen. Aus dem Englischen. Verwandt mit → Geneviève, → Gwendolin. Aus dem Keltischen. Bedeutung: weiß. 20./21. Jh.: Jennifer Aniston, bewunderte, besonders erfolgreiche Hollywood-Schauspielerin. Abkürzungen: Jenna, Jenni, Jenny, Nina.

Jenny. Auch **Jenni:** Aus dem Englischen. Ursprünglich Kurzform von → Jennifer, hat sich inzwischen verselbstständigt. Verwandt mit → Geneviève, → Gwendolin. Aus dem Keltischen. Bedeutung: weiß. Der Name existiert auch in Deutschland seit Langem, wurde im Gegensatz zu heute meist jedoch nicht englisch ausgesprochen. 19. Jh.: Theodor Fontane schrieb einen Roman mit dem Titel »Frau Jenny Treibel«. Zudem machte die aus ärmlichen Verhältnissen stammende Jenny Lind Furore, eine Opernsängerin, die wegen ihrer fantastischen Stimme als »schwedische Nachtigall« bezeichnet und über Europa hinaus bewundert wurde. Eine weitere Namensform: Jenna.

Jessica. Auch **Jessika:** modern, höchst beliebt. Wohl aus dem Hebräischen. Bedeutung: Gott schaut. 16. Jh.: Schon in William Shakespeares »Der Kaufmann von Venedig« gibt es eine Jessica. In Spanien: Jesica. Abkürzungen: Jess, Jesse, Jessia, Jessie, Jessy, Jiska.

Jette. Auch **Jetta:** klipp und klar und auf der Beliebtheitsskala seit einiger Zeit unter den Favoriten. Eine fröhlich anmutende Kurzform von → Henriette, verwandt mit Henri, Heinrich. Aus dem Althochdeutschen. Bedeutung: Einfriedung und reich, mächtig.

Jil, Jill: ursprünglich Kurzformen von → Jillian, verwandt mit → Juliane. Aus dem Lateinischen. Bezieht sich auf einen römischen Familiennamen. 20./21. Jh.: Der Name wurde durch das Label der Modeschöpferin Jil Sander bekannt.

Jillian: aus England. Verwandt mit Gillian und → Juliane. Aus dem Lateinischen. Bezieht sich auf einen römischen Familiennamen. Abkürzungen: Jill, Lana, Lany, Lia.

Jirina: aus Tschechien importiert. Weibliche Form von Georg. Aus dem Griechischen. Bedeutung: Bäuerin. Abkürzungen: Ina, Jirka, Rina.

Joachime: fast vergessen. Weibliche Form von Joachim. Aus dem Hebräischen. Bedeutung: Jehova richtet aus. Abkürzungen: Imma, Imme, Jo.

Joan: moderner englischer Name mit alten Wurzeln: verwandt mit → Johanna und somit mit Johannes. Aus dem Hebräischen. Bedeutung: Gott ist gnädig.

Joana: international. Aus dem Portugiesischen. Verwandt mit → Johanna und somit mit Johannes. Aus dem Hebräischen. Bedeutung: Gott ist gnädig. 20. Jh.: Joana Maria Gorvin, eine legendäre Schauspielerin, heute noch vielen ein Vorbild in ihrer Kunst. Abkürzungen: Ana, Anna, Jo.

Joanne: aus dem Englischen. Verwandt mit → Johanna. 20./21. Jh.: Die bekannteste Joanne aus heutiger Zeit ist die schottische Schriftstellerin Joanne Rowling, der wir »Harry Potter« samt seinen Zauberkünsten und Abenteuern zu verdanken haben. Abkürzungen: Ana, Anna, Jo.

Joceline, Jocelyne. Auch **Jocelyn:** liebenswert, klingt verspielt. Verwandt mit dem französischen Josselin. Aus dem Keltischen. Bedeutung: Kämpferin. Abkürzungen: Jo, Jocy, Joy, Linn, Lynn.

Jody. Auch **Jodie:** lässig, international. In England und Amerika aktuell. Verwandt mit → Judith. Aus dem Hebräischen. Bedeutung: die Gepriesene.

Joelle: originell. Weibliche Form des männlichen Vornamens Joel. Aus dem Hebräischen. Bedeutung: Jahwe ist Gott. Kosename: Joelina. Abkürzungen: Ella, Elle, Jelli, Jo.

Jördis: wie ein frischer Nordwind. Aus dem Isländischen. Bedeutung: Schwert und Göttin.

Johanna, Johanne: ein Klassiker, jenseits aller Trends, zeitlos schön und meistens unter den Spitzenreitern. Ein biblischer Name. Aus dem Hebräischen. Bedeutung: Gott ist gnädig. Im Neuen Testament wird eine Johanna von Jesus geheilt. 18./19. Jh.: Eine zu ihrer Zeit erstaunlich emanzipierte, weltoffene Frau war Johanna Schopenhauer, Schriftstellerin, Mutter des Philosophen Arthur Schopenhauer. Lebte in Weimar. Ihre Teegesellschaften waren »Kult«. Verkehrte mit Goethe. 20. Jh.: »Die heilige Johanna der Schlachthöfe«, ein Theaterstück von Bertolt Brecht. Nimmt Bezug auf die Geschichte der französischen Nationalheiligen → Jeanne d'Arc. Im Norden und Süden, im Osten und Westen: Johanna hießen im Laufe der Jahrhunderte immer wieder bedeutende Fürstinnen und Königinnen. Kosename: Janneke. Abkürzungen: Hana, Hanja, Hanka, Hanne, Hannerl, Jana, Jane, Janna, Janne, Jenni, Jenny, Jodie, Jody, Jola, Jonna, Nanna.

Jolanda, Jolande: märchenhaft, verspielt. Vielleicht aus dem Germanischen, vielleicht aus dem Altfranzösischen – noch weiß es keiner wirklich. Manche sagen, der Name stamme aus Griechenland und bedeute: Veilchen. Im Mittelalter durchaus schon bekannt. Weitere Formen: Jolanta, Jolantha, Jolanthe. Abkürzungen: Ana, Dana, Jola, Jonna, Lana, Landa.

Jolena, Jolene: neueren Datums. Aus England importiert. Weibliche Varianten von Johann, Johannes. Aus dem Hebräischen. Bedeutung: Gott ist gnädig. Weitere Namensformen: Joleen, Jolyn, Jonna.

Jolie: bei uns neu. In vielen Ländern bekannt. Aus dem Französischen. Bedeutung: niedlich, hübsch.

Jolina: derzeit unter den beliebten Namen. Verwandt mit → Jolena und den männlichen Vornamen Johann, Johannes. Aus dem Hebräischen. Bedeutung: Gott ist gnädig. Vielleicht auch eine Weiterbildung von → Jolie. Aus dem Französischen. Bedeutung dann: niedlich, hübsch. Abkürzungen: Jojo, Jolie, Jonna, Lina, Line.

Jona: ungewöhnlich, klar, unverwechselbar. Aus dem Hebräischen. Bedeutung: Taube. Zärtlich: Jonetta, Jonica.

Jorina, Jorine. Auch **Jorinna:** aus dem Friesischen. Verwandt mit Gregor. Aus dem Griechischen. Bedeutung: die Wachsame.

Jorinde: märchenhaft, romantisch. Verwandt mit den Namen → Jorina und Gregor. Aus dem Griechischen. Bedeutung: die Wachsame. Der Name erinnert an das Grimmsche Märchen »Jorinde und Joringel«, in dem das Liebespaar von einer Zauberin verhext wird und erst nach langer Gefangenschaft wieder zusammenfindet.

Josefa, Josepha: traditionell. Weibliche Variante von Josef. Aus dem Hebräischen. Bedeutung: Gott möge hinzufügen. Früher auch ein Prinzessinnen-Name. Kosename: Josanne. Abkürzungen: Bepperl, Jo, Pepa, Pepita, Sefa, Seffa.

Josefine, Josephine. Auch **Josefina, Josephina:** liebenswert, zeitlos, vielleicht deshalb so beliebt. Einst Kosenamen zu → Josefa, verwandt mit Josef. Aus dem Hebräischen. Bedeutung: Gott möge hinzufügen. 18./19. Jh.: Napoleons erste Frau, Joséphine de Beauharnais, gab ihren Namen an eine bayerische Enkelin weiter. Diese bayerische Joséphine heiratete Oskar I., den späteren König von Schweden und Norwegen. 20. Jh.: Josephine Baker, geborene Amerikanerin, später mit französischer Nationalität. Tänzerin, Sängerin, Schauspielerin, eroberte ihr Publikum als »schwarze Venus« mit beeindruckender Stimme und farbenprächtigen Kostümen. Wurde auch wegen ihres sozialen Engagements bewundert und gefeiert. Engagierte sich im 2. Weltkrieg im französischen Widerstand. Adoptierte zwölf Waisenkinder unterschiedlicher Hautfarbe, ihr persönliches Zeichen gegen Rassismus. In Spanien: Josefita. Abkürzungen: Fiene, Fina, Fine, Finni, Fita, Ina, Jo, Josie, Jossi, Pepa, Pepita, Sina.

Josette: verspielter Kosename von → Josefa, verwandt mit Josef. Aus dem Hebräischen. Bedeutung: Gott möge hinzufügen. Abkürzungen: Etta, Jo, Jojo, Josie, Jossie.

Josina: freundlich, einprägsam. Aus dem Niederländischen/Friesischen. Verwandt mit → Josefine. Aus dem Hebräischen. Bedeutung: Gott möge hinzufügen. Abkürzungen: Jo, Jojo, Josie, Sina, Sine.

Joy: neu. Aus dem Englischen. Bedeutung: Freude. Ähnlicher Name: Joyce.

Juana: erinnert an Sonne und Süden. In Spanien beliebt. Verwandt mit → Johanna, weibliche Form von Johannes. Aus dem Hebräischen. Bedeutung: Gott ist gnädig. 19. Jh.: Die argentinische Schriftstellerin und Journalistin Juana Manuela Gorriti Wirbel verlor in den Wirren südamerikanischer Unabhängigkeitskriege ihr Zuhause, heiratete einen Offizier, zog mit ihm von einer Garnison zur anderen, lebte sehr freizügig. Sie genoss große Erfolge und ein internationales Renommee. Kosename: Juanita. Abkürzungen: Ana, Jana, Judy, Junja, Yana.

Judika. Auch **Judica:** wenig bekannt. Aus dem Lateinischen. Bedeutung: richte. Abkürzungen: Dica, Dita, Judka, Judy.

Judith, Judit: zeitlos schön. Ein biblischer Name. Aus dem Hebräischen. Bedeutung: die Gepriesene. Im »Buch Judit« im Alten Testament steht folgende Geschichte über sie geschrieben: Mit ihrer Schönheit, Weisheit und ihren besonderen Reizen betörte sie Holofernes, der als General des babylonischen Königs ihre Stadt Betulia belagerte, dort mordete und brandschatzte. Er lud sie zu einem Gelage ein, in dessen Verlauf sie ihn betrunken machte, um ihn zusammen mit ihrer Magd zu enthaupten. Die Stadt Betulia war damit gerettet. Das Motiv – Judit präsentiert den Kopf von Holofernes auf einem Tablett – war (besonders im Barock) bei vielen Malern beliebt. Es wurde von Michelangelo sogar in der Sixtinischen Kapelle in Rom dargestellt. 9. Jh.: Eine willensstarke, wunderschöne Judith, die zweite Frau von Ludwig dem Frommen, verfolgte eigene politische Ziele. Vor allem wollte sie ihrem Sohn Karl, genannt der Kahle, einen Anteil am Erbe sichern, nachdem längst ein Plan über die Aufteilung unter den drei Söhnen aus Ludwigs erster Ehe existierte. In Tschechien: Jitka. Abkürzungen: Ditta, Ita, Itta, Judy, Jula, Jule.

Jule. Auch **Jula:** höchst beliebte Kosenamen und Abkürzungen zu → Julia. Aus dem Lateinischen. Hinweis auf eine altrömische Familie.

Julia, Julie: zeitlos. Immer unter den Favoriten. Weibliche Form von Julius. Aus dem Lateinischen. Hinweis auf eine altrömische Familie. 3. Jh.: Julia von Karthago starb für ihren Glauben. Namenstag: 22. Mai. 16. Jh.: William Shakespeare setzte den Julias aller Zeiten mit seiner berühmten Tragödie »Romeo und Julia« für immer ein Denkmal. 19./20. Jh.: Die Mutter der Schriftstellerbrüder Thomas und Heinrich Mann hieß Julia da Silva-Bruhns. 20./21. Jh.: Julia Child, eine begabte Köchin und Kochbuchautorin, hat den Amerikanern beigebracht, was französische Küche bedeutet und wie sie schmeckt. In Italien: Giulia. Kosenamen: Gill, Judy, Jula, Jule, Julischka, Julja, July, Lia, Lilly.

Juliana, Juliane: Streicheleinheiten fürs Ohr. Weibliche Varianten von Julian. Aus dem Lateinischen. Hinweis auf eine römische Familie. 13. Jh: die vorbildliche Augustinernonne

Juliane von Lüttich, Mystikerin, als Heilige noch heute verehrt. Namenstag: 5. April. 20. Jh.: Juliana, Königin der Niederlande, war bei ihrem Volk höchst beliebt. Weitere Formen: Julianna, Julianne, Julijana. In Italien: Giuliana; in Bulgarien: Ilana, Iliana, Ilina; in Schweden: Iliane. Abkürzungen: Ana, Jana, Jule, Lia, Liana, Liane.

Julietta, Juliette. Auch **Juliet:** neuere Namensformen, entwickelt aus → Julia. Aus dem Lateinischen. Hinweis auf eine altrömische Familie. 20./21. Jh.: Juliette Greco, eine französische Chansonsängerin und Schauspielerin, die seit vielen Jahrzehnten die Szene beherrscht. In Italien: Guiletta. Abkürzungen: Jule, Li, Lia.

Julika: Kosename zu → Julia, der sich verselbstständigt hat. Aus dem Lateinischen. Hinweis auf eine altrömische Familie. Abkürzungen: Ika, Jule, Lia.

Julina, Juline: hergeleitet von → Julia. Aus dem Lateinischen. Hinweis auf eine altrömische Familie. Abkürzungen: Ina, Judy, Jula, Jule, July, Lina, Line.

Julitta: eine alte und besondere Form von → Julia. Aus dem Lateinischen. Hinweis auf das Geschlecht der Julier. 3. Jh.: Der Legende nach musste die Christin Julitta als Märtyrerin sterben. Namenstag: 3. Juni. In Spanien: Julita. Abkürzungen: Jula, Jule, Lia, Litta.

Justina, Justine Auch **Jystina:** aus dem Lateinischen. Bedeutung: die Gerechte. 3. Jh.: In Padua wurde eine Justina wegen ihres Glaubens verfolgt. Namenstag: 7. Oktober. Zur gleichen Zeit wurde auch die schöne Justina von Antiochien Opfer der Christenverfolgung. Namenstag: 26. September. Abkürzungen: Janita, Nina, Nita, Tina, Tine.

Jutta, Jutte. Einst auch **Juta:** ursprünglich altnordische Namen. Bedeutung: aus dem Volk der Jüten (Dänemark). Andere sehen eine Gemeinsamkeit mit dem Vornamen → Judith. 12. Jh.: Damals lebte Jutta von Luxemburg, ältere Schwester von Kaiser Karl IV. und Frau des französischen Thronfolgers, Johann II. (der Gute). Eine zweite berühmte Namensträgerin: Jutta Claricia von Thüringen (ihr Taufname war Judith), Halbschwester von Kaiser Friedrich Barbarossa. Kosenamen: Etta, Itta, Jytte, Yvette.

Kaela: aus dem Arabischen. Bedeutung: geliebt. Abkürzungen: Ela, Kara.

Käthe: warm, liebenswert. 19. Jh./Anfang 20. Jh. ausgesprochen beliebt. Kurzform von → Katharina. Aus dem Griechischen. Bedeutung: die Reine. 19. Jh.: Die tapfere Schmiedstochter »Käthchen von Heilbronn« wurde von dem deutschen Dramatiker und Erzähler Heinrich von Kleist erschaffen. Bis heute unvergessen. 19./20. Jh.: Die sozial engagierte Künstlerin Käthe Kollwitz beschäftigte sich ihr Leben lang mit dem Leid der Menschen. Hinterließ beeindruckende Lithografien, Radierungen, Kupferstiche, Holzschnitte und Skulpturen – jedes ihrer Werke von großer Eindringlichkeit. Eine weitere Käthe etwa zur selben Zeit: Die Berufsluftschifferin, Luftakrobatin und Erfinderin des zusammenfaltbaren Fallschirms, Käthe Paulus, machte von sich reden. Kosenamen: Kate, Käthchen, Kathi.

Kai, Kaj, Kay: international. Als Jungenname bekannter denn als Mädchenname. Wahrscheinlich entstanden als Kurzform von → Katharina. Eine weitere Form: Kaya.

Kaija: vor allem in Skandinavien bekannte Kurzform von → Katharina. Aus dem Griechischen. Bedeutung: die Reine. 20./21. Jh: Die finnische Komponistin Kaija Saariaho macht international Karriere. Ihre Werke wurden bereits in New York vom Philharmonic Orchestra aufgeführt, ebenso bei den Salzburger Festspielen.

Kaitlyn: → Caitlin.

Kaja. Auch **Kaya:** → Caja.

Kalinka: verspielt. Erinnert an Balalaikamusik und das Lied: »Kalinka, Kalinka …« Aus dem Russischen. Bedeutung: Beere. Abkürzungen: Anka, Inka, Kara, Lina, Linka.

Kamilla, Kamille: → Camilla.

Kara: → Cara.

Karda: Kurzform von → Ricarda, der weiblichen Form von Richard. Aus dem Althochdeutschen. Bedeutung: Herrschaft, Macht und hart.

Kareen: beliebte Nebenform von → Careen, wohl eine Weiterbildung von → Cara. Vor allem in Irland aktuell. Aus dem Lateinischen. Bedeutung: lieb, teuer. Der Name wird auch in Zusammenhang mit → Caren gesehen, abgeleitet von → Katharina. Aus dem Griechischen. Bedeutung: die Reine. Abkürzungen: Kaja, Kara. Reena.

Karen: ein dänischer und schwedischer Name. Angelehnt an → Caren, → Katharina. Aus dem Griechischen. Bedeutung: die Reine. 19./20. Jh.: Die dänische Schriftstellerin und Kaffeefarmerin Karen Blixen – eigentlich Karen Christence von Blixen-Finecke – hat mit ihrem Buch »Jenseits von Afrika« nicht wenige für Afrika begeistert. Das Buch wurde mit Meryl Streep und Robert Redfort verfilmt. Eine zweite Karen aus dieser Zeit, die Spuren hinterließ: Karen Danielsen-Horney, deutschamerikanische Psychoanalytikerin, die besonders die kulturellen und sozialen Einflüsse auf unser Seelenleben hervorhob. Abkürzungen: Kaia, Kaja, Kalla, Kari, Kary, Rena.

Karena: ansprechender Dreiklang. Kosename von → Karen, angelehnt an → Katharina. Aus dem Griechischen. Bedeutung: die Reine. Andere sehen eine Verwandtschaft mit → Kara. Abkürzungen: Kara, Rena.

Karianne. Auch **Carianne:** selten. In den Niederlanden bekannter als bei uns. Doppelform aus → Katharina, aus dem Griechischen. Bedeutung: die Reine. Und aus → Johanna, aus dem Hebräischen. Bedeutung: Gott ist gnädig. Abkürzungen: Anne, Cara, Cari, Cary, Ria.

Karin: Mitte des 20. Jh. hochaktuell, dann ziemlich aus der Mode gekommen. Angelehnt an → Katharina. Aus dem Griechischen. Bedeutung: die Reine. In Schweden: Carin. Abkürzungen: Ina, Kaia, Kaja, Kalla, Kara, Kary, Ria.

Karina, Karine: → Carina.

Karlina, Karline: entstanden aus Karla, der weiblichen Form von Karl. Aus dem Althochdeutschen. Bedeutung: die Freie. Der Name ist auch in osteuropäischen Ländern bekannt. Abkürzungen: Kara, Karla, Karo, Lia, Lina, Line.

K

Karlotta. Auch **Carlotta:** fröhlich, beschwingt und unter den beliebtesten Mädchennamen. Hergeleitet von Karl. Aus dem Althochdeutschen. Bedeutung: die Freie. Taucht auch bei der schwedischen Schriftstellerin Astrid Lindgren auf: einer der Vornamen von Pippi Langstrumpf.

Karna: in Dänemark bekannter als bei uns. Hergeleitet von → Katharina. Aus dem Griechischen. Bedeutung: die Reine. Abkürzungen: Kaja, Kara.

Karola, Karole: weibliche Form von Karl. Aus dem Althochdeutschen. Bedeutung: die Freie. Abkürzung: Cara, Caro, Carrie, Lale, Lola, Ola.

Karolina, Karoline. Auch **Karolin:** weich, warm, liebenswert. Seit dem 17. Jh. bis heute höchst beliebt. Abgeleitet von → Karola, einer weiblichen Form von Karl. Aus dem Althochdeutschen. Bedeutung: die Freie.

Karsta: früher üblicher als heute. Aus dem Niederdeutschen. Verwandt mit → Christiane, der weiblichen Variante von Christian. Aus dem Lateinischen. Bedeutung: zu Christus gehörend. Abkürzungen: Asta, Kara.

Karstine: bereits im 18./19. Jh. bekannt und in Stammbäumen norddeutscher Familien gar nicht so selten. Verwandt mit → Christa und Christian. Aus dem Lateinischen. Bedeutung: zu Christus gehörend. Abkürzungen: Kara, Stina, Stine, Tina, Tine.

Karyn: neueren Datums. Aus England. Weitläufig mit → Carina, Carine verwandt, angelehnt an → Katharina. Aus dem Griechischen. Bedeutung: die Reine. Abkürzungen: Kaja, Kara, Kary.

Karynne: außergewöhnlich. Verwandt mit → Korinna. Aus dem Griechischen. Bedeutung: das Mädchen. Abkürzungen: Kary, Lynn.

Kassandra: anspruchsvoll, selten. erinnert an Homers → Cassandra: Aus dem Griechischen. Abkürzungen: Kasia, Kassia, Sandra, Sandy.

Kassia. Auch **Kasia:** spritzig, flott, unverbraucht. Kurzform von → Kassandra. Aus dem Griechischen. Der Name erinnert an Homers → Cassandra. In Polen gilt er auch als Kurzform von → Katharina.

Katalin, Katalina. Auch **Katelyn:** ausgefallen. Einst vor allem in Ungarn, Italien und Spanien gebräuchliche Formen von → Katharina. Inzwischen international. Aus dem Griechischen. Bedeutung: die Reine. Abkürzungen: Ina, Kaja, Kara, Kata, Katja, Lina, Line.

Katarina: modernere Schreibweise von → Katharina, in vielen Ländern aktuell. Aus dem Griechischen. Bedeutung: die Reine. 20./21. Jh.: Katarina Witt, bewunderte deutsche Eiskunstläuferin, die heute auf eine lange, erfolgreiche Karriere als Amateurin, aber auch als Profi zurückblicken kann – erst in der DDR, später in der Bundesrepublik, dann weltweit. Abkürzungen: : Ina, Kaja, Kara, Kata, Katja, Lina, Line, Ria, Rina.

Kate: frisch und modern. Aus dem Englischen. Abgeleitet von → Katharina. Aus dem Griechischen. Bedeutung: die Reine. 20. Jh.: In dem erfolgreichen Musical »Kiss me Kate« von Cole Porter dreht sich alles um eine Theatergruppe und eine besonders widerspenstige Kate, die bei der Einstudierung von William Shakespeares »Der Widerspenstigen Zähmung« Zicken macht.

Kateline: in England aktuelle Form von → Kathleen und damit von → Katharina. Aus dem Griechischen. Bedeutung: die Reine. Abkürzungen: Kata, Lina, Line.

Katerina: immer wieder erwähnt, aber neben allen anderen häufigen Formen von → Katharina eher selten. Aus dem Griechischen. Bedeutung: die Reine. Kosename: Katrine. Abkürzungen: Ina, Kata, Kate, Kathy, Katy.

Katharina, Katharine: seit Jahrhunderten schon ein Klassiker und immer noch höchst beliebt. Aus dem Griechischen. Bedeutung: die Reine. 15./16. Jh.: Katharina von Bora ist eine besonders beeindruckende Persönlichkeit unter allen Katherinas. Zur Erziehung ins Kloster gebracht, wurde dann Nonne. Floh später mit einigen anderen Nonnen aus dem Kloster. Kam bei dem Maler Lucas Cranach dem Älteren unter. Heiratete Martin Luther und bekam mit ihm sechs Kinder. 16. Jh.: Katharina de Medici wurde durch Heirat Königin von Frankreich. Drei ihrer Söhne wurden später Könige von Frankreich, keiner blieb ruhmreich in Erinnerung. Wurde für die Gräueltaten in der Bartholomäusnacht gegen die Hugenotten (24. 8. 1572) verantwortlich gemacht. 18./ 19. Jh.: Einst regierten zwei resolute Frauen mit Namen Katharina das Riesenreich Russland. In Finnland: Kaarina; in Norwegen: Kari; in den Niederlanden: Katrijn; in Bulgarien: Katrischa; in Ungarn und Slowenien: Katka; in Rumänien: Ecaterina; in Polen: Katarzyna. Abkürzungen: Ina, Ine, Jana, Kaatje, Kadja, Käthe, Kai, Kaj, Kaja, Kara, Kasia, Kasja, Kassia, Kata, Kathe, Kathei, Kathi, Kathl, Kathrin, Kathy, Kati, Katia, Katie, Katja, Katka, Katrei, Katrin, Katy, Katty, Katya, Kay, Kaya, Kayla, Ria, Rina, Tina, Tine, Tinka.

Katherina: ähnlich, aber längst nicht so beliebt wie → Katharina. Aus dem Griechischen. Bedeutung: die Reine. Abkürzungen: Kicki, Kika, → Katharina.

Kathleen: modern, unverbraucht, einst vor allem in englischsprachigen Ländern, inzwischen aber weltweit gefragt. Verwandt mit → Katharina. Aus dem Griechischen. Bedeutung: die Reine. 20./21. Jh.: Die US-amerikanische Schauspielerin Kathleen Turner war vor Jahren eine der erfolgreichsten Hollywoodgrößen mit Filmen wie »Die Ehre der Prizzis« oder »Der Rosenkrieg« und hat das Image einer klassischen femme fatale. Abkürzungen: → Katharina.

Kathrein, Katrein: freundlich, im Norden sicherlich bekannter als im Süden. Kosenamen von → Katharina, die sich verselbstständigt haben. Aus dem Griechischen. Bedeutung: die Reine. Abkürzungen: → Katharina.

Kathrin, Katrin: abgeleitet von → Katharina. Aus dem Griechischen. Bedeutung: die Reine. 20./21. Jh.: Ann Kathrin Linsenhoff, Dressurreiterin, die zusammen mit der deutschen Dressurmannschaft Olympiasiegerin in Seoul wurde. Ihre Begeisterung für den Reitsport wurde ihr in die Wiege gelegt, denn sie ist die Tochter der gefeierten Reiterin Lieselott Linsenhoff. Kosenamen: Katei, Kati. Abkürzungen. → Katharina.

Kathrina. Auch **Katrina:** alter Name aus Schottland, Irland, inzwischen international. Ursprünglich Kurzform von → Katharina, hat sich verselbstständigt. Aus dem Griechischen. Bedeutung: die Reine. Abkürzungen: → Katharina.

Katia, Katja. Auch **Katya:** kurz und angenehm, seltenere Formen von → Katharina. Aus dem Griechischen. Bedeutung:

die Reine. Bekannt geworden durch Katia Mann, Ehefrau des Schriftstellers Thomas Mann und Mutter von sechs ziemlich begabten und ebenso anstrengenden Kindern. Kosenamen: Katjana, Katjuscha.

Katina: neueren Datums. Einst ein Kosename, entstanden aus Kati, → Katja, Kurzformen von → Katharina. Aus dem Griechischen. Bedeutung: die Reine. Abkürzungen: Ina, Kadia, Kata, Kati, Katia, Katja, Tina, Tine.

Katinka, Kathinka: klingt fröhlich, unbeschwert. Abgeleitet von → Katharina. Aus dem Griechischen. Bedeutung: die Reine. Abkürzungen: Inka, Kati, Katy, Tinka.

Katrice: → Catrice.

Katy. Auch **Kathy:** Kurzformen von → Katharina. Aus dem Griechischen. Bedeutung: die Reine. 20./21. Jh.: Kathy Joan Reichs, forensische Anthropologin, sowohl wissenschaftliche Autorin als auch erfolgreiche Krimiautorin.

Kayla: modern, aus Amerika importiert. Kurzform von Kayleigh, unbestimmter Herkunft.

VOR- UND NACHNAME AUS EINEM GUSS

Weil Vor- und Nachname häufig zusammen gelesen oder gerufen werden, sollten sie in Schriftbild, Stil und Klang möglichst aufeinander abgestimmt sein:

- Ein kurzer Vorname passt in den meisten Fällen besser zu einem längeren Familiennamen – und umgekehrt.
- Der letzte Buchstabe des Vornamens sollte möglichst nicht mit dem ersten Buchstaben des Nachnamens übereinstimmen. Wohlklingend sind dagegen oft gleiche Anfangsbuchstaben von Vor- und Nachnamen, etwa Kathy Kleiber oder Mia Müller.
- Ein anspruchsvoller Vorname passt in der Regel am besten zu einem ebenso anspruchsvollen Nachnamen – oder aber zu einem ganz schlichten. Wichtig: Zu extravagant, zu übertrieben, zu abgehoben sollte die Kombination nicht sein. Wohl kaum jemand wird eine Kleopatra Dormann besonders ansprechend finden. Eine Kleo Dormann schon eher.

Kea: hoch im Norden gebräuchlicher als im Süden. Ehemals Kurzform alter friesischer Namen wie Alkea, Fraukea, Hekea.

Kerrin: aus Norddeutschland, Kurzform von → Katharina. Aus dem Griechischen. Bedeutung: die Reine.

Kerstin, Kerstina, Kerstine: im Norden vor Jahrzehnten beliebte, in Skandinavien übliche Form von → Christina und damit von Christian. Aus dem Lateinischen. Bedeutung: zu Christus gehörend. Weitere Form: Kjerstin. Abkürzungen: Kersta, Kersti, Tina, Tine, Tinny.

Kim: ganz aktuell. Aus dem Englischen. Eigentlich Kurzform von → Kimberley, ursprünglich Ortsbezeichnung.

Kimberley: neueren Datums, aus dem Englischen übernommen als weiblicher Name, ursprünglich eine Ortsbezeichnung. Abkürzungen: Kim, Lela.

Kira: → Kyra.

Kirsten: vor allem in Norddeutschland und in Skandinavien ein Thema. Verwandt mit → Christina und Christian. Aus dem Lateinischen. Bedeutung: zu Christus gehörend. Weitere Namensformen: Kirstin, Kirstina. Abkürzungen: Kicki, Kirsti, Kitty, Krissy.

Kirstin, Kirstina: → Kirsten.

Kitty: eigentlich ein unkomplizierter Kosename. Aus dem Englischen. Kurzform von → Katharina. Aus dem Griechischen. Bedeutung: die Reine.

Klara: heute wieder höchst beliebt. Mit langer Tradition und längst international. Aus dem Lateinischen. Bedeutung: glänzend. Verwandt mit → Clara; in Italien: → Chiara.

Kläre: liebenswert, freundlich, entstanden als Kosename zu → Clara oder Klara. Aus dem Lateinischen. Bedeutung: glänzend. Kosename: Klärchen.

Klarina, Klarine: → Clarina.

Klarinda: → Clarinda.

Klarissa: beliebter Name auch in Form von → Clarissa. Eine Weiterentwicklung von → Klara, → Clara. Aus dem Lateinischen. Bedeutung: glänzend.

Klaudia: → Claudia.

Klelia: ausgefallen, eine andere Form von Cloelia. Aus England und Italien. Aus dem Lateinischen. Der Name weist auf die römische Familie der Cloelier hin. 18. Jh.: Dank des Dichters Christoph Martin Wieland und seiner Geschichte um die Seefahrerei in »Klelia und Sindbad« wurde der Name bekannter. Abkürzungen: Ela, Kleo, Klio, Lia, Lila.

Klementia, Klemenzia: alte Namen mit langer Geschichte. Weibliche Formen von Klemens. Aus dem Lateinischen. Bedeutung: mild, gnädig. 13. Jh.: Eine Klementia von Habsburg heiratete König Karl Martell von Ungarn. Die gemeinsame Tochter erhielt wiederum den Vornamen Klementia, heiratete König Ludwig X. (der Zänker) von Frankreich und hieß fortan ganz französisch Clémence. Abkürzungen: Clea, Emma, Ena, Tina, Tine.

Klorinda, Klorinde: → Clorinda.

Kolomba, Kolumba: → Colomba.

Konrada, Konrade: weibliche Form von Konrad. Aus dem Althochdeutschen. Bedeutung: kühn und Rat. Abkürzungen: Ada, Connie, Konny.

Konradine: im 19. Jh. üblich, vor allem als Zweit- oder Drittname. Weibliche Form von Konrad. Aus dem Althochdeutschen. Bedeutung: kühn und Rat. Abkürzungen: Ada, Connie, Dina, Konny, Nadine.

Konstantina, Konstantine: traditionell, weibliche Form von Konstantin. Aus dem Lateinischen. Bedeutung: standhaft. Abkürzungen: Koko, Konni, Konny, Stanze, Tania, Tanja, Tanne, Tina, Tine.

Konstanze: ein Klassiker. Aus dem Lateinischen. Bedeutung: standhaft. 12. Jh.: Konstanze, Königin von Neapel und Sizilien, wurde mit Heinrich, dem Sohn und Erben von Kaiser Friedrich Barbarossa, verheiratet. Vorher soll sie im Kloster gewesen sein. Im Alter von vierzig Jahren brachte sie ihren Sohn, den späteren Stauferkaiser Friedrich II., auf die Welt. Das geschah unter der Aufsicht verschiedener Frauen, die als Zeuginnen dienten, um Zweifel an ihrer späten Schwangerschaft aus dem Weg zu räumen. Alighieri Dante hat dieser trefflichen Konstanze in seiner »Göttlichen Komödie« ein Denkmal gesetzt. Kosenamen: Konstantina, Konstantine. Abkürzungen: Koko, Konni, Konny, Stanze, Tania, Tanja, Tanne, Tina, Tine.

Kora: → Cora.

Kordelia: → Cordelia.

Kordula: → Cordula.

Korina, Korinna: aus dem Griechischen. Bedeutung: das Mädchen. Ein Name, der schon dreihundert Jahre v. Chr. in Griechenland bekannt war, denn zu jener Zeit soll die griechische Dichterin Korinna ihre Gedichte geschrieben haben. Abkürzungen: Ina, Koko, Kora, Korry, Krinna, Ona.

Kornelia, Kornelie: ein Klassiker, mal mehr, mal weniger populär. Aus dem Lateinischen. Bezieht sich auf das Geschlecht der Cornelier. Abkürzungen: → Cornelia.

Kosima: → Cosima. Weibliche Form von Kosimo. Aus dem Griechischen. Bedeutung: die Zier, der Schmuck. Abkürzungen: Koko, Sima, Sina.

Kreszentia, Kreszenz: → Crescentia.

Krista: in dieser Form am ehesten in Skandinavien gefragt. Ursprünglich eine Kurzform von → Christiane, hergeleitet von Christian. Aus dem Lateinischen. Bedeutung: zu Christus gehörend. Abkürzungen: Kika, Kitty.

Kristiane. Auch → **Christiane:** ein Klassiker. Bereits im 18./19. Jh. beliebt. Eine weibliche Form von Christian. Aus dem Lateinischen. Bedeutung: zu Christus gehörend.

Kristine. Auch **Kristin:** → Christina.

Kunigunde: fast in Vergessenheit geraten. Aus dem Althochdeutschen. Bedeutung: Sippe und Kampf. Im Mittelalter beliebt. 9./10. Jh.: Kaiserin Kunigunde, verheiratet mit Kaiser Heinrich II., wurde von einem, der sie heiß begehrte, der Untreue angeklagt. Um ihre Unschuld zu beweisen, musste sie über glühende Pflugscharen gehen. Und siehe da: Sie blieb unverletzt. Seite an Seite liegt sie mit Heinrich im Sarkophag im Bamberger Dom. Abkürzungen: Gunda, Gunde, Gundel.

Kyla: poetisch. Ungewöhnlich und selten. Aus Irland. Bedeutung: schön.

Kyra. Auch **Kira, Khira:** besonders und trotzdem einfach. Überall verständlich, vielleicht deshalb derzeit so beliebt. Bezieht sich wohl auf Cyrus. Aus dem Altpersischen. Bedeutung: Sonne. Abkürzung: Kyo.

Ladina. Auch **Ladinka:** Kurzform von Ladislawa, der weiblichen Form von Ladislaus. Aus dem Slawischen. Bedeutung: Herrschaft und Ruhm. Abkürzungen: Dina, Lada, Lala, Lale, Lana, Lara, Lina.

Laetitia, Lätitia. Auch **Letitia:** klassisch, zeitlos. Aus dem Lateinischen. Bedeutung: Freude, Fröhlichkeit. 18./19. Jh.: Laetitia Bonaparte, Mutter des französischen Kaisers Napoleon. Versuchte ihr Leben lang, ihre Familie zusammenzuhalten. Abkürzungen: Laetta, Lala, Lale, Lela, Tita, Titia, Tizia, Zia.

Laila: aus dem Finnischen. Wohl verwandt mit → Helga. Aus dem Nordischen. Bedeutung: gesund, heil.

Lale: aus dem Türkischen. Bedeutung: Tulpe. Auch bekannt als Kurzform von → Amalie, Laura, → Amalie.

Lamberta: traditionell. Weibliche Formen von Lambert. Aus dem Althochdeutschen. Bedeutung: Land und glänzend. Kosenamen: → Lambertina, Lambertine. Abkürzungen: Amy, Bea, Berta, Lana, Lara.

Lambertina, Lambertine: eigentlich Kosenamen, entstanden aus Lamberta. Aus dem Althochdeutschen. Bedeutung: Land und glänzend. Abkürzungen: Amy, Bea, Berta, Lana, Lara.

Lana: einfach und doch klangvoll. Längst international. Aus dem Russischen. Kurzform von Namen wie Ladislawa, → Ladina oder auch Jolana. Vor allem in manchen osteuropäischen Ländern beliebt.

Lara: wohlklingend. Ein Hit unter den Namen. Passt überall und immer. Aus Russland stammend, Kurzform von Namen mit der Anfangssilbe »La« wie etwa Ladislava. Auch in Italien beliebt, zum Beispiel als Kurzform von → Larisa. 20. Jh.: Berühmt geworden ist eine beeindruckende Lara, die in dem Roman »Dr. Schiwago« von Boris Pasternak mit den Schrecken der russischen Revolution fertig werden musste und unerbittlich um ihre Liebe kämpfte.

Larina: neu, eine Weiterführung von → Lara. Gilt als Kurzform verschiedener russischer und italienischer Namen. Abkürzungen: Ina, Lana, Lara.

Larissa, Larisa: elegant, schnörkellos und sehr beliebt. Aus dem Griechischen. Der Name weist auf eine Stadt hin. 4. Jh.: Auf Geheiß eines gotischen Fürsten wurden auch auf der Krim Christen verfolgt, darunter die heilige Larissa. Namenstag: 26. März. Abkürzungen: Isa, Issi, Issie, Lara.

Laura. Auch **Laure:** unter den Spitzenreitern. Ein italienischer Name, entstanden als Kurzform von → Laurentia, der weiblichen Form von Laurentius. Ursprünglich aus dem Lateinischen. Bedeutung: die Lorbeergeschmückte. 14. Jh.: Bekannt geworden ist der Name durch den italienischen Dichter Petrarca, der eine unerreichbare Laura anhimmelte.

Lauren. Auch **Laureen:** im englischsprachigen Raum übliche Form von → Laura. Aus dem Lateinischen. Bedeutung: die Lorbeergeschmückte. 20./21. Jh.: Lauren Bacall zeigt sich noch manchmal. War jahrzehntelang als Schauspielerin in Hollywood erfolgreich und einst mit der Schauspielerlegende Humphrey Bogart verheiratet. Weitere Namensformen: Laurena, Laurie, Lauryn. In Frankreich: Laurène. Abkürzungen: Laura, Laure, Laurie.

Laurentia: weiblichen Form von Laurentius. Aus dem Lateinischen. Bedeutung: die Lorbeergeschmückte. In Frankreich: Laurence; in den Niederlanden: Laureina; in Norwegen: Larsina, Laurense; in Ungarn: Laurencia; in Italien: Laurenzia, auch Lorenza. Abkürzungen: Etta, Lara, Laura, Lauren, Laurie, Lenza, Lora, Rena, Tita, Titia, Tizia.

Lauretta, Laurette: Kosenamen zu → Laura. In Italien und Frankreich entstanden. Aus dem Lateinischen. Bedeutung: die Lorbeergeschmückte. Abkürzungen: Eta, Etta, Laura, Laure, Laurie.

Laurina, Laurine: Erweiterung von → Laura. Aus dem Lateinischen. Bedeutung: die Lorbeergeschmückte. Abkürzungen: Ina, Laura, Laure, Ria, Rina.

Lavina, Lavinia: klassisch. Aus dem Lateinischen. Ein alter Name, der schon in der griechischen und römischen Mythologie erwähnt wird. Lavinia war die Tochter von König Latinos, Herrscher über die Tyrsener auf den Inseln der Seligen, und dessen Frau Amata. Nach Vergil verlobte er Lavinia mit Aeneas und erlaubte ihm, sich in Latium niederzulassen. Abkürzungen: Lana, Lara, Vinia, Vinni.

Lea, Leah: Spitzenreiter auf der Hitliste der Vornamen. Aus dem Hebräischen. Bedeutung: die Wildkuh oder: die sich vergeblich müht. Kann auch als eine weibliche Form von Leon verstanden werden. Bedeutung dann: die Löwin. Im Alten Testament ist Lea die ältere Schwester von Rahel und die erste Frau Jacobs, Stammvater der Israeliten.

Leana: angenehm im Klang. Entweder die Kurzform von → Ileana, der rumänischen Form von → Helena, aus dem Griechischen. Bedeutung: die Strahlende. Oder Erweiterung von → Lea, aus dem Hebräischen. Bedeutung: die Wildkuh oder: die sich vergeblich müht.

Leandra: klassisch. Weibliche Form von Leander. Aus dem Griechischen. Bedeutung: Frau aus dem Volke. Abkürzungen: Lea, Lee, Lena, Lene, Leni.

Leanne: international. Vielleicht zusammengesetzt aus Lee, aus dem Altenglischen. Bedeutung: der Wald. Und aus → Anne. Eventuell auch eine Weiterbildung von Lea.

Leda: schlichter, attraktiver Name mit spannender Geschichte aus der griechischen Mythologie: Von einem in einen Schwan verwandelten Zeus verführt, brachte Leda Kastor und Pollux zur Welt.

Leila, Leilah: in England verbreitet. Ehemals aus dem Persischen. Bedeutung: die Dunkle. Der Name verweist auf die tragische Liebesgeschichte »Leilah und Mejnoun«, geschrieben von einem persischen Poeten des 12. Jhs. Andere Schreibweisen: Laila, Layla.

Lelia: ansprechend und originell. Niederländisch. Ursprünglich aus dem Lateinischen. Hinweis auf ein altes Geschlecht. Bedeutung auch: Lilie, eine majestätische, edle Blume. Der Name soll bereits im 9. Jh. erwähnt worden sein. Abkürzungen: Ela, Lea, Lia.

Lena, Lene. Auch **Leni:** einfach in der Schreibweise, gut im Klang. Passt immer und überall. Deshalb nicht verwunderlich, dass diese Namen zu den Spitzenreitern zählen. Werden als Kurzformen von → Magdalena, → Helena und anderen gesehen. 19./20. Jh.: Die bayerische Heimatschriftstellerin Lena Christ hatte von Kindheit an ein sehr schweres Leben, niedergeschrieben in ihren »Erinnerungen einer Überflüssigen«. Sie ist bis heute anerkannt. Weitere Namensformen: Leni, Leny, Lenke; in Finnland: Leena.

Lenore, Leonor: verwandt mit dem bekannteren Namen → Leonore, alle Kurzformen von → Eleonora. Vielleicht aus dem Arabischen. Bedeutung: Gott ist mein Licht. Eventuell kommt der Name auch aus dem Altfranzösischen. Abkürzungen: Lena, Lenja, Lenya, Lora, Lore, Nora.

Leokadia, Leokadie. Seltener **Leocadia:** aus dem Griechischen. Bezieht sich wahrscheinlich auf den Namen eines Gebirgszuges auf der Insel Leukas. 19./20. Jh.: Wanda Hanke – eigentlich Theresia Leokadia Hanke – Ärztin und Ethnologin, erforschte unter schwierigsten Bedingungen jahrzehntelang das Leben südamerikanischer Indianerstämme. Abkürzungen: Caddy, Caia, Caja, Kadi, Ona.

Leona: nicht so häufig wie → Leonie. Weibliche Form von Leo, Leon. Aus dem Lateinischen. Bedeutung: Löwe. Abkürzungen: Lee, Lenja, Lenya, Lona, Loni, Ona.

Leonarda: zeitlos. Eine Variante von Leonharda. Weibliche Form von Leonhard. Aus dem Lateinischen und Althochdeutschen. Bedeutung: die Löwenstarke. Abkürzungen: Ada, Leona, Leoni, Leonie, Lona, Loni, Ona.

Leonida: abgewandelt vom russischen männlichen Vornamen Leonid. Bedeutung: Löwe. Abkürzungen: Ida, Leona, Leoni, Leonie, Lona, Loni, Ona.

Leonie, Leoni: ziemlich oben auf der Hitliste beliebter Vornamen. Weibliche Form von Leo, Leon. Aus dem Lateinischen. Bedeutung: Löwe. Eine seltenere Variante: Leonia. Abkürzungen: Lea, Lona, Ona.

Leonilda, Leonilde: eher selten. Aus dem Lateinischen und Althochdeutschen. Bedeutung: Löwe und Kampf. Abkürzungen: Illa, Ille, Leona, Leoni, Leonie, Lona, Loni.

Leonilla, Leonille: liebenswert und zärtlich. Aus dem Französischen und Italienischen stammende Kosenamen von → Leona, einer weiblichen Form von Leo, Leon. Aus dem

Lateinischen. Bedeutung: Löwe. Abkürzungen: Illa, Ille, Leona, Leoni, Leonie, Lona, Loni, Nilla, Nille.

Leonina: auch in Italien bekannt. Entstanden aus einem Kosenamen von → Leona. Aus dem Lateinischen. Bedeutung: Löwe. Abkürzungen: Leona, Leoni, Leonie, Lona, Loni, Nina.

Leonor: in Spanien Favorit, in jüngster Zeit erneut ins Gespräch gekommen, vor allem durch die spanische Prinzessin Leonor, Tochter des Kronprinzen-Paares Felipe und → Letizia. Ursprünglich Kurzform von → Eleonora. Wohl aus dem Arabischen. Bedeutung: Gott ist mein Licht. Vielleicht aber auch aus dem Altfranzösischen. Abkürzungen: Lea, Leonie, Lore, Nora.

Leonora, Leonore: Klassiker unter den Vornamen. Ursprünglich Kurzformen von → Eleonora. Wohl aus dem Arabischen. Bedeutung: Gott ist mein Licht. Vielleicht auch aus dem Altfranzösischen. 17. Jh.: Leonora Galgai, Ziehschwester, Hofdame, Freundin und Vertraute von Maria de Medici, erst am toskanischen, dann am französischen Hof. Abkürzungen: Leona, Leoni, Leonie, Lola, Lona, Loni, Nora, Ona.

Leontina, Leontine: aus dem Lateinischen. Bedeutung: Löwe. Es existiert ein Stern namens Leontina. Sein Name bezieht sich auf die österreichische Donau-Stadt Linz, die einst Leontina hieß. Abkürzungen: Leona, Leoni, Leonie, Lona, Loni, Tina, Tine.

Leopolda, Leopolde: ältere weibliche Varianten von Leopold und Luitpold. Aus dem Althochdeutschen. Bedeutung: Volk und kühn. Abkürzungen: Lea, Oda, Polly.

NICHT MEHR VON GESTERN ...

Im Kommen sind derzeit wieder viele Vornamen, die zu Kaisers Zeiten bereits einmal »in« waren, zum Beispiel Charlotte, Emma, Pauline und Victoria. Was gestern noch als altmodisch abgestempelt wurde, gilt heute als hip und trendy. Die aus England oder den USA importierten Namen wie etwa Jennifer, Jessica oder Vanessa, vor Kurzem hierzulande noch das Nonplusultra, sind dagegen auf dem Rückmarsch.

Leopoldine: zeitlos. Weibliche Formen von Leopold und Luitpold. Aus dem Althochdeutschen. Bedeutung: Volk und kühn. 18./19. Jh.: Maria Leopoldine von Österreich, blond, blauäugig, am Wiener Hof erzogen, Schwägerin von Napoleon, wurde durch ihre Heirat Kaiserin von Brasilien. Befürwortete die Unabhängigkeit des Landes und hatte auch sonst großen Einfluss auf ihren Mann. Abkürzungen: Dina, Lea, Poldi, Polly.

Lesley: aus einem schottischen Familien- und Ortsnamen entstanden. In der bekannteren Schreibweise Leslie männlicher und weiblicher Vorname zugleich.

Leticia, Letizia: besondere Formen von → Laetitia. Aus dem Lateinischen. Bedeutung: Freude, Fröhlichkeit. Auch in deutschsprachigen Ländern aktuell. 21. Jh.: Der Name wird bekannter durch Prinzessin Letizia, die Frau des spanischen Thronfolgers Prinz Felipe. Abkürzungen: Letta, Letty, Tita, Titia, Zia.

Lia: Kurzform von Namen wie etwa → Elisabeth oder → Julia. Wird aber auch als Nebenform von → Lea verstanden. Dann wahrscheinlich aus dem Hebräischen. Bedeutung: die Wildkuh oder: die sich vergeblich müht.

Liana, Liane: Kurzformen von Namen wie → Julia oder → Juliane. Aus dem Lateinischen. Hinweis auf die römische Familie der Julier. Weitere Formen: Lianna, Lianne.

Lianna, Lianne: wahrscheinlich Weiterführung des Namens → Liana. Kurzform von → Julia oder → Juliane. Aus dem Lateinischen. Abkürzungen: Anna, Anne, Li, Lia, Liya.

Liberta: aus dem Althochdeutschen. Bedeutung: lieb, glänzend. Abkürzungen: Berte, Beta, Betty, Li, Lia, Lilla.

Libeth: eine modernere Form von Liesbeth. Ursprünglich Kurzform von → Elisabeth. Aus dem Hebräischen. Bedeutung: die Gott verehrt. Kosename: Lisenka. Abkürzungen: Beth, Bette, Betty, Li, Lia, Lilla, Lis.

Libusa, Libussa: vor allem in Tschechien gefragt. Aus dem Slawischen. Bedeutung: das Liebchen. Der Legende nach soll die Gründerin der Stadt Prag Libus geheißen haben. 19. Jh.: Oper von Bedrich Smetana mit dem Titel »Libusa«, zur Eröffnung des Prager Nationaltheaters uraufgeführt. Abkürzungen: Libby, Lilli, Lily, Lis, Lissy.

Lida: einfache Schreibweise. Überall verständlich. Kurzform von Ludmilla, → Alida , → Lydia. Auch Lidija.

Lidwina, Litvina: im Osten Europas bekannter als im Westen. Aus dem Althochdeutschen. Bedeutung: Volk und Freund. In Tschechien: Lidvina; in Frankreich: Lidwine. Abkürzungen: Liddie, Liddy, Lilla, Lille, Vinnie, Vinny, Wina, Winnie.

Liebgard: ein alter Name, fast ebenso in Vergessenheit geraten wie die verwandten Namen Liebhild, Liebtraud. Aus dem Althochdeutschen. Bedeutung: lieb und Hort. Abkürzungen: Liddy, Lili, Lilla, Lilly.

Lies, Liesa, Liese. Auch **Lis, Lisa, Lise:** beliebte Kurzformen von → Elisabeth, manche davon ganz oben auf der Hitliste. Aus dem Hebräischen. Bedeutung: die Gott verehrt. 19./ 20. Jh.: Lise Meitner, schwedisch-österreichische Kernphysikerin – eine Frau, die frühzeitig zeigte, dass Frauen auch das Zeug haben, erfolgreiche Naturwissenschaftlerinnen zu werden. Sie arbeitete an der ersten physikalisch-theoretischen Erklärung der Kernspaltung mit. Unter den Nationalsozialisten musste sie Deutschland verlassen. War mehrfach für den Chemienobelpreis nominiert. Koseform: Lissie.

Liesbeth: nicht mehr in Mode. Ursprünglich Kurzform von → Elisabeth. Aus dem Hebräischen. Bedeutung: die Gott verehrt. Abkürzungen: Beth, Bette, Betty, Lies, Liesel, Lille, Lis.

Liesel, Liesl: ursprünglich Kurzformen von → Elisabeth. Aus dem Hebräischen. Bedeutung: die Gott verehrt. 19./20. Jh.: In München hochverehrt wurde Liesl Karlstadt, Soubrette, Kabarettistin, immer an der Seite von Karl Valentin und zusammen mit ihm unschlagbar witzig. Abkürzungen: Lies, Lis.

Lieselotte, Liselotte: ein alter Doppelname, hergeleitet von → Elisabeth, aus dem Hebräischen. Bedeutung: die Gott verehrt. Und → Charlotte. Bedeutung: die Freie. 17./18. Jh.: Die beeindruckende Lieselotte von der Pfalz, verheiratet mit einem Bruder des französischen Königs Ludwig XIV., beschrieb mit klarem Blick, geistvoll und witzig das Leben in Frankreich und die Verhältnisse am Hof. Abkürzungen: Lies, Liese, Liesel, Lotta, Lotte.

Lilia, Lilie: schmuck und blumig. Passt immer. Der Name ist ein Hinweis auf die Lilie. In Schweden: Lilja. Auch Liya.

Lilian, Lillian: ein alter englischer Name, bereits im 16. Jh. bekannt. Wahrscheinlich abgeleitet von → Elisabeth. Aus dem Hebräischen. Bedeutung: die Gott verehrt. Wird auch als Hinweis auf die Blume Lilie verstanden oder als Weiterentwicklung von → Lilli, Lilly. Abkürzungen: Li, Lia, Lili, Lilja, Lilla, Lilli, Lilly, Liya.

Liliana, Liliane: zeitlos schön. Auf dem Kontinent aus dem englischen Namen Lilian entwickelt. Wahrscheinlich abgeleitet von → Elisabeth. Aus dem Hebräischen. Bedeutung: die Gott verehrt. Wird auch als Hinweis auf die Blume Lilie verstanden. Abkürzungen: Li, Lia, Lili, Lilja, Lilla, Lilli, Lilly.

Lilith: wirkt modern, ist aber alt. Ein biblischer Name. Aus dem Hebräischen. Bedeutung: die Nächtliche. Abkürzungen: Li, Lia, Lili, Lilja, Lilla, Lilli, Lilly.

Lilli, Lili. Auch **Lilly, Lily:** heute wieder richtig populär. Beziehen sich oft auf den Namen → Lilia und damit auf die Blume Lilie. Wird aber ebenso als Kurzform von Namen mit den Endsilben »line« verstanden wie etwa → Karoline, → Eveline. 19. Jh.: Lily Braun, Sozialdemokratin, Frauenrechtlerin, Schriftstellerin. Versuchte, zwischen Frauen aus unterschiedlichen Lebensbereichen zu vermitteln – keine einfache Aufgabe. Den einen waren ihre Ideen zu radikal, den anderen nicht radikal genug. Kosename: Lillifee.

Lilo: Kurzform von → Lieselotte. Ein Doppelname, zusammengesetzt aus → Liese, Lise und → Lotte.

Lina, Line: vor etwa einhundert Jahren in der Versenkung verschwunden, jetzt wieder groß in Mode gekommen. Kurzformen von Namen wie → Karolina, → Josefina und anderen Namen mit der Endsilbe »ina«.

Linda, Linde. Gilt als Kurzform von → Dietlinde. Aus dem Althochdeutschen. Bedeutung: Volk und Schild aus Lindenholz. Zu Beginn des 19. Jh. durch Jean Paul und die Linda in seinem Roman »Titan« bekannt geworden.

Lindsay, Lindsey: aus dem Englischen. Dort häufiger zu finden. Bezieht sich auf einen Familien- und Ortsnamen. Abkürzungen: Linn, Lynn.

Linette. Auch **Lynette:** liebenswert und ansprechend: eine Weiterführung von → Lina, Line. Kurzformen von Namen wie etwa → Karolina, → Josefina und anderen Namen mit der Endsilbe »ina«. Abkürzungen: Eta, Etta, Lina, Line.

Lioba. Auch **Leoba:** Aus dem Westgotischen. Bedeutung: die Liebende. Wird auch als Kurzform von Namen mit der Anfangssilbe »Lieb« verstanden, wie etwa Liebtraut oder Liebhilde. Abkürzungen: Li, Lia, Lilli, Lily, Lio.

Lionne: aus dem Französischen. Weibliche Form von Leo, Leon. Aus dem Lateinischen. Bedeutung: Löwe. Abkürzungen: Lile, Lio.

Lisabeth: ungewöhnliche Kurzform von → Elisabeth. Aus dem Hebräischen. Bedeutung: die Gott verehrt. Abkürzungen: Beth, Bette, Betty, Lis, Lisa, Lise.

Lisanne. Auch **Lisann:** Aus dem Englischen. Einst zusammengesetzt aus den Namen → Lisa und → Susanne. Weitere Formen: Lizanne, Lysann, Lysanne. Abkürzungen: Anna, Anne, Li, Lis, Liz, Sanna, Sanne, Sue, Susa.

Lisette, Lisetta. Auch **Lissette, Lissetta:** Ursprünglich Kosenamen von Lisa, Lise. 17./18. Jh.: In der Verwechslungskomödie »Ein Spiel von Liebe und Zufall« von Pierre Carlet de Marivaux mischt eine temperamentvolle Lisette mit. Abkürzungen: Eta, Etta, Li, Lia, Lita.

Liska: schwedische Kurzform von → Elisabeth. Aus dem Hebräischen. Bedeutung: die Gott verehrt. Abkürzungen: Lis, Lisa, Lissy.

Liv: bei uns selten. Passt immer. Aus dem Schwedischen. Bedeutung: das Leben. Gilt auch als Kurzform von → Livia oder → Olivia. 20./21. Jh.: Vor Jahrzehnten ist der Name durch die norwegische Schauspielerin Liv Ullmann bekannt geworden. Heute auf der Leinwand: Liv Tyler.

Livia: aus dem Lateinischen. Ursprünglich Kurzform von → Olivia. Aus dem Lateinischen. Bezeichnung für einen Ölbaum. Um Christi Geburt: Livia Drusilla war die dritte Ehefrau des römischen Kaisers Augustus. Abkürzungen: Iva, Li, Lia, Liv, Liva, Vivi, Vivy.

Liz, Liza. Auch **Lizzi, Lizzy:** Kurzformen von → Elisabeth. Aus dem Hebräischen. Bedeutung: die Gott verehrt. 20./21. Jh.: Unvergessen ist die Hollywoodgröße Liz Taylor, die vor Jahrzehnten als schönste Frau der Welt galt, eine begabte amerikanische Schauspielerin mit einem äußerst bewegten Liebes- und Eheleben. Sie hat achtmal geheiratet, ihren Filmkollegen Richard Burton gleich zweimal.

Lizanne: → Lisanne.

Ljuba. Auch **Ljubinka:** aus dem Slawischen. Bedeutung: die Liebe.

Loana: → Luana.

Loisa: Kurzform von → Aloisia. Aus dem Althochdeutschen. Bedeutung: weise.

Lola. Auch **Lolo:** Kosenamen, abgeleitet von Namen wie → Dolores, → Charlotte oder → Leonore. 19. Jh.: Lola Montez, Tänzerin, vor allem jedoch Verführerin, die den bayerischen König Ludwig I. fast um den Verstand brachte. Wurde seine Geliebte und musste aus Staatsgründen Bayern den Rücken kehren.

Lolika, Lolita: zärtliche Kosenamen zu → Lola/Lolo. 20. Jh.: Der Name ging vor Jahrzehnten durch den heiß diskutierten Bestseller »Lolita« von Vladimir Nabokov rund um die Welt. Er wurde verfilmt und auf Theaterbühnen gebracht. Abkürzungen: Lika, Lola, Lolo.

Lona. Auch **Loni, Lony, Lonni, Lonny:** Kurzform von → Leona, weibliche Form von Leo, Leon. Aus dem Lateinischen. Bedeutung: Löwe.

Lora, Lore. Auch **Lori:** abgeleitet von → Laura. Aus dem Lateinischen. Bedeutung: die Lorbeergeschmückte. Oder Kurzform von → Eleonore, → Leonore und weiteren Namen mit der Endsilbe »nore«. Kosename: Corle.

Loraine. Auch **Lorraine:** international. Es wird vermutet, dass sich der Name auf das französische Lothringen mit gleicher Schreibweise bezieht.

Lorella: verwandt mit → Laura. Aus dem Lateinischen. Bedeutung: die Lorbeergeschmückte. Abkürzungen: Corle, Ella, Lora, Lore.

Lorena: → Lorenza.

Lorenza, Lorenzia: verwandt mit → Laura. Aus dem Lateinischen. Bedeutung: die Lorbeergeschmückte. Vor allem in England und Amerika bekannt. Eine andere Form: Lorena. Abkürzungen: Lo, Lollo, Rena, Reni, Renja, Renza.

Loreta, Loretta, Lorette: hergeleitet von →Laura. Aus dem Lateinischen. Bedeutung: die Lorbeergeschmückte. Abkürzungen: Lo, Lollo.

Lorina: in Zusammenhang mit →Laura zu sehen. Im Osten Europas bekannter als im Westen. Aus dem Lateinischen. Bedeutung: die Lorbeergeschmückte. Eine weitere Form: Lorinda. Abkürzungen: Ina, Lora, Lore, Rina.

Lorna: einfache Schreibweise, überall verständlich. Aus dem Englischen, Amerikanischen. Verwandt mit →Laura. Aus dem Lateinischen. Bedeutung: die Lorbeergeschmückte. Abkürzung: Lo.

Lotta, Lotte: Kurzformen von →Charlotte, verwandt mit Carl. Aus dem Althochdeutschen. Bedeutung: die Freie. 20. Jh.: Lotte Lenya, einst als Weill- und Brecht-Interpretin gefeiert. 20./21. Jh.: Vor allem ist der Name jedoch durch die 2002 hochbetagt verstorbene schwedische Kinderbuchautorin Astrid Lindgren nach langer Pause wieder ins Gespräch gebracht worden. Sie erfand die kaum zu bändigende, quietschvergnügte Lotta aus der Krachmacherstraße, die fast alles kann. Kosename: Lotty.

Lou: wird als Kurzform von Louisa, Louise verstanden. Aus dem Französischen. 19./20. Jh.: die exzentrische, begabte und schöne Schriftstellerin Lou Andreas Salomé, bis heute unvergessen, erregte eine Menge Aufmerksamkeit, und zwar nicht nur durch ihr Schreiben.

Louisa. Auch **Luisa, Luise:** derzeit wieder ganz oben auf der Hitliste beliebter Vornamen. Weibliche Formen von Louis, Ludwig. Bedeutung: berühmt und Kampf. 15./16. Jh.: Luise von Savoyen, wortkarg, klug, herrisch und als Mutter des französischen Königs Franz I. bekannt geworden, mischte sich mächtig in die Politik ein. 17./18. Jh.: Louise de Kérouaille, intelligent und willensstark, vom französischen König Ludwig XIV. als Spionin an den englischen Hof geschickt. Sie machte ihre Sache wohl ausgesprochen gut, denn sie wurde die Mätresse Karls II. von England und blieb es bis zu dessen Tod. 18./19. Jh.: Luise, Königin von Preußen, hatte auch in politischen Dingen ihren eigenen Kopf und zeigte das deutlich. Berühmt geworden: Ihre Bitte an den französischen

Kaiser Napoleon, Preußen im Krieg zu schonen. 19. Jh.: Nicht zu vergessen die Luise aus Friedrich Schillers »Kabale und Liebe«. In Skandinavien: Lowisa, Lowise. Kosenamen: Isalie, Lulu. Abkürzungen: Isa, Lou, Lu.

Luana: neueren Datums. Aus dem Englischen, sagen die einen. Vielleicht auch aus Italien. Andere sehen die Wurzeln des Namens sogar in Hawaii. Abkürzungen: Ana, Lu.

Luca: als weiblicher Name entstanden aus → Lucia oder → Lukretia.

Lucette: in Frankreich üblich als Kosename von → Lucia und damit Lucius. Aus dem Lateinischen. Bedeutung: die Leuchtende. Abkürzungen: Lu, Luc, Luca, Lulu, Luscha.

Lucia, Lucie. Auch **Lucy:** sehr beliebt. Weibliche Formen von Lucius. Aus dem Lateinischen. Bedeutung: die Leuchtende. Der Name erinnert an die Oper »Lucia di Lammermoor« von Gaetano Donizetti, in der es um Liebe und Intrige geht, leider ohne glücklichen Ausgang. Lucia wird wahnsinnig und verlangt im Sterben nach ihrem Geliebten. Der folgt ihr in den Tod. Weitere Formen: Luzia, Luzie. In Frankreich Lucienne. Abkürzungen: Cia, Lu, Luc, Luci, Zia.

Luciana, Luciane: abgeleitet von → Lucia. Aus dem Lateinischen. Bedeutung: die Leuchtende. Abkürzungen: Ana, Cia, Lu, Luc, Lula, Lulu, Luscha, Zia.

Lucienne: besonders in Frankreich bekannt. Weitere Form von Lucia. Aus dem Lateinischen. Bedeutung: die Leuchtende. 11. Jh.: Lucienne de Rochefort-Montlhéry war mit dem französischen König Ludwig VI. verheiratet. Abkürzungen: Enna, Lucy, Lula.

Lucilla, Lucille: mädchenhaft, romantisch. Abgeleitet von → Lucia. Aus dem Lateinischen. Bedeutung: die Leuchtende. 19./20. Jh.: Lucille Grahn galt als talentierteste dänische Ballerina, die an vielen großen Bühnen Europas tanzte und später selbst choreografierte. Ihren Besitz vererbte sie der Stadt München. Als Dank wurde eine Straße nach ihr benannt. Abkürzungen: Cilla, Cilly, Lu, Luci, Lucy, Lulu.

Lucina: abgeleitet von → Lucia. Aus dem Lateinischen. Bedeutung: die Leuchtende. Abkürzungen: Cinda, Cindy, Lu, Luc, Luca, Lucy, Lulu.

Lucinda, Lucinde: weitere Formen von Lucia. Aus dem Lateinischen. Bedeutung: die Leuchtende. Ende 20. Jh.: durch den Film »Oscar und Lucinda« nach der Romanvorlage von Peter Carey bekannter geworden. Als erstes entdecken die beiden Hauptdarsteller ihren Hang zum Glücksspiel. Abkürzungen: Cinda, Cindy, Lu, Luc, Luca, Lucy, Lulu.

Lukretia, Lukrezia. Auch **Lucretia:** ausgefallen. Aus dem Lateinischen. Bedeutung: Tochter der Familie Lucrecia. 15./16. Jh.: Eine schöne, kluge, gebildete, aber auch in Verruf geratene Lucretia Borgia, Papsttochter, italienische Fürstin, wurde mehrfach verheiratet, zum ersten Mal im Alter von elf Jahren. Wer sich ihr Leben genauer anschaut, lernt einiges über Machtpolitik. Große Dichter und große Maler haben sich mit ihr beschäftigt. 18./19. Jh.: Lucretia Sarg Mott, stark, intelligent, aus einer Quäkerfamilie stammend, setzte sich als erste amerikanische Feministin für mehr Rechte der Frauen ein. In Italien: Lucrezia. Abkürzungen: Luci, Lucy, Zita.

Luisa, Luise: → Louisa, Louise.

Luitgard. Früher **Ludgard, Lutgard:** aus dem Althochdeutschen. Bedeutung: Volk und Zaun. Abkürzungen: Gala, Garda, Lucki, Lucky.

Luna: ein wohltönender Zweiklang. In der Beliebtheitsskala ziemlich weit oben. Bezieht sich auf die Mondgöttin in der römischen Mythologie.

Lydia. Auch **Lidia:** ein ansprechender Name aus Italien. Aus dem Griechischen. Bedeutung: die aus Lydien stammt. Bekannt geworden ist die heilige Lydia von Thyatira, die sich vom Apostel Paulus taufen ließ und als Schutzpatronin der Färber gilt. Wird von den orthodoxen und katholischen Kirchen verehrt. Namenstag: 3. August. Abkürzungen: Li, Lia, Lilla, Ly, Lys.

Lynn. Auch **Linn:** immer beliebter. Aus dem Englischen, Amerikanischen. Bedeutung: Bach oder Wasserfall. Koseformen: Linna, Linni, Lynna, Lynni.

Lys: abgeleitet von Liesa, Lisa. Kurzformen von → Elisabeth. Aus dem Hebräischen. Bedeutung: die Gott verehrt.

Lyse: abgeleitet von dem männlichen Vornamen Lysander. Aus dem Griechischen. Bedeutung: Befreiung.

Mabel: aus England. Kurzform von → Amabella. Aus dem Lateinischen. Bedeutung: die Liebenswerte. Kosename: Mabella.

Maddalena. Auch **Madalena:** aus Italien. Hergeleitet von → Magdalena. Aus dem Hebräischen. Bedeutung: die aus Magdala. Weitere Form: Madelena. Abkürzungen: Ada, Lena, Maddy.

Madeleine: klassisch, immer aktuell. Eigentlich französisch, inzwischen international. Verwandt mit → Magdalena. Aus dem Hebräischen. Bedeutung: die aus Magdala. 20./21. Jh.: Die Schwester der schwedischen Kronprinzessin → Victoria heißt Madeleine. Außerdem: Madeleine Albright, ehemalige US-amerikanische Außenministerin. Broschen waren ihr besonderes Kennzeichen. Weitere Formen: Madelaine, Madlaina, Madleen, Madleine, Madlen, Madlene, Malene. In Norwegen: Magdelone; in Schweden: Malin; in Russland: Magdelina, Abkürzungen: Ada, Lana, Lany, Maddy, Mady.

Madeline: verwandt mit dem französischen → Madeleine, hergeleitet von Magdalene. Aus dem Hebräischen. Bedeutung: die aus Magdala. Andere Form: Madlin. In Russland: Madelina. Abkürzungen: Lina, Line, Maddy, Mady.

Madelon: liebkosend, hergeleitet von Madeleine. Verwandt mit → Magdalena. Aus dem Hebräischen. Bedeutung: die aus Magdala. 19. Jh.: In der Novelle »Madame Scuderi« von E. T. A. Hoffmann, spannend wie ein Krimi, gibt es eine Madelon. Weitere Form: Madlon. Abkürzungen: Ada, Loni, Lonny, Maddie, Maddy, Mady.

Madina: in Italien üblicher Kosename, hergeleitet von Maddalena. Aus dem Hebräischen. Bedeutung: die aus Magdala. Abkürzungen: Ada, Dina, Maddy, Mady.

Mae. Auch **May:** in England übliche Kurzformen von Namen wie → Margret oder auch → Mary.

Märtha: aus Norwegen, Schweden. Verwandt mit Martha. Aus dem Griechischen. Bedeutung: Herrin.

Maeve: verträumt, märchenhaft. Aus Irland, bei uns selten. Erinnert an Sagengestalten.

Mafalda: fern jeder Mode. In früheren Zeiten vor allem in adeligen Familien als Zweit- und Drittname aktuell. Abkürzungen: → Ada, Adda, → Alda.

Magalie. Auch **Magali:** in Frankreich auch heute üblich. Kurzformen von → Margareta. Aus dem Lateinischen. Bedeutung: Perle.

Magda: Kurzform von → Magdalena. Ende 19. Jh./Anfang 20. Jh. sehr beliebt. Aus dem Hebräischen. Bedeutung: die aus Magdala.

Magdalena, Magdalene: ein Klassiker. Aus dem Griechischen. Bedeutung: die aus Magdala. Eine weitere Möglichkeit: die Erhabene. In der Bibel wird berichtet, dass Maria Magdalena, Jüngerin Jesu, am Ostermorgen das leere Grab entdeckte. Namenstag: 22. Juli. Weitere Namensformen: Magdalen, Magdali. In England: Magdalen, Maudelin. Abkürzungen: Lena, Lenchen, Lene, Lenerl, Leni, Maddie, Maddy, Mady, Magda, Mania, Meg, Meggie.

Magelone: heute ziemlich unbekannt. Aus dem Französischen. Der Name wurde durch die Liebesgeschichte einer Königstochter »Die schöne Magelone« im 15. Jh. erst in Frankreich, durch Übersetzungen im 16. Jh. in ganz Europa populär. In Frankreich: Magalonne. Abkürzungen: Lona, Loni, Lonny, Maddy, Mady, Mo.

Maggie: in England übliche Kurzform von Margaret. Aus dem Lateinischen. Bedeutung: Perle. 20. Jh.: Maggie Kuhn heißt die US-amerikanische Gründerin der »Black Panthers« – hier »Graue Panther« – eine Organisation, die sich für die Rechte älterer Bürger stark macht.

Magnolia: außergewöhnlich und wohlklingend: ein Blumenname, der auch als Vorname dienen kann. Abkürzungen: Lola, Maggie, Mania.

Maia: → Maja.

Maja: einfach, klangvoll und wahrscheinlich deshalb äußerst beliebt. Name mit unterschiedlichen Wurzeln. Einmal aus dem Lateinischen. Hier bezieht er sich auf die römische Göttin des Wachstums und damit auf den Mai. Oder er stammt aus der griechischen Mythologie: Dort ist Maja die Mutter des Götterboten Hermes. Bisweilen auch als Kurzform von → Maria gesehen. Seit dem 19. Jh.: Am berühmtesten ist die »Biene Maja«, einst von dem Schriftsteller Waldemar Bonsel erfunden und noch immer aktuell. Andere Schreibweisen: Maia, Maya. Weitere Formen: Mai, Majella, Mayella.

Malena, Malene: wohlklingende, seltenere Kurzformen von → Magdalena. Aus dem Griechischen. Bedeutung: die aus Magdala. Oder auch: die Erhabene. Varianten: Maleen, Malen. Abkürzungen: Lena, Lene.

Malia: weich, wohlklingend. Interessant. Manche kennen den Namen aus Schweden, andere aus Hawaii. Hergeleitet von → Maria. In Griechenland gibt es nicht nur eine Stadt mit diesem Namen, sondern auch einen Vulkan: den Malia Vgethi. Abkürzungen: Lia, Mala.

Malika: in Ungarn Kosename von → Malwina oder von → Amalia. Der Name kann sich auch auf die Blume und den daraus hergestellten Tee namens Malve beziehen.

Malina: neueren Datums. Wahrscheinlich aus England kommender Kosename zu → Madeleine oder → Madeline. Weitere Formen: Malinda, Malinde. Abkürzungen: Lina, Line, Mai, Maja.

Malou: modern, locker und fröhlich. Ein Doppelwort, zusammengesetzt aus den Namen → Maria und → Louisa.

Malve. Auch **Malva:** zart und hell. Wer den Namen hört, denkt zuerst an die gleichnamige Blume.

Malvina, Malvine. Auch **Malwina, Malwine:** in früheren Jahren bekannter als heute. Aus dem Althochdeutschen. Bedeutung: Gericht und Freund. Oder ein Hinweis auf die Blume Malve. 18. Jh.: In den Ossian-Gesängen des Schotten James Macpherson taucht der Name Malwine auf und wurde damals dank der Ossian-Begeisterung von Johann Wolfgang von Goethe, Friedrich Gottlieb Klopstock und Johann Gottfried Herder auch in Deutschland bekannter. Varianten: Malika, Malwida, Malwide. Abkürzungen: Ina, Mai, Mal, May, Vinni, Winnie.

Manda: einfach und einprägsam. Unkompliziert. Kurzform von → Amanda. Aus dem Lateinischen. Bedeutung: liebenswürdig. In England: Mandy.

Manja: aus dem Russischen übernommener Kosename von → Maria. Aus dem Hebräischen. Bedeutung nicht ganz eindeutig, wahrscheinlich jedoch: Gottesgeschenk. Andere Form: Mania. Kosename: Mai.

Manon: elegant, schmuck. In Frankreich aufgekommener Kosename für → Maria. Aus dem Hebräischen. Wahrscheinliche Bedeutung: Gottesgeschenk. 19. Jh.: Mehrere Opern beschäftigen sich mit einer Manon, »Manon Lescaut« sowohl von Daniel Auber als auch von Giacomo Puccini und »Manon« von Jules Massenet. Abkürzung: Mo.

Manuela, Manuella: vor Jahrzehnten groß in Mode, danach bei uns seltener vergeben. In Italien und Spanien noch immer aktuell. Weibliche Formen von Manuel, Emanuel. Aus dem Hebräischen. Bedeutung: Gott ist mit uns. Abkürzungen: Ela, Ella, Mana, Manu.

M

WAS GILT ALS VORNAME, WAS NICHT?

In den USA werden Eltern bei der Namenssuche für ihren Nachwuchs inzwischen gerne bei Produktnamen, Sachbezeichnungen oder Firmennamen fündig. Wie wäre es also mit Joghurta oder Nutella, mit Chip oder Handy? Oder mit Saturna, Ikea oder Escada? So weit kann es – zum Glück, möchte man sagen – bei uns nicht kommen, denn Produktnamen, Sachbezeichnungen und eindeutig als Nachnamen definierte Namen sind nicht gestattet. Heikler wird die Sache schon bei Ortsbezeichnungen. Dennoch ist klar: Eltern dürfen ihr Kind weder Rügen noch Wendelstein nennen. Kurzformen werden dagegen meist als selbstständige Namen anerkannt, etwa Nele oder Sanne. Was auf den ersten Blick eindeutig und klar erscheint, erweist sich in der Praxis oft als schwierig. Um manche Namen wird heiß und heftig gestritten. Wer unsicher ist, kann Hilfe bei Namensforschern suchen (Adressen Seite 206) und nötigenfalls seine Wahl durch ein sprachwissenschaftliches Gutachten bestätigen lassen.

Mara, Marah: kurz, modern und ziemlich populär. In der ganzen Welt verständlich. Kurzform von → Marga, → Margareta. Aus dem Lateinischen. Bedeutung: Perle. Oder aus dem Hebräischen. Bedeutung dann: bitter. Im »Buch Rut« im Alten Testament nennt sich Noomi nach dem Tod ihres Mannes und ihrer Söhne Mara. Der Name Mara spielt in vielen Mythen und Religionen eine Rolle.

Maraike: → Mareike.

Maralda: selten. Weibliche Namensform von Marhold, Marwald, ebenfalls fast vergessen. Aus dem Althochdeutschen. Bedeutung: Pferd und walten. Abkürzung: Mara.

Marcelina, Marceline: verspielt, zärtlich, weiblich. Aus dem Französischen. Ursprünglich Kosenamen, hergeleitet von Marcel/Marcellus. Aus dem Lateinischen. Bezieht sich auf den Kriegsgott Mars. Aus dem 18./19. Jh.: Marceline Desbordes-Valmore, Kind eines erfolgreichen, aber durch die Wirren der Revolution verarmten Malers. Arbeitete als Sängerin, vor allem aber als Schriftstellerin. Andere Formen: → Celina, Celine, Marcellina, Marcelline, Marzellina, Marzelline, → Selina, Seline. Abkürzungen: Celia, Cella, Cilla, Cilli, Cilly, Ela, Ella, Lina, Line, Zella.

Marcella, Marcelle: klingt nach Italien und Sonne. Weibliche Formen von Marcel, Marcus. Aus dem Lateinischen. Bezieht sich auf den Kriegsgott Mars. 5. Jh.: die heilige Marcella, eine Märtyrerin. Namenstag: 31. Januar. Andere Formen: → Marcelina, Marceline, Marzella. Kosename: Marinella. Abkürzungen: Celia, Cella, Cilla, Cilli, Cilly, Ela, Ella.

Marcia: guter Dreiklang. Aus England. Weibliche Form von Marcius, Marcus. Aus dem Lateinischen. Hinweis auf den Kriegsgott Mars. Abküzungen: Cia, Mara, Mary, Zia.

Marei: zärtlich, liebenswürdig. Kurzform von → Maria. Aus dem Hebräischen. Wahrscheinliche Bedeutung: Gottesgeschenk. Kosenamen: Marinella, Meica.

Mareike. Auch **Maraike:** norddeutsch. Abgeleitet von → Maria. Aus dem Hebräischen. Wahrscheinliche Bedeutung: Gottesgeschenk. Abkürzungen: Ika, Mara, Meica, Ria.

Mareile. Auch **Mareili:** warm, verspielt, freundlich und zärtlich. Abgeleitet von → Maria. Aus dem Hebräischen. Wahrscheinliche Bedeutung: Gottesgeschenk. Abkürzungen: Ille, Illia, Mara, Marei, Reile, Reili.

Maren: im Norden bekannter als im Süden. Aus Dänemark. Verwandt mit Marius. Aus dem Lateinischen. Hinweis auf ein römisches Geschlecht. Weitere Form: → Marena.

Marena, Marene: wohlklingend. Verwandt mit → Maren, → Marina und mit Marius. Aus dem Lateinischen. Hinweis auf ein römisches Geschlecht. Weitere Form: Mareen. Abkürzungen: Ena, Eni, Mara, Rena, Reni.

Maresa: freundlich, ansprechend. Wohl entstanden aus den Namen → Maria und → Theresa. Abkürzungen: Ena, Mara, Marei.

Mareta, Marete. Auch **Maret:** in Skandinavien und im Baltikum bekannte Formen von → Margarete. Aus dem Lateinischen. Bedeutung: Perle.

Marga: einfach, unkompliziert. Kurzform von → Margareta. Aus dem Lateinischen. Bedeutung: Perle. 20. Jh.: Marga Faulstich, Glaschemikerin, entwickelte mehr als 300 Typen optischer Gläser, hatte nahezu 40 Patente angemeldet. Abkürzung: Mara.

Margaret: in England und den Niederlanden bekannt, verwandt mit → Margareta. Aus dem Lateinischen. Bedeutung: Perle. 20./21. Jh.: Die jüngere Schwester der britischen Königin Elisabeth II., Margaret, Countess of Snowdon. Eine weitere Berühmtheit: Margaret Hilda Thatcher, ehemalige Premierministerin von Großbritannien. Einst eiserne Lady genannt und wegen ihrer Strenge gefürchtet.

Margareta, Margarete. Auch **Margaretha, Margarethe:** ein klassischer Name, nie ganz verschwunden. Aus dem Lateinischen. Bedeutung: Perle. 11. Jh.: Margareta von Schottland, Ehefrau König Malcoms II. Sie sorgte für Land und Leute, machte sich für die Kirche stark. Namenstag: 6. November. 20./21. Jh.: Margarete Mitscherlich, berühmte Psychoanalytikerin und Medizinerin. In Finnland: Marketta; in Schweden: Märta; in Italien: Margherita; in Spanien: Margarita; in Frankreich: Marguerite; in Ungarn: Margit, Margitta. Abkürzungen: Greta, Grete, Gretha, Grethe, Maja, Mara, Marga, Margitt, Maya, Meg, Meggie, Meta, Mete, Mette, Neta.

M

Margarita, Margaritha. Auch **Margaritta:** in vielen Ländern beliebt. Verwandt mit → Margareta. Aus dem Lateinischen. Bedeutung: Perle. Abkürzungen: Maja, Mara, Marga, Margitt, Marit, Rita.

Margaux: neuere, internationale Variante von → Margot, verwandt mit → Margareta. Aus dem Lateinischen. Bedeutung: Perle. Abkürzung: Maja, Mara, Marga.

Margit: in vielen Ländern bekannte Variante von → Margareta. Aus dem Lateinischen. Bedeutung: Perle. Weitere Formen: Margita, Margitta. Abkürzungen: Gitta, Gitte.

Margot: in Frankreich verbreitete Fassung von → Margareta, Anfang 20. Jh. ziemlich in Mode. Aus dem Lateinischen. Bedeutung: Perle. 16./17. Jh.: Die jüngste Tochter von Katharina de Medici, Königin von Frankreich, wurde »la reine Margot« genannt. Sie heiratete den Protestanten Heinrich von Navarra, was schwerwiegende Folgen für das ganze Land hatte. Abkürzungen: Maja, Mara.

Margret: eine englische Fassung von → Margarete. Aus dem Lateinischen. Bedeutung: Perle. 20. Jh.: Margret Mead, Ethnologin und Anthropologin aus den USA. Reiste für ihre Feldforschungen in die abgelegensten Gegenden der Erde. Abkürzungen: Greta, Grete, Gretel, Mara.

Margrit: auch Variante von → Margareta. Aus dem Lateinischen. Bedeutung: Perle. Abkürzungen: Grit, Mara.

Maria, Marie: ganz oben auf der Beliebtheitsskala. Biblischer Name. Aus dem Hebräischen. Wahrscheinliche Bedeutung: Gottesgeschenk. Aus großer Ehrfurcht vor Maria, der Mutter Jesu, war der Name in Deutschland im Mittelalter selten. 16. Jh.: Maria I., hochgebildete Tochter Heinrichs VIII. Nach schwierigem Hin und Her wurde sie die erste Monarchin Englands. Unbeirrt hielt die Königin an ihrem Ziel fest, England wieder zu einem katholischen Land zu machen. 19. Jh.: Marie von Ebner-Eschenbach, Schriftstellerin. Ihre Muttersprache war übrigens französisch. Heiratete ihren Vetter Moritz, der sie in ihrem Wunsch zu schreiben unterstützte. Nebenher machte sie eine Ausbildung zur Uhrmacherin. 19./Anfang 20. Jh.: Marie Curie, Physikerin von Weltruf. Kosenamen: Mai, Mareike, Mareile, Maresa, Mariechen, Marieke, Mariela, Mariele, Mariella, Marijke, Marike. In Russland: Mascha, Marischka, Maruschka; in Ungarn: Marija, Marja; in Italien auch Maura. Abkürzungen: Lena, Lene, Lenerl, Magda, Mare, Marei, Maresi, Mary, Meta, Mete, Mirl.

Marian: aus dem Englischen, verwandt mit Marion, hergeleitet von →Maria. Aus dem Hebräischen. Wahrscheinliche Bedeutung: Gottesgeschenk. Weiterbildung: Mariana, Mariane.

Marianne. Auch **Marianna:** Doppelname, zusammengesetzt aus →Marie und →Anne. 18. Jh.: Eine Marianne wurde in Frankreich zum Symbol für Freiheit, Gleichheit, Brüderlichkeit. 19./20. Jh.: Die Russin Marianne von Werefkin, expressionistische Malerin, schloss sich der Münchener Künstlergruppe »Der blaue Reiter« um Wassilj Kandinsky an. Kosename: Jannette. Abkürzungen: Anna, Anne, Jana, Janja, Janna, Janne, Nana, Nannerl, Ria.

Mariella, Marielle: vor allem in Italien und Frankreich bekannte Kosenamen, die sich auf →Maria beziehen. Aus dem Hebräischen. Wahrscheinliche Bedeutung: Gottesgeschenk. Abkürzungen: Ella, Maja, Mara, Marei.

Marietta, Mariette: aus Italien mitgebrachte Kosenamen von →Maria. Aus dem Hebräischen. Wahrscheinliche Bedeutung: Gottesgeschenk. Abkürzungen: Eta, Etta, Ita, Maja, Mara, Marei.

Marija: aus Russland, verwandt mit →Maria. Aus dem Hebräischen. Wahrscheinliche Bedeutung: Gottesgeschenk. Weiterführungen: Marijana, Marjana. Abkürzungen: Jana, Maja.

Marika. Auch **Marinka:** aus Ungarn. Kurzform von →Maria. Aus dem Hebräischen. Wahrscheinliche Bedeutung: Gottesgeschenk. Abkürzungen: Maja, Mara, Rika.

Marilen, Marilene: zusammengesetzt aus den Namen →Marie und →Lene. Abkürzungen: Mara, Marla.

Marilyn, Marilyne: aus England/Amerika, hergeleitet von →Mary. Aus dem Hebräischen. Wahrscheinliche Bedeutung: Gottesgeschenk. 20. Jh.: Wer diesen Namen hört, hat sofort die US-amerikanische Schauspielerin Marilyn Monroe vor Augen, früh gestorben, berühmt bis heute. War einfach ein Superstar. Andere Formen: Marylin, Maryline. Abkürzungen: Linn, Lynn, Mary.

M

Marina: weibliche Form von Marinus. Aus dem Lateinischen. Bedeutung: zum Meer zählend. In Frankreich: Marine, Marinette; in Italien: Marinella.

Mariola: ungewöhnlich. Weibliche Form von Mario oder Marius. Aus dem Lateinischen. Bedeutung: zum Meer. Abkürzungen: Mara, Mari, Ola.

Marion: aus dem Französischen übernommen. Ursprünglich Kosename von → Maria. Aus dem Hebräischen. Wahrscheinliche Bedeutung: Gottesgeschenk. 20./21. Jh.: Marion Gräfin Dönhoff, die erst gegen die Nationalsozialisten, später für die Demokratie kämpfte. Eine der wichtigsten deutschen Journalistinnen der Nachkriegszeit (»Die Zeit«). Weitere Formen: Mariona, Marionna, Marionne. Abkürzungen: Maja, Mara.

Marisa, Marise: ansprechend, originell, aber nicht abgehoben. Vor allem in den Niederlanden bekannt. Weitere Formen: Madrisa, Maris. Abkürzungen: Isa, Maja, Mara.

Marit. Auch **Maarit:** Aus dem Schwedischen. Kurzformen von Namen wie → Margaret, → Margarete oder → Margret. In Friesland: Marret. Abkürzungen: Ria, Rita.

Marita. Auch **Maritta:** guter Dreiklang, der überall passt. Aus Spanien, verwandt mit → Maria. Aus dem Hebräischen. Wahrscheinliche Bedeutung: Gottesgeschenk. Abkürzungen: Mara, Mari, Rita.

Marja: slawische Variante von → Maria. Aus dem Hebräischen. Wahrscheinliche Bedeutung: Gottesgeschenk.

Marjorie, Marjory: in England populärer. Nebenformen zu → Margaret. Aus dem Lateinischen. Bedeutung: Perle. Abkürzungen: Joy, Maja, Marja.

Marlena, Marlene: zeitlos und heute wieder beliebt. Zusammengesetzt aus → Maria und → Lena, Lene. 20. Jh.: Die berühmteste Marlene aller Zeiten war die deutsche Filmschauspielerin und Sängerin Marlene Dietrich, einfach unübertroffen schön und brillant in ihrem Fach. Andere Formen: Marla, Marle, Marlen, Marleen; in England: Marlin, Marline. Abkürzungen: Lena, Lene, Mara, Mea.

Marlies: vor einigen Jahrzehnten in Mode. Doppelname, zusammengesetzt aus → Maria und → Lies. Weitere Formen: Marliese, Marlis, Marlise.

Marlitt: eigentlich ein Doppelname, zusammengesetzt aus → Marlene und → Melitta. Abkürzungen: Ita, Litta, Mara.

Marnie: aus dem Englischen. Vor allem in den USA bekannt. Verwandt mit Marna, der schwedischen Variante von → Marina. 20. Jh.: Marnie heißt die Hauptperson in dem gleichnamigen Filmklassiker und Thriller von Regisseur Alfred Hitchcock aus dem Jahr 1964.

Marsha: lässig, fröhlich und unkompliziert. Verwandt mit → Marcia. Aus dem Lateinischen. Bezieht sich auf ein römisches Geschlecht.

Martha, Marthe. Auch **Marta, Marte:** werden gerade wiederentdeckt. Aus dem Griechischen. Bedeutung: Herrin. In der Bibel war Martha die Schwester des Lazarus. Namenstag: 29. Juli. 18./19. Jh.: In Goethes »Faust« hat Gretchen mit einer Frau Marthe zu tun. 19. Jh.: Friedrich von Flotow komponierte die Oper »Martha«.

Martina, Martine: vor 20 Jahren total »in«, inzwischen weniger gefragt inzwischen. Weibliche Form von Martinus. Aus dem Lateinischen. Bezieht sich auf den römischen Kriegsgott Mars. Abkürzungen: Mara, Marja, Tina.

Mary: aus England, aber seit Langem in Deutschland eingeführt. Verwandt mit → Maria. Aus dem Hebräischen. Wahrscheinliche Bedeutung: Gottesgeschenk. Seit Jahrhunderten auch ein Königinnenname. 20./21. Jh.: Prinzessin Mary, Ehefrau des dänischen Thronfolgers Frederik.

Maryam: → Mirjam.

Marzia: verwandt mit Martinus. Aus dem Lateinischen. Bezieht sich auf den römischen Kriegsgott Mars. Eine weitere Form: → Marcia. Abkürzungen: Mara, Mari, Zia.

Marzella: → Marcella.

Mathilda, Mathilde. Auch **Matilda, Matilde:** vor hundert Jahren »in«. Aus dem Althochdeutschen. Bedeutung: Macht und Kampf. 11. Jh.: Mathilde von der Toskana verfügte über Macht und Besitz. Ihr Stammsitz war die Burg von Canossa. Hier wartete sie zusammmen mit dem Papst auf Kaiser Heinrich IV., der büßend darauf hoffte, der Kirchenbann gegen ihn würde aufgehoben (bekannt als »Gang nach Canossa). Und das wurde er auch, vor allem auf Drängen Mathildes. 20./21. Jh.:

Die Belgier haben eine Kronprinzessin, die Mathilde heißt. Abkürzungen: Hilda, Hilde, Hilla, Hille, Tilda, Tilde.

Maud, Maude: originell, international. Englische Form von → Mathilda. Aus dem Althochdeutschen. Bedeutung: Macht und Kampf. 19. Jh.: Maud Charlotte Mary Victoria, Prinzessin von Großbritannien und Irland, Tochter von König Edvard VII., war Königin von Norwegen. Das »Königin-Maud-Land« in der Antarktis ist nach ihr benannt.

Maureen: aus Irland. Bezieht sich auf → Maria. Aus dem Hebräischen. Wahrscheinliche Bedeutung: Gottesgeschenk. Auch: Moreen.

Maxima: aus dem Lateinischen. Bedeutung: die Größte. Die Frau des Thronfolgers der Niederlande heißt so.

Maximiliana, Maximiliane: klassisch. Bei Weitem nicht so in Mode wie der entsprechende männliche Name. Aus dem Lateinischen. Bedeutung: die Größte. 18. Jh.: Goethe umschwärmte Maximiliane La Roche. Die schwarzen Augen seiner Lotte aus »Die Leiden des jungen Werther« sind eigentlich die schwarzen Augen dieser Maximiliane. Sie war die Mutter von → Bettina von Arnim und Clemens von Brentano. In Frankreich: Maximilienne. Abkürzungen: Ana, Lia, Maxa, Maxi, Milla, Milli.

Mechthild, Mechthilde: ein alter Name, verwandt mit → Mathilde. Aus dem Althochdeutschen. Bedeutung: Macht und Kampf. Die heilige Mechthild von Magdeburg gilt in der katholischen Kirche als Mystikerin. Namenstag: 15. August. Abkürzungen: Hilda, Hilde, Hilla, Mela.

Meike, Maike. Auch **Meika:** aus dem Friesischen, verwandt mit Meinberga, Meinburg, Meinhild, Namen, die heute fast vergessen sind.

Mela: attraktive Kurzform von → Melanie. Aus dem Griechischen. Bedeutung: schwarz.

Melana: eine Weiterbildung von → Mela. Aus dem Griechischen. Bedeutung: schwarz. Abkürzungen: Ana, Lana, Mela, Melli.

Melania, Melanie: mädchenhaft, melodiös. Aus dem Griechischen. Bedeutung: die Schwarze. Der Name bezieht sich auf die griechische Erdgöttin Demeter. 4. Jh.: Die heilige Melanie

starb als Märtyrerin. Namenstag: 31. Dezember. Weitere Formen: Melani, Melania, Melanka, Melenka; in England:
Melany. Abkürzungen: Ela, Lana, Lea, Mela, Mele, Melli.

Melia: kurz und prägnant. Aus Spanien. Kurzform von
→ Amalia. Aus dem Althochdeutschen. Bedeutung: Kampf
und Lindenholzschild.

Melina, Meline: unter den Top-Namen. Verwandt mit
→ Amalia, sagen die einen. Andere sehen die Herkunft im
Lateinischen. Bedeutung: Frau von Melos. Abkürzungen:
Ina, Lina, Line, Mela, Mella, Nella.

Melinda: romantisch, verspielt. Aus dem Lateinischen.
Bedeutung: Honigtrank. Abkürzungen: Linda, Linde, Mela,
Meli, Mella.

Melisande. Auch **Melisanda:** romantisch, märchenhaft. Wohl
aus dem Germanischen. Wahrscheinliche Bedeutung: milde.
20. Jh.: In der Oper »Pelleas und Mélisande« von Claude
Debussy ist eine wunderschöne, scheue Mélisande in eine
dramatische Liebesgeschichte verstrickt. In Frankreich: Mélisande; in Friesland: Melsene. Abkürzungen: Ela, Ella, Elli,
Mela, Mella, Sandie, Sandy.

Melissa: zunehmend beliebt. Aus dem Griechischen. Bedeutung: Biene. Eine weitere Form: Melitta. In Italien: Melita:
Abkürzungen: Lia, Lis, Lissa, Lissy, Mela, Mella.

Melusine: schmeichelhaft, melodiös. Verwandt mit → Melisande. Wohl aus dem Germanischen. Bedeutung: milde.
Abkürzungen: Lu, Mela, Mella, Sina, Sine.

Mercedes: aus Spanien. Bezieht sich auf → Maria. Zwei
unterschiedliche Namenstage, je nach Zuordnung: 12. Juni
und 24. September. Abkürzung: Mela.

Meret. Auch **Merit:** Kurzform von → Margareta. Wieder
beliebt. Aus dem Lateinischen. Bedeutung: Perle.

Merle: bekannt und beliebt, auch in England. Aus dem Lateinischen. Bedeutung: Amsel.

Meta, Mete: handfest, klar. Passt überall. Abgeleitet von
→ Margarete. Aus dem Lateinischen. Bedeutung: Perle.

Metta, Mette: frisch und klar wie der Nordwind. Aus dem
Niederdeutschen. Kurzform von Mechthild. Aus dem Althochdeutschen. Bedeutung: Macht und Kampf. 20./21. Jh.:

M

Hierzulande bekannt geworden durch die norwegische Prinzessin Mette-Marit, die seit 2001 mit dem norwegischen Thronfolger Haakon verheiratet und bei ihren Landsleuten sehr beliebt ist.

Mia: einfach, einprägsam und höchst beliebt. Überall verständlich. Kurzform von → Maria. Aus dem Hebräischen. Wahrscheinliche Bedeutung: Gottesgeschenk. 20./21. Jh.: die US-amerikanische Schauspielerin Mia Farrow, unvergessen in ihrer Rolle in »Rosemaries Baby«.

Michaela, Michaele: ein Klassiker. Weibliche Form von Michael. Aus dem Hebräischen. Bedeutung: Wer ist wie Gott? In Italien: Michela. Kosenamen: Michalina, Michaline. Abkürzungen: Ela, Ella, Micha, Michi, Mika.

Michalina, Michaline: weniger streng als Michaela. Weibliche Form von Michael. Aus dem Hebräischen. Bedeutung: Wer ist Gott? In Frankreich: Micheline. Abkürzungen: Ela, Ella, Lina, Line, Micha, Michi, Mika.

Michèle, Michelle: äußerst beliebt. Besonders in Frankreich. Abkürzungen: Ela, Elle, Michi.

Mieke, Mike: zärtlich. Kosenamen für → Maria. Aus dem Hebräischen. Wahrscheinliche Bedeutung: Gottesgeschenk.

Mignon: beschwingt. Aus Frankreich. Bedeutung: zart, niedlich. Schon Goethe kannte den Namen und setzte ihn in seinem Roman »Wilhelm Meisters Lehrjahre« ein.

Mila, Milana: Kurzformen von Namen mit der Endsilbe »lia« wie etwa → Emilia. Oder slawisch, dann hergeleitet von männlichen Namen wie Milan, Miroslaw. Abkürzungen: Lana, Mia, Milla, Mille.

Mildred: aus dem Englischen. Bedeutung: mild und Stärke. Abkürzungen: Mia, Millie, Milly.

Milena: aus Tschechien. Aus dem Slawischen. Bedeutung: lieb. Abkürzungen: Ena, Eni, Lena, Lene, Milla, Milli.

Milva: leicht verständlich. Aus dem Lateinischen. Bedeutung: Taube. Abkürzungen: Iva, Lia, Mila.

Mina, Mine. Auch **Minna, Minnie:** Kurzformen von → Hermina oder → Wilhelmina. 18. Jh.: Der Name wird durch das Theaterstück »Minna von Barnhelm« von Gotthold Ephraim Lessing bekannter. Kosename: Mineke.

Mirabella, Mirabelle: kommt aus Italien. Bedeutung: die Wunderschöne. In England: Mirabel. Abkürzungen: Bella, Mabel, Mira.

Miranda: märchenhaft. 17. Jh.: Shakespeare macht seine Zuschauer in seinem Theaterstück »Der Sturm« mit einer Miranda bekannt. Übrigens heißt auch ein Mond im Uranus Miranda. Abkürzungen: Ana, Andi, Mira.

Miriam: → Mirjam.

Mirja: originell, nicht übertrieben. In Skandinavien bekannte Kurzform von → Maria. Aus dem Hebräischen. Wahrscheinliche Bedeutung: Gottesgeschenk.

Mirjam, Miriam: ein biblischer Name. Aus dem Hebräischen. Wahrscheinliche Bedeutung: die Widerspenstige. Andere Formen: Mariam, Maryam, Mirijam, Myriam.

Modesta, Modeste: ungewöhnlich. Weibliche Form von Modest. Aus dem Lateinischen. Bedeutung: bescheiden. Abkürzungen: Esta, Mo.

Moira: aus England/Irland. Bezieht sich auf → Maria, → Mary. Aus dem Hebräischen. Wahrscheinliche Bedeutung: Gottesgeschenk.

Molly: ein alter Name aus England, der sich auf → Mary bezieht. Aus dem Hebräischen. Wahrscheinliche Bedeutung: Gottesgeschenk. Schon im 18. Jh. bei uns bekannt.

Mona: attraktive Kurzform von Namen wie etwa → Monika oder → Ramona. Eine Variante: Moja.

Monika, Monica: vor fünfzig Jahren in Mode. Wohl aus dem Griechischen. Bedeutung dann: die Einzige. 4.Jh.: die heilige Monika, Mutter des heiligen Augustinus. Namenstag: 27. August. In Frankreich: Monique. Abkürzungen: Mona, Moni.

Moreen: → Maureen.

Muriel: guter Klang. Besonders, aber nicht zu ausgefallen. Aus dem Keltischen. Bedeutung: See und glänzend. Kosenamen: Muna, Munja, Mura.

Myriam: → Mirjam.

Myrtha, Myrthe. Auch **Myrta, Myrte:** aus dem Griechischen. Nach einer Pflanze benannt. 19. Jh.: In dem romantischen Ballett »Giselle« von Adolphe Adam tritt eine Fee mit Namen Myrta auf. Abkürzung: Myra.

M

Nadia, Nadja. Auch **Nadya:** Kurzform von Nadjeschda. Aus dem Russischen. Bedeutung: Hoffnung.

Nadine, Nadina: beliebter Name aus Frankreich. Weiterbildungen von → Nadia. Aus dem Russischen. Bedeutung: Hoffnung.

Naila: aus dem Türkischen. Bedeutung: das Ziel erreichen.

Nana, Nane: Kurzformen von Namen wie → Anna oder → Christiane. Weitere Formen: Nanna, Nanni, Nanny.

Nancy: aus dem Englischen. Bevorzugt in den USA vergeben. Bezieht sich auch auf → Anna. Aus dem Hebräischen. Bedeutung: die Begnadete. 20./21. Jh.: Nancy Reagan, Ehefrau des ehemaligen US-amerikanischen Präsidenten und einst immer an seiner Seite. Abkürzung: Nada.

Nanda, Nande: weibliche Form von Nando. Aus dem Germanischen. Bedeutung: gewagt. Andere glauben an die Kurzform von Ferdinando. Kosenamen: Nandina, Nandine.

Nanetta, Nanette. Auch **Nanett:** Kosenamen von → Nana, Nane, hergeleitet von → Anna oder → Christiane. War zuerst in Frankreich populär, jetzt auch im deutschsprachigen Raum. Abkürzungen: Nena, Neta, Netta, Nette.

Nanina, Nannina: Weiterbildungen von → Nana. Kurzform von Namen wie → Anna oder → Christiane. Verwandt mit Nanon. Abkürzungen: Anna, Ina, Nana, Nanja.

Naomi. Auch **Naemi:** ein biblischer Name. Aus dem Hebräischen. Bedeutung: die Liebliche. Weitere Formen: Noeme, Noemi; in Frankreich: Noémi, Noémie.

Nastasja, Nastassja. Auch **Nastasia:** anmutig, attraktiv. In Russland populär, und auch im Westen öfter gehört. Kurzformen von → Anastasia. Aus dem Griechischen. Bedeutung: die Auferstandene. 20./21. Jh.: Nastassja Kinski, Schauspielerin, aus einer großen Schauspielerdynastie. Abkürzungen: Asta, Nana, Nanja, Nasja, Nastja, Nasya, Tassja.

Natalia, Natalie. Auch **Nathalia, Nathalie:** angenehm und attraktiv. In Russland beliebt, inzwischen international. Aus dem Lateinischen. Bedeutung: an Weihnachten geboren. Weitere Formen: Natali, Natalija, Natalja, Nataly; in Italien: Natalina. Abkürzungen: Nana, Nane, Nanja, Nanna, Nasti, Tara, Tascha, Tasha, Tasja, Tata.

Natascha: Kosename zu → Natalia. Aus dem Lateinischen. Bedeutung: an Weihnachten geboren. 19. Jh.: Wer den Roman »Krieg und Frieden« von Tolstoi gelesen oder den Film gesehen hat, erinnert sich an die zauberhafte Natalie, genannt Natascha. Abkürzungen: Nada, Nasti, Tasja.

Neela, Neele: aus den Niederlanden. Kurzformen von → Cornelia. Aus dem Lateinischen. Hinweis auf ein römisches Geschlecht. In Friesland: Neelke, Neeltje.

Nela, Nele. Auch **Nella, Nelly:** beschwingte Kurzformen von → Cornelia. Aus dem Lateinischen. Hinweis auf ein römisches Geschlecht. Seltener: Nellie.

Nena: neueren Datums. Gilt als Kurzform von Namen wie → Verena, → Maddalena oder → Magdalena. Ins Gespräch gekommen durch die kesse Sängerin Nena und ihre »Neunundneunzig Luftballons«.

Nicola, Nicole: angenehm im Klang. Beliebt. Aus Frankreich und Italien, auch als männlicher Name. Heute international. Hergeleitet von Nikolaus. Aus dem Griechischen. Bedeutung: Sieger und Volk. 20./21. Jh.: eine rund um den Erdball bewunderte Nicole: Hollywoodstar Nicole Kidman. Andere Schreibweisen: Nikola, Nikole. Abkürzungen: Conni, Nia, Nica, Nicki, Nico.

Nicoletta, Nicolette: aus Frankreich stammende Kosenamen. Abgeleitet von → Nicole und Nikolaus. Aus dem Griechischen. Bedeutung: Sieger und Volk. Weitere Formen: Nikoletta, Nikolette. Abkürzungen: Coco, Coletta, Colette, Letta, Netta, Nette, Nia, Nico, Niska.

Nicolina, Nicoline: aus Frankreich und Italien stammende Kosenamen, hergeleitet von → Nicole und Nikolaus. Aus dem Griechischen. Bedeutung: Sieger und Volk. Weitere Formen: Nikolina, Nikoline. Abkürzungen: Coco, Lina, Line, Nica, Nicki, Nico, Nina, Niska.

Nika: zunehmend beliebter Zweisilber, der einfach gut klingt. Kurzform von → Veronika. Aus dem Griechischen. Bedeutung: die den Sieg bringt.

Nike: schlicht, doch extravagant. Aus dem Griechischen. Bezieht sich auf Nike, die Göttin des Sieges.

Nina: höchst beliebt. Unkompliziert. Passt überall und immer. Längst international. Kurzform von Namen wie Anina, → Antonia, → Christina und anderen. In Portugal und Spanien: Ninja; in Frankreich: Ninon.

Ninetta, Ninette: liebenswert, zärtlich, entstanden als Kosenamen von → Nina. Aus Italien und Frankreich. Abkürzungen: Eta, Etta, Nina, Ninni.

Noelle: aus Frankreich. Weibliche Form von Noel. Aus dem Altfranzösischen. Bedeutung: Weihnachten.

Nona: einfach, aber nicht alltäglich. Überall verständlich. Aus dem Lateinischen. Bezieht sich auf die Schutzgöttin der Geburt.

Nora, Norah: schlicht, wohlklingend. Kurzform von → Eleonora. Aus dem Arabischen. Bedeutung: Gott ist mein Licht. In Irland: Noreen.

Norina: wohlklingend. Aus Italien stammender Kosename von → Nora und damit von → Eleonora. 19. Jh.: In der Oper »Don Pasquale« von Gaetano Donizetti dreht sich alles um eine ziemlich kapriziöse Norina. Abkürzungen: Ina, Noja, Nono, Nora, Ria, Rina.

Norma: in England bekannter als auf dem Kontinent. Aus dem Lateinischen. Bedeutung: Gebot. 20. Jh.: Maria Callas, Sopranistin von Weltruhm, bis heute unvergessen, beeindruckte durch ihre Interpretation der »Norma« in Vincenzo Bellinis gleichnamiger Oper.

Nova: ansprechender Zweiklang. Passt immer. In England üblicher. Aus dem Lateinischen. Bedeutung: neu.

Nuala: reizvoll, geheimnisvoll. In Irland gebräuchlich. Aus dem Gälischen. Bedeutung: die mit den weißen Schultern. 20./21. Jh.: Die irische Dichterin Nuala Ni Dhomhnaill hat Gedichte, Theaterstücke, Essays veröffentlicht, die in viele Sprachen übersetzt wurden.

Nynke: vor allem in den Niederlanden bekannt.

Octavia. Auch **Oktavia:** elegant, zeitlos. Aus dem Lateinischen. Bezieht sich auf das Geschlecht der Oktavier. 1. Jh. v.Chr.: Die ältere Stiefschwester von Augustus und Ehefrau von Marcus Antonius hieß Octavia. Hatte eine aufregende Lebensgeschichte. In Frankreich Octavie. Abkürzungen: Ava, Ota, Tara, Tavie, Tavy.

Oda. Auch **Ota:** einfach, trotzdem besonders. Kurzform von Otila oder → Odile. Aus dem Althochdeutschen. Bedeutung: Besitz. 10. Jh.: Der Name ist in der Stammtafel der Herrscherdynastie Luidolfinger/Ottonen zu finden.

Odette: beschwingt, leicht. Französischer Kosename, hergeleitet von Odile. Aus dem Althochdeutschen. Bedeutung: Besitz. Abkürzungen: Etta, Oda.

Odile: ausgefallen. Aus dem Französischen. Verwandt mit → Odilia. Aus dem Althochdeutschen. Bedeutung: Besitz. Abkürzungen: Illa, Ille, Oda.

Odilia, Odilie: aus dem Althochdeutschen. Bedeutung: Besitz. 7. Jh.: Der Legende nach soll die blind geborene und später heilig gesprochene Odilia nach ihrer Taufe gesehen haben. Namenstag: 13. Dezember. Abkürzungen: Lia, Lilli, Oda.

Odina, Odine: entstanden aus → Oda. Aus dem Althochdeutschen. Bedeutung: Besitz. Abkürzungen: Dina, Ina.

Olga: guter Klang, einfache Schreibweise. Eigentlich aus Russland, inzwischen international vergeben. Verwandt mit dem nordischen Namen Helga. Bedeutung: heil. 19./20. Jh.: Großfürstin Olga Alexandrowna Romanowa, Schwester des letzten Zaren Nikolaus II., konnte vor der russischen Oktoberrevolution 1917 nach Dänemark fliehen. 20./Anfang 21. Jh.: Die Mathematikerin und Physikerin Olga Ladyschenskaja, Professorin in St. Petersburg, machte sich um die partiellen Differentialgleichungen verdient. Kosenamen: Ola, Olenka, Olguscha, Oluschka.

O

Olivia. Auch **Oliva, Olive:** aus dem Lateinischen. Hinweis auf einen Olivenbaum, dessen Zweige als Symbol für den Frieden gelten. 17. Jh.: In der turbulenten Komödie »Was ihr wollt« von William Shakespeare spielt eine Olivia mit. In England auch: Olivet. Abkürzungen: Iva, Lif, Liv, Livie, Livy, Vina, Vinnie.

Olympia, Olimpia: ein Name, der Programm ist. Aus dem Griechischen. Bedeutung: Olympiade. 18. Jh.: Olymphe de Gourges machte – trotz geringer Schulbildung – als Autorin auf sich aufmerksam. Setzte sich für die Frauenrechte ein. In Frankreich: Olymphe. Abkürzungen: Lia, Pia.

Oona: irländisch. Aus dem Keltischen. Bedeutung: die Schönste der Feenköniginnen. 20. Jh.: Oona Chaplin, Tochter des Dramatikers O'Neill, verheiratet mit dem Schauspieler Charlie Chaplin, Mutter von acht Kindern, wurde wegen ihrer Schönheit bewundert. In England: Una.

Ophelia. Auch **Ofelia:** ein Klassiker, jahrhundertealt. Aus dem Griechischen. Bedeutung: Hilfe. 17. Jh.: William Shakespeare lässt in »Hamlet« eine Ophelia auftreten. Abkürzungen: Feli, Fely, Filia, Filiz, Filly.

Oriana, Oriane: verwandt mit Urania. Aus dem Griechischen. Bedeutung: die Himmlische. Eine der neun Musen heißt in der griechischen Mythologie Urania. In Frankreich: Orane. Abkürzungen: Nana, Ona, Ria.

Ornella: aus Italien. Bedeutung: Esche. Abkürzungen: Ella, Nella, Ola, Ole, Ona.

Ottilia, Ottilie: aus dem Althochdeutschen. Bedeutung: Besitz. 18./19. Jh.: Goethes energische Schwiegertochter, die Frau seines Sohnes August, hieß Ottilie. 19./20. Jh.: Ottilie von Degenfeld-Schonburg, in Freundschaft mit Hugo von Hofmannsthal verbunden, wurde von ihm folgendermaßen beschrieben: »… die ist unglaublich nett! So etwas liebes gutes und Freuden machendes. Mit der möchte man gleich ein Jahr allein auf einer wüsten Insel leben und sich nur von Möweneiern nähren …« In Rumänien: Otilia. Abkürzungen: Dilia, Dilja, Lia, Oda, Ota, Oti, Otti, Tilla.

Ova: in Dänemark und Friesland bekannt. Weibliche Form von Ove, Uwe. Aus dem Althochdeutschen. Bedeutung: Besitz.

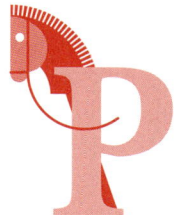

Palmira: aus Italien. Bezieht sich auf den Palmsonntag. 18. Jh.: Die komische Oper »Palmira, Königin von Persien« von dem italienisch-österreichischen Komponisten und Musikpädagogen Antonio Salieri, war von Beginn an erfolgreich und hochgelobt, zum Beispiel von Goethe. Abkürzungen: Mia, Mira, Pat, Patty.

Paloma: aus dem Spanischen. Bedeutung: Taube. 20./21. Jh.: Die attraktive Paloma Picasso, erfolgreiche Designerin und Tochter des Malers Pablo Picasso, war lange Liebling der Medien. Abkürzungen: Lola, Pat, Patty.

Pamela: alter Name aus England. Aus dem Griechischen. Wahrscheinliche Bedeutung: schwarz. 20. Jh.: Pamela Wedekind, Tochter des Dramatikers Frank Wedekind, Schauspielerin, machte als junges Mädchen München unsicher. Abkürzungen: Mela, Mella, Pam.

Pamina: wohl aus dem Griechischen. Eventuelle Bedeutung: Vollmondnacht. 18. Jh.: In »Die Zauberflöte« von Wolfgang Amadeuz Mozart tritt Pamina auf, Tochter der Königin der Nacht. Abkürzungen: Ina, Nina, Pam.

Panja: ursprünglich aus dem Russischen stammende Kurzform ganz unterschiedlicher Vornamen.

Pankrazia: ausgefallen. Weibliche Form von Pankrazius. Aus dem Griechischen. Bedeutung: allmächtig. Abkürzungen: Kitty, Pam, Zia.

Paola: aus Italien. Verwandt mit → Paula. Aus dem Lateinischen. Bedeutung: die Kleine. 20./21. Jh.: Königin Paola, von ihren Untertanen sehr verehrt, brachte durch ihre Heirat 1959 süditalienisches Blut in das belgische Königshaus. Abkürzungen: Pat, Patty.

Paolina: liebenswerter Kosename von → Paola. Aus dem Lateinischen. Bedeutung: die Kleine. Abkürzungen: Lina, Pat, Patty, Pola.

Pascale: weibliche Form des männlichen Vornamens Pascal. Aus dem Lateinischen. Bedeutung: die Österliche. Abkürzungen: Cara, Cari, Lale, Pat.

Pat, Patty: rund um den Globus, vor allem in England und Amerika bekannt. Kurzform von → Patricia. Aus dem Lateinischen. Hinweis auf eine altrömische Familie.

Patrizia. Auch **Patricia:** weibliche Formen von Patricius. Aus dem Lateinischen. Hinweis auf eine altrömische Familie. 20. Jh.: → Gracia Patricia von Monaco, die vor ihrer Ehe mit Fürst Rainier von Monaco als US-Filmstar Grace Kelly bekannt war. Neuere Formen: Patrice, Patrisha. Abkürzungen: Pat, Patsie, Patty, Ria, Tita, Tizia, Tricia, Zia, Zita.

Paula: wieder weit oben auf der Hitliste beliebter Namen. Weibliche Form von Paul. Aus dem Lateinischen. Bedeutung: die Kleine. Ende 19./Anfang 20. Jh.: Die heute bewunderte Malerin Paula Modersohn-Becker, jung verstorben, hinterließ ein ansehnliches Werk.

Paulette: fröhlich, leicht und luftig. Hergeleitet von → Paula. Aus dem Lateinischen. Bedeutung: die Kleine. Abkürzungen: Etla, Etta, Pat, Patty, Paula.

Paulina, Pauline: ein zärtlicher und heute sehr beliebter Kosename von → Paula. Aus dem Lateinischen. Bedeutung: die Kleine. 18./19. Jh.: Die lebensfrohe, aufregende, schöne, umschwärmte, unkonventionelle Pauline Bonaparte, Lieblingsschwester Napoleons, machte von sich reden. Abkürzungen: Ina, Line, Pat, Patty, Paula.

Peggy: in England und Amerika besonders beliebt. Kosename von → Margaret. Aus dem Lateinischen. Bedeutung: Perle. 19./20. Jh.: Peggy Guggenheim, wohlhabende Freundin vieler Künstler, Sammlerin, auch Galeristin. Heute erinnert vor allem das zauberhaft gelegene Guggenheim-Museum in Venedig an sie.

Penny: besonders in englischsprachigen Ländern populäre Kurzform von → Penelope.

Penelope: edel, romantisch, international. Bei den alten Griechen ist Penelope die Frau von Odysseus, die 20 Jahre lang treu auf ihren Mann wartete, obwohl viele um sie warben. Ihr Schicksal wurde in Dichtung und Oper immer wieder beschrieben und besungen. Im Palazzo Vecchio in Florenz ist sie in einem Deckengemälde verewigt. Abkürzungen: Ena, Lola, Pen, Pennie, Penny.

Perdita: zeitlos schön. In England üblicher als auf dem Kontinent. Aus dem Lateinischen. Bedeutung: verloren. 16./17. Jh.: Im »Wintermärchen« von William Shakespeare erscheint eine Königstochter mit Namen Perdita, die bei Schäfern aufwächst. Abkürzungen: Dita, Ita, Pea.

Petra: erst im 20. Jh. aufgekommen. Weibliche Variante von Peter. Aus dem Lateinischen. Bedeutung: Felsen. In Italien: Piera; in Bulgarien: Petia. Kosenamen: Petrina, Petrine. Abkürzungen: Pea, Pepa.

Petrina, Petrine: von →Petra hergeleitete Kosenamen. Aus dem Lateinischen. Bedeutung: Felsen. Abkürzungen: Pea, Penny, Pepa, Trina, Trine.

Petronella, Petronelle. Auch **Petronia:** Aus dem Lateinischen. Hinweis auf ein altes Römergeschlecht. Weitere Namensformen: Pernetta, Petronilla, Petronille; in Schweden: Pernilla, Pernille; in Italien: Peronella. Abkürzungen: Ella, Pea, Penny, Petra, Tonia, Tonja.

Petula: ausgefallener Dreiklang. Aus dem Lateinischen. Bedeutung: ausgelassen. Abkürzungen: Eta, Pea, Peta, Tula, Tulla, Ulla.

Phila: kurz, originell. Aus dem Griechischen. Bei den alten Griechen kommt der Name häufiger vor, auch in der Mythologie. Gilt darüber hinaus als Kurzform von Namen wie →Philippa und →Philomena.

Philina, Philine: liebenswert, fröhlich. Aus dem Griechischen. Bedeutung: lieben. Aus dem Gedicht »Philine« von Johann Wolfgang von Goethe: »Nein, sie ist, o holde Schöne, zur Geselligkeit gemacht …« Ähnlich: Felina, Feline. Abkürzungen: Illa, Ille, Lina, Line, Phila, Philli, Pippa.

Philippa: weibliche Form von Philipp. Aus dem Griechischen. Bedeutung: Pferdefreundin. 14. Jh.: Philippa von Hennegau heiratete den englischen König Eduard III., einen bedeutenden Herrscher des Mittelalters. In Spanien: →Felipa; in Italien: →Filippa; in Osteuropa: Filipa. Abkürzungen: Fila, Filiz, Lia, Lippa, Pia, Pippa.

Philippina, Philippine. Auch **Phillippina, Phillippine:** entstanden aus Kosenamen von → Philippa. Aus dem Griechischen. Bedeutung: Pferdefreundin. 18./19. Jh.: Die später heilig gesprochene Ordensfrau Philippine Duchesne ging in die Vereinigten Staaten von Amerika und missionierte bei den Indianern. Namenstag: 18. November. Abkürzungen: Fila, Filiz, Ina, Lia, Phillis, Pia, Pina, Pine, Pippa.

Philomela, Philomele: aus dem Griechischen. Bedeutung: Freundin des Gesangs. Abkürzungen: Fila, Filiz, Mela, Mella, Phila, Pippa, Pira.

Philomena, Philomene: aus dem Griechischen. Bedeutung: eine, die geliebt wird. Abkürzungen: Ena, Fila, Filiz, Phillis, Pia, Pippa.

Phöbe. Auch **Phoebe:** originell. Aus dem Griechischen. Bedeutung: die Strahlende. In der griechischen Mythologie trägt Artemis den Beinamen Phöbe. Außerdem wird im Römerbrief von Paulus eine Phöbe erwähnt. 20. Jh.: In dem Roman »Der Fänger im Roggen« von Jerome David Salinger, einst ein Kult-Buch, versucht eine Phoebe, ihrem verzweifelten Bruder Halt zu bieten.

Phyllis: edel, ausgefallen. Aus dem Griechischen. Bedeutung: Blütenblatt. Bezieht sich auf eine griechische Sage, in der sich Phyllis nach ihrem Selbstmord in einen Mandelbaum verwandelt. Abkürzungen: Lis, Liz.

Pia: kurz und bündig, dabei ansprechend und deshalb sehr beliebt. Abwandlung vom männlichen Pius. Aus dem Lateinischen. Bedeutung: tugendhaft.

Pilar: edel, schlicht. Aus Spanien. Bedeutung: Pfeiler. Bekannt ist die Madonna del Pilar, eine Statuette der Jungfrau Maria auf einem Pfeiler, die in der größten spanischen Barockkirche in Saragossa steht. Der Vorname leitet sich von diesem Heiligtum ab. 20. Jh.: Pilar Lorengar, eine gefeierte und beliebte spanische Opernsängerin, war lange an der Deutschen Oper in Berlin engagiert.

Pina, Pine: Kurzformen von Namen wie → Philippine, → Philina, → Philomena. 20./21. Jh.: Die bekannte Tänzerin und Choreografin Pina Bausch machte auf diesen Namen aufmerksam. Abkürzungen: Pia, Pippa.

Pola: aus Polen stammende Kurzform von → Apollonia. Aus dem Griechischen. Bezieht sich auf den Götternamen Apollon aus der griechischen Mythologie.

Polina: Kosename, entstanden aus → Pola. Aus dem Griechischen. Bezieht sich auf den Namen des vielseitigen Gottes Apollon aus der griechischen Mythologie. Abkürzungen: Ina, Lina, Pola, Polli, Polly.

Polli, Polly: frech, direkt. Kurzformen von Namen wie → Polina oder Polyxenia oder auch → Apollonia. 20. Jh.: Bekannt wurde der Name auch durch Polly, die Tochter des Bettlerkönigs Jonathan Jeremiah Peachum, die in Bertolt Brechts Dreigroschenoper den Gangsterkönig Macheath, genannt Mackie Messer, heiratet.

Prisca, Priska: im englischen Sprachraum üblicher. Ursprünglich aus dem Lateinischen. Bezieht sich auf einen altrömischen Namen. Kosenamen in Ungarn: Piroschka, Piroska. Abkürzungen: Cara, Pris.

Priscilla: wird meistens als Weiterbildung von → Prisca verstanden. Aus dem Lateinischen. Hinweis auf einen altrömischen Namen. Abkürzungen: Cilla, Pris, Zilla.

Prudentia: ausgefallen. Aus dem Lateinischen. Bedeutung: Klugheit. Abkürzungen: Denny, Pru, Tita, Tiza.

Q

Querida: spanischer Name. Bedeutung: die Geliebte. Abkürzung: Ida.

Quirina: weibliche Variante zu Quirin. Aus dem Lateinischen. Der Name bezieht sich auf einen römischen Kriegsgott. Abkürzungen: Ina, Rina.

Rabea: wohlklingend, zeitlos. Aus dem Hebräischen. Bedeutung: Mädchen. Weitere Namensform: Rabia. Abkürzungen: Bea, Bette, Betty.

Rachel. Auch **Rahel:** ein Klassiker. Heute international. Aus dem Hebräischen. Bedeutung: das Mutterschaf. Im Alten Testament wird Rahel die zweite Frau Jakobs und bringt die beiden Söhne Joseph und Benjamin zur Welt. 18./19. Jh.: Die Schriftstellerin Rahel Varnhagen von Ense führte einen literarischen Salon, in dem viele Geistesgrößen ihrer Zeit wie Jean Paul, Friedrich Schlegel und Heinrich Heine verkehrten. Wurde wegen ihrer Klugheit und Weitsicht gerühmt. 19./20. Jh.: Rahel Hirsch, Ärztin, besonders begabte Forscherin und erste Frau im Königreich Preußen, die zur Professorin für Medizin ernannt wurde. In Russland: Rachil, Rajka; in Spanien: Raquel. Abkürzungen: Rachl, Raja, Rajka.

Rada: eine Kurzform von Namen mit den Anfangssilben »Rade« wie etwa Radegunde. Aus dem Althochdeutschen. Bedeutung: Rat.

Ragna: im Norden bekannter als im Süden. Aus Skandinavien importiert.

Raika. Auch **Rajka:** Kosenamen, die sich auf → Raja beziehen. Bedeutung: Paradies.

Raimonda: klingt moderner als Raimunde. Weibliche Variante von Raimond. Aus dem Althochdeutschen. Bedeutung: Rat und Schutz.

Raissa, Raisa: ein ansprechender, in Russland häufig vertretener Name. Aus dem Griechischen. Bedeutung: mühelos. Andere sehen eine Verwandtschaft mit → Regina. 20. Jh.: Raissa Gorbatschowa, Ehefrau des früheren sowjetischen Präsidenten Michail Gorbatschow, stand im Mittelpunkt großen Interesses.

Raja: attraktiv, kurz und prägnant. Passt überall. Aus dem Russischen. Bedeutung: Paradies.

Ramona: aus Spanien. Verwandt mit → Raimonda. Aus dem Althochdeutschen. Bedeutung: Rat und Schutz. Abkürzungen: Mona, Ona, Raja.

Rana: einfach, wohlklingend. Aus dem Türkischen. Bedeutung: die Liebliche.

Ranka: aus dem Niederdeutschen/Friesischen. Die weibliche Form von Ranko. Bedeutung: früh.

Raphaela: weibliche Variante von Raphael. Aus dem Hebräischen. Bedeutung: Gott heilt. 19. Jh.: Raphaela Maria vom heiligen Herzen, lebte nach den Regeln des heiligen Ignatius von Loyola, Begründer des Jesuitenordens. Namenstag: 6. Januar. Weitere Formen: Rafaela, Raffaela. Abkürzungen: Ela, Ella, Rana, Ranja.

Rebekka, Rebecca: ein Klassiker. Fern jeder Mode. Heute international, früher vor allem in Italien und England bekannt. Aus dem Hebräischen. Bedeutung: die Bestrickende. Im Alten Testament ist Rebekka die Frau Isaaks, Mutter von Esau und Jakob. Namenstag: 30. August. 20. Jh.: Der Roman »Rebekka« von Daphne du Maurier war ein großer Erfolg, ebenso der Film nach dem Buch von Alfred Hitchcock. Wurde mit zwei Oscars ausgezeichnet. Weitere Formen: Rebeccah, Rebeckah. In Frankreich: Rébecca; in Schweden: Rebecka; in Spanien und Portugal: Rebeca. Abkürzungen: Becca, Becka, Becki, Beckie, Becky, Betsy, Betty, Rea, Reba, Rivka.

Regina, Regine: Mitte des vergangenen Jahrhunderts in Mode. Aus dem Lateinischen. Bedeutung: Königin. 18. Jh.: Catharina Regina von Greiffenberg, österreichische Barockdichterin, Mystikerin. Hat als Protestantin geistliche Gedichte verfasst und wollte den Kaiser unbedingt von ihrem Glauben überzeugen, was nicht gelang. In Frankreich: Régine; in Russland: Renja; in Osteuropa: Raina. Abkürzungen: Gina, Ina, Ine, Reja, Rena, Reni, Renie, Renja.

Regula: immer schon selten. Aus dem Lateinischen. Bedeutung: Richtschnur. Abkürzungen: Reja, Rena, Ula.

Reine. Auch **Raina:** majestätisch. Aus dem Französischen. Bedeutung: Königin.

Reinka, Reinke: kommt aus Ostfriesland. Bezieht sich auf Vornamen mit der Anfangssilbe »Rein« wie etwa Reinholde,

Reinhild, Reingard. Bedeutung: Beschluss. Eine weitere Namensform: Reintje.

Reja: selten, originell, interessant. Aus dem Russischen. Bedeutung: die Goldene.

Reka: attraktiv. Passt überall. Aus dem Hebräischen. Bedeutung: weich, zart.

Rena, Reena: entstanden als Kurzformen von Vornamen wie etwa → Irene, → Renata und → Verena.

Renata, Renate: traditionell, lange sehr beliebt. Weibliche Form von Renatus. Aus dem Lateinischen. Bedeutung: wiedergeboren. 16. Jh.: Renata von Ferrara, zweite Tochter des französischen Königs Ludwig XII. und von Anne de Bretagne. Sollte ursprünglich Erbin der Bretagne werden. Wurde stattdessen auf väterlichen Wunsch mit dem Herzog von Ferrara verheiratet, dem Sohn der Lucretia Borgia. 20./21. Jh.: Renata Tebaldi, italienische Sopranistin, wetteiferte mit Maria Callas, wer die großartigere, unverwechselbarere Stimme habe. Die Stimme der Tebaldi galt als Engelsstimme. Kosename: Renette. Abkürzungen: Nata, Naty, Reena, Rena, Reni.

Renée: international. Aus dem Französischen. Weibliche Variante von Renatus oder dem männlichen René. Aus dem Lateinischen. Bedeutung: wiedergeboren.

Renette: → Renata.

Renja: neu, wenig bekannt. Aus dem Russischen. Kurzform von → Regina. Aus dem Lateinischen. Bedeutung: Königin. Ähnlich: Renia.

Renza: ursprünglich eine Kurzform von → Lorenza. Aus dem Lateinischen. Bedeutung: der Lorbeerkranz. Abkürzungen: Ena, Eni, Rena.

Rhea, Rea: ein klangvoller Zweisilber. Aus der römischen Mythologie. Der Sage nach war Rhea die Mutter von Romolus und Remus und damit verantwortlich für die Entstehung der Stadt Rom.

Ria: Kurzform von Namen, die mit den Silben »ria« oder »rina« enden, wie etwa → Maria, → Marina, → Christina und → Katharina.

Ricarda, Riccarda: die weibliche Variante von Ricardo, Richard. Aus dem Althochdeutschen. Bedeutung: reich und hart.

19./Anfang 20. Jh.: »Liebe ist das einzige, was wächst, indem wir es verschwenden!«, sagte die Dichterin Ricarda Huch. Studierte in der Schweiz Geschichte und Philosophie, arbeitete erst als Bibliothekarin, dann als Lehrerin, schließlich als Schriftstellerin. Geschichtliche Themen interessierten sie am meisten. Abkürzungen: Cara, Carda, Cardy, Karda, Kicki, Kika, Ria, Rica, Ricca, Ricka, Rike, Rixa.

Richarda, Richarde: eine andere weibliche Form von Richard. Aus dem Althochdeutschen. Bedeutung: reich und mächtig. Varianten: Richardine, Richardis. Abkürzungen: Carda, Cardy, Icca, Karda, Kicki, Kika, Ria, Rica, Ricca, Ricka, Rike, Rixa.

Rina: kurz und bündig, guter Klang. Ursprünglich Kurzform von Namen mit den Endsilben »rina« wie etwa → Katharina, → Marina und → Christina.

Rita: in Italien länger ein Begriff als im deutschsprachigen Raum. Einst Kurzform von Namen wie etwa → Margarita oder auch Roswitha. 20./21. Jh.: Rita Levi-Montalcini, italienische Neurologin, Neurobiologin, die 1986 den Nobelpreis für Medizin und Physiologie erhielt.

Rixa: frisch, beschwingt und ziemlich unbekannt. Norddeutsch. Kurzform von alten Namen mit der Anfangssilbe »Rich« wie etwa Richhild, Richlind. Weitere Namensformen: Ricksta, Rixta, Rixte.

Roberta, Roberte: weibliche Form von Robert. Aus dem Althochdeutschen. Bedeutung: rühmlich Glänzende. 20./21. Jh.: Roberta Heuer Williams gilt als eine der besten und erfolgreichsten Entwicklerinnen von Computerspielen. Kosenamen: Robertina, Robertine. Abkürzungen: Berta, Berte, Ro, Roda, Rola.

Robina, Robine: besonders, aber nicht zu ausgefallen. In England bekannter als auf dem Kontinent. Hergeleitet von den männlichen Namen Robin, Robert. Aus dem Althochdeutschen. Bedeutung: rühmlich Glänzende. Abkürzungen: Bina, Bine, Ina, Ro, Roda, Rola.

Roda. Auch **Rhoda:** angenehmer Zweiklang. In England bekannter als auf dem Kontinent. Aus dem Griechischen. Bedeutung: Rose.

R

Rolanda, Rolande: weibliche Formen von Roland. Aus dem Althochdeutschen. Bedeutung: Ruhm und wagemutig. Abkürzungen: Lani, Lanie, Lany, Ro, Roda, Rodja.

Romana, Romane: melodiös, ansprechend. Aus dem Lateinischen. Weibliche Formen von Romanus. Bedeutung: die Römerin. In Frankreich: Romaine. Abkürzungen: Mandi, Mandie, Mandy, Mona, Ro, Roda, Rodja, Romy.

Romea: romantisch. Aus Italien. Weibliche Form von Romeo. War ursprünglich eine Bezeichnung für Pilger. Abkürzungen: Mea, Romi, Romy.

Romy. Auch **Romi:** angenehm im Klang. Heute beliebter als der Ursprungsname → Rosemarie, zusammengesetzt aus → Rose und → Marie. 20. Jh.: Die attraktive Schauspielerin Romy Schneider ist dank ihrer charismatischen Ausstrahlung und ihres großen Könnens bis heute unvergessen, vor allem als Kaiserin Sisi (oder Sissi) von Österreich.

Ronja: attraktiv, verspielt. Verwandt mit Ronald. Aus dem Althochdeutschen. Bedeutung: Götterbeschluss und Herrscher. In vielen Ländern bekannt geworden durch Astrid Lindgrens Buch »Ronja Räubertochter«, in dem ein Mädchen mit den vielen Widrigkeiten ihres Lebens fertig wird. Abkürzungen: Ona, Ro.

Rosa, Rose: ein Klassiker. Nie in und nie aus der Mode. Aus dem Lateinischen. Bedeutung: Rose. Nachvollziehbar, dass dieser »duftende« Name seit Langem beliebt ist. 18. Jh.: In »Ahnung und Gegenwart«, dem Erstlingswerk von Josef von Eichendorff, verliebt sich der Held Friederich auf einem Donaudampfer in eine wunderbare Rosa, und damit beginnt eine romantische Liebesgeschichte. 20. Jh.: Die Amerikanerin Rose Kennedy, die graue Eminenz des Kennedy-Clans, musste im Laufe ihres Lebens etliche herbe Schicksalsschläge verkraften: Sie verlor zwei ihrer Söhne bei Attentaten. Hat stets versucht, ihre große Familie zusammenzuhalten. Starb im hohen Alter von 94 Jahren. Abkürzungen und Kosenamen: Ro, Rösle, Rösli, Rosel, Rosi, Rosie, Rosy.

Rosalba: vor allem in Italien eingebürgerter Doppelname, zusammengesetzt aus → Rosa und → Alba. Abkürzungen: Alba, Ro, Rösle, Rösli, Rosa, Rosi, Rosy.

Rosaleen: im englischen Sprachraum bekannter. Aus Irland. Eigentlich ein Kosename zu → Rosa. Aus dem Lateinischen. Bedeutung: Rose.

Rosalia, Rosalie: romantisch, verspielt. Koseform von → Rosa. Aus dem Lateinischen. Bedeutung: Rose. Abkürzungen: Lia, Lili, Lilly, Ro, Rosa, Rosi, Rosy.

Rosalina, Rosaline: wie ein zärtliches Kosewort. In England aktueller. Zusammengesetzt aus → Rosa und → Lina, Line. Weitere Formen: Rosalyn, Rosalyne. Abkürzungen: Ana, Anna, Lina, Line, Linn, Lynn, Ro, Rosa, Rosy, Roya.

Rosalinda, Rosalinde. Auch **Rosalind:** zusammengesetzt aus → Rosa und → Linda, Linde. Abkürzungen: Lina, Linda, Linde, Line, Ro, Rösle, Rösli, Rosa, Rosy.

Rosana, Rosane. Auch **Rosanna, Rosanne:** munter und fröhlich. In Italien auch Rossana. Zusammengesetzt aus → Rosa und → Anna. Abkürzungen: Ana, Anna, Ro, Rösle, Rösli, Rosa, Rosi, Rosy, Sanna, Sanne.

Rosella, Roselle: in Italien beliebter Kosename von → Rosa. Aus dem Lateinischen. Bedeutung: Rose. Abkürzungen: Ela, Ella, Elli, Ro, Rösle, Rosa, Rose, Roseli, Rosy.

WELCHE NAMEN SIND ERLAUBT?

Bei der Eintragung durch den Standesbeamten gibt es dann Schwierigkeiten, wenn der gewünschte Vorname
- Anstoß erregt und die Persönlichkeitsrechte des Kindes verletzen könnte oder
- eine lächerliche Wirkung erzielt oder
- äußerliches Zeichen einer extremen Gesinnung ist oder
- das Geschlecht des Kindes nicht klar erkennen lässt. Soll das Kind einen Namen tragen, der sowohl für Mädchen als auch für Jungen in Frage kommt, beispielsweise Kim oder Kai, dann muss ein eindeutiger Zweitname hinzugefügt werden.

Innerhalb des gestatteten Rahmens können Eltern allerdings neue Namen suchen oder bekannte und gebräuchliche Namen nach Gutdünken abwandeln. Eine Freiheit, von der zunehmend mehr Mütter und Väter Gebrauch machen.

Rosemaria, Rosemarie: zusammengesetzt aus → Rosa und → Maria, Marie. Vor Jahrzehnten sehr gefragt. Abkürzungen: Maria, Marie, Mary, Mirl, Ro, Rösle, Rösli, Romi, Romy, Rosa, Rose, Rosi, Rosy.

Rosetta, Rosette: aus Italien und Frankreich. Hergeleitet von → Rosa. Bedeutung: kleine Rose. Abkürzungen: Etta, Ro, Rösle, Rösli, Rosa, Rose, Rosi, Rosy.

Rosina, Rosine: in Italien recht bekannt. Verniedlichung von → Rosa. Aus dem Lateinischen. Bedeutung: Rose. 18. Jh.: In der Oper »Figaros Hochzeit« von Wolfgang Amadeus Mozart mischt eine Rosina mit. 19. Jh.: In der Oper »Der Barbier von Sevilla« von Gioachino Rossini taucht erneut eine Rosina auf. Abkürzungen: Ina, Ro, Rösle, Rösli, Romi, Romy, Rosa, Rose, Rosi, Rosy, Sina.

Roswitha, Roswita: aus dem Althochdeutschen. Bedeutung: Ruhm und stark. 10. Jh.: Roswitha, Tochter des Herzogs von Sachsen, dichtete als erste Frau in lateinischer Sprache. War außerdem erste Dramatikerin des Mittelalters. Abkürzungen: Ro, Rösle, Rösli, Rosa, Rose, Rosi, Rosy, Wit, Witta.

Roxana, Roxane. Auch **Roxanne:** originell. Aus dem Persischen. Bedeutung: die Glänzende. Abkürzungen: Ana, Roxa, Roxie, Roxy, Roya.

Rubina: erinnert an einen rot leuchtenden Edelstein, den Rubin. Aus dem Lateinischen. Bedeutung: die Rote. Abkürzungen: Bina, Bine, Rubi, Ruby.

Rufina: weibliche Form von Rufinus. Aus dem Lateinischen. Bedeutung: die Rothaarige. Abkürzungen: Fina, Fine, Rudi, Rudy, Runa, Rune.

Ruperta: ungewohnt. Weibliche Form von Rupert. Aus dem Althochdeutschen. Bedeutung: Ruhm und glänzend. Abkürzungen: Etta, Petia, Tina, Tine.

Rupertina, Rupertine: Verkleinerung von → Ruperta.

Ruth. Auch **Rut:** kurz, prägnant. Passt immer. 19./20. Jh.: Die Anthropologin Ruth Fulton Benedict unternahm viele Reisen, um fremde Kulturen kennen zu lernen und miteinander zu vergleichen. 20./21. Jh.: Eine Ruth, die vielen ans Herz gewachsen ist: die aus dem Fernsehen bekannte Ruth Drexel, mit Leib und Seele Volksschauspielerin.

Sabeth: Kurzform von → Elisabeth. Aus dem Hebräischen. Bedeutung: die Gott verehrt. Abkürzungen: Betsy, Betty.

Sabine, Sabina: ein Klassiker. Aus dem Lateinischen. Erinnert an das Geschlecht der Sabiner. 8. Jh.v.Chr.: Wer kennt nicht die Geschichte vom Raub der Sabinerinnen, angeordnet von Romulus, um den Frauenmangel in der von ihm neu gegründeten Stadt Rom zu beheben? 1. Jh.: Die reiche Witwe Sabina von Rom muss für ihren Glauben sterben. Namenstag: 29. August. 15./16. Jh.: Sabina von Bayern, Nichte Kaiser Maximilians, wurde nach ihrem sechsten Geburtstag aus politischen Erwägungen mit Ulrich von Württemberg verlobt. Nach einer fünfzehnjährigen Verlobungszeit fand mit großem Pomp die Hochzeit auch statt. Später entfleuchte Sabina dieser Zwangsehe allerdings. Abkürzungen: Bi, Bina, Bine, Sabi, Sally.

Sabrina: vor Jahrzehnten in Mode, flaute das Interesse bald ab. Aus dem Englischen. Hinweis auf eine märchenhafte Königstochter, die in eine Nymphe verwandelt wurde. 20. Jh.: Zwei zu Herzen gehende Hollywoodfilme heißen »Sabrina«. Einmal erlebt Audrey Hepburn als Sabrina eine hochromantische Liebesgeschichte, im Remake dann Julia Ormond, und natürlich finden beide nach einigen Umwegen ihr Glück. In Frankreich: Sabrine. Abkürzungen: Bi, Bina, Bine, Ina, Rina.

Sadie, Saddie: aus Amerika eingewandert. Kurzform von → Sarah, Sara. Aus dem Hebräischen. Bedeutung: Fürstin.

Salena: angenehm im Klang. Vor allem in englischsprachigen Ländern bekannt. Gilt als Variante von → Selene. Aus dem Griechischen. Bedeutung: Mond. Der Name soll sich auf die Mondgöttin Selene in der griechischen Mythologie beziehen. Abkürzungen: Lena, Lene, Sadie, Sally.

Salina: verwandt mit → Salena. Vor allem in englischsprachigen Ländern bekannt. Gilt als Variante von → Selena. Aus

S

dem Griechischen. Bedeutung: Mond. Abkürzungen: Lina, Line, Sadie, Sally.

Sally: locker, lässig, modern. Vor allem in England und Amerika beliebt. Kurzform von → Sarah. Aus dem Hebräischen. Bedeutung: Fürstin. 20. Jh.: Wer kennt die Hollywoodkomödie »Harry und Sally« noch? Zwei Liebende wollen zueinanderkommen, schaffen es allerdings erst nach etlichen Irrungen und Wirrungen.

Salma: ein arabischer Name. Auch als → Selma bekannt. 20./21. Jh.: Die Schauspielerin Salma Hayek, aus etlichen Hollywoodproduktionen bekannt, ist sicherlich die berühmteste Trägerin dieses Namens.

Salome. Auch **Salomea:** anspruchsvoller biblischer Name. Aus dem Griechischen. Weibliche Form von Salomon. Bedeutung: die Friedliche. Die berühmteste Salome soll alles andere als friedlich gewesen sein: Sie forderte das Haupt von Johannes dem Täufer als Lohn für einen Tanz. Stoff für ein Theaterstück von Oscar Wilde und eine Oper von Richard Strauss. Abkürzungen: Lola, Lollo, Mea, Sala, Sasa.

Samantha, Samanta: zunehmend beliebt. Aus dem Hebräischen. Bedeutung: die Zuhörerin. Die Reihe bekannter Schauspielerinnen mit diesem Namen ist lang, ein Hinweis darauf, wie populär der Name ist, besonders in den USA. Abkürzungen: Ana, Mata, Matha.

Samina: ziemlich neu. Wahrscheinlich als Weiterbildung von Sam oder Sammy zu verstehen, Kurzformen von Samuel. Aus dem Hebräischen. Bedeutung: Gott ist erhaben. Abkürzungen: Mina, Mine, Sasa, Sima.

Samira: passt überall in die Landschaft und ist deshalb recht beliebt. Weibliche Variante von Samir. Aus dem Arabischen. Bedeutung: unterhaltsame Begleiterin oder Freundin der Nacht. 20./21. Jh.: Samira Makhmalbaf, 1980 in Iran geboren, war mit ihrem Film »Schwarze Tafeln«, für den sie auch das Drehbuch schrieb, als jüngste Regisseurin aller Zeiten im Jahr 2000 beim Filmfestival in Cannes vertreten. Abkürzungen: Mia, Mira, Sami, Sammy, Samy.

Sandra: unkompliziert. Einfach in der Schreibweise. Italienische Kurzform von → Alexandra, die übernommen wurde.

Aus dem Griechischen. Bedeutung: schützen, verteidigen und Mann. 20./21. Jh.: Die Schauspielerin Sandra Bullock macht Karriere in Hollywood. Weitere Namensformen: Sandria, Sandrina, Sandrine; in England: Zandra. Abkürzungen: Andy, Ria, Sandy, Sani, Sanja.

Sandrina, Sandrine: abgeleitet von → Sandra, ursprünglich Kurzformen von → Alexandra, hergeleitet von Alexander. Aus dem Griechischen. Bedeutung: schützen, verteidigen und Mann. 18. Jh.: In der Oper »Die Gärtnerin aus Liebe« von Wolfgang Amadeus Mozart verkleidet sich → Violante als Gärtnerin Sandrina. Mit diesem Verkleidungsspektakel beginnt ein aufregendes Verwirrspiel, das ein glückliches Ende nimmt. Abkürzungen: Andy, Ina, Sandy.

Sandy: kurz, unkompliziert. Überall verständlich. Ursprünglich Kurzform von → Alexandra. Aus dem Griechischen. Bedeutung: schützen, verteidigen und Mann.

Sanja: freundlich. Ein wohlklingender, unkomplizierter Zweisilber. Aus dem Russischen. Kosename zu → Alexandra. Aus dem Griechischen. Bedeutung: schützen, verteidigen und Mann. Ähnlich: Sanya.

NAMENSÄNDERUNG – DURCHAUS MÖGLICH

Unser Kind muss mit dem Namen durchs Leben gehen, den wir ihm geben – an dieser Verantwortung tragen manche Eltern schwer. Natürlich wird der Name später stark mit dem Ich Ihres Kindes verwachsen sein und es wird eine Bindung daran haben, selbst wenn ihm dieser Name missfällt. Aber kein Mensch ist gezwungen, einen ungeliebten Namen lebenslang mit sich herumzutragen. Ein Vorname lässt sich nämlich ändern. Und wie? Voraussetzungen dafür sind

- ein polizeiliches Führungszeugnis,
- eine beglaubigte Abschrift des Familienbuchs,
- möglichst ein psychologisches Attest mit der – glaubwürdigen – Begründung, warum der Antragsteller unter seinem Vornamen leidet.

Weitere Informationen erhalten Sie beim Standesamt.

Sanna, Sanne: frisch, munter. Eine Kurzform, die sich verselbstständigt hat. Abgeleitet von → Susanna. Aus dem Griechischen. Bedeutung: Lilie.

Saphira: ein biblischer Name. Aus dem Hebräischen. Bedeutung: die Schöne. Natürlich erinnert dieser Name an den blauen Edelstein Saphir. Abkürzungen: Ira, Pia, Ria.

Sarah, Sara: einfach, klar. Seit Langem äußerst beliebt. Ein biblischer Name. Aus dem Hebräischen. Bedeutung: Fürstin. Laut Bibel ist Sara die Frau Abrahams und damit die Stammmutter Israels. Namenstag: 9. Oktober. 20. Jh.: Aus Liebe zur Natur begann Sarah Kirsch mit einer Forstarbeiterlehre, studierte Biologie, wurde schließlich Dichterin und knüpft in ihren spröden, manchmal märchenhaften, archaischen Gedichten wieder an die Liebe zur Natur an.

Sarina: verständlich, einfache Schreibweise. Als Kosename zu → Sara entstanden. Aus dem Hebräischen. Bedeutung: Fürstin. Abkürzungen: Ina, Rina, Sara.

Sarita: kraft- und temperamentvoll. Aus Spanien. Angelehnt an → Sarah, Sara. Aus dem Hebräischen. Bedeutung: Fürstin. Abkürzungen: Ita, Rita, Sara.

Sascha. Auch **Sasha:** männlicher und weiblicher Vorname zugleich. Kosenamen zu → Alexandra. Aus dem Griechischen. Bedeutung: schützen, verteidigen und Mann.

Saskia: seit Jahrhunderten vor allem in den Niederlanden bekannt. Bedeutung: die Sächsin. 17. Jh.: Der Name wurde bekannt durch die attraktive Saskia van Uylenburgh, Ehefrau des holländischen Malers Rembrandt, und die Bilder, die dieser von ihr gemalt hat. Nach ihr wurde sogar ein Stern benannt. Abkürzungen: Kia, Kija, Sasa, Sassa.

Savina: in Italien bekannte Form von → Sabina. Aus dem Lateinischen. Bedeutung: aus dem Geschlecht der Sabiner. Abkürzungen: Ina, Sasa.

Scarlett. Auch **Scarlet:** aus dem Englischen/Amerikanischen. Bedeutung: scharlachrot. 19. Jh.: Ein Star unter allen weiblichen Romanheldinnen ist die Südstaatlerin Scarlett O'Hara in dem Filmklassiker »Vom Winde verweht« nach dem gleichnamigen Roman von Margaret Mitchell, der zur Zeit des amerikanischen Bürgerkriegs spielt und mit zehn Oscars ausgezeichnet wurde. 20./21. Jh.: Scarlett Johansson, eine junge, außergewöhnliche Hollywoodgröße mit frühen Erfolgen. Abkürzungen: Cara, Cata, Eta, Etta, Sally, Scady, Skady.

Sebastiane: traditionell, angelehnt an Sebastian. Im 18. Jh. populärer, als weibliche Formen männlicher Vornamen besonders gefragt waren. Aus dem Griechischen. Bedeutung: erhaben. Kosenamen: → Bastienne, Sebastina. Abkürzungen: Jana, Sana, Sasa, Tina, Tine.

Selena, Selene: klangvoll und doch einfach in der Schreibweise. Vielleicht deshalb beliebt. In englischsprachigen Ländern bekannter als in deutschsprachigen. Aus dem Griechischen. Der Name erinnert an die aus der Mythologie bekannte Mondgöttin Selene. Eine weitere Namensform: Seline. Abkürzungen: Lena, Lene.

Selia: vor allem in englischsprachigen Ländern bekannt. Verwandt mit → Celia, → Cäcilia. Aus dem Lateinischen. Hinweis auf die römische Familie der Cäcilier. Abkürzungen: Ela, Ella, Lia.

Selina, Seline: ansprechend, unkompliziert. Passt überall. International. Aus dem Griechischen. Der Name erinnert an die aus der griechischen Mythologie bekannte Mondgöttin Selene. Oder eine Variante von Namen wie → Celina oder → Marcelina. Abkürzungen: Lina, Line.

Selinda: verwandt mit → Selina. Aus dem Griechischen. Erinnert an die aus der Mythologie beschriebene Mondgöttin Selene. Oder eine Variante von Namen wie → Celina oder → Marcelina. Abkürzungen: Linda, Linde.

Selma: ein Name mit unterschiedlichen Wurzeln. Zum ersten gilt er als Kurzform von → Anselma. Aus dem Althochdeutschen. Bedeutung: Gott und Helm. Zum zweiten ist er ein arabischer Name, ebenso wie → Salma. 19./20. Jh.: Die schwedische Schriftstellerin Selma Lagerlöf ist besonders beeindruckend und musste sich ihren Erfolg hart erkämpfen. Wurde als erste Frau in die Schwedische Akademie gewählt, jene Organisation, die jährlich den Literaturnobelpreisträger bestimmt. Erhielt 1909 selbst den Literaturnobelpreis. Vermutlich vielen aus der eigenen Kindheit bekannt als Erfinderin von Nils Holgersson.

S

Senta: im Süden bekannter als im Norden. Verwandt mit → Vinzenz. Aus dem Lateinischen. Bedeutung: siegen.

Serafina, Serafine. Auch **Seraphina, Seraphine:** märchen- und mädchenhaft. Ein seltener Klassiker. Weibliche Form von Serafin, Seraphin. Abkürzungen: Efa, Fina, Fine, Kina.

Serena: weibliche Form von Serenus. Aus dem Lateinischen. Bedeutung: heiter. Abkürzungen: Ena, Rena.

Severa: weibliche Form von Severus. Aus dem Lateinischen. Bedeutung: ernst. Abkürzung: Vera.

Severina, Severine: Kosenamen entstanden aus → Severa, weibliche Form von Severus. Aus dem Lateinischen. Bedeutung: ernst. Abkürzungen: Ina, Vera.

Shakira: aus dem Arabischen. Bedeutung: dankbar. 20./21. Jh.: Die kolumbianische Songschreiberin, Pop- und Rocksängerin Shakira gilt inzwischen weltweit als großer Star. Abkürzungen: Ira, Kira, Kyra.

Sheila: in englischsprachigen Ländern bekannter als im deutschsprachigen Raum. Hergeleitet vom irischen Vornamen Sile, der mit → Cäcilie verwandt ist. Aus dem Lateinischen. Hinweis auf die römische Familie der Cäcilier. Eine Variante: Sheela. Abkürzungen: Eila, Ela.

Shirley: aus England und Amerika. Bezieht sich auf einen englischen Familien- und Ortsnamen 20./21. Jh.: Der Name kam und kommt durch viele Stars und Sternchen ins Gespräch, zum Beispiel durch Shirley Temple, die schon als Kinderstar ihre Karriere startete. Durch Shirley Bassey, britische Sängerin, die u. a. die Titelmelodie zu dem James-Bond-Film »Goldfinger« sang. Durch Shirley MacLaine. Wer kennt nicht den Klassiker → Irma la Douce mit ihr in der Hauptrolle? Abkürzungen: Leyla, Lia.

Sibylla, Sibylle. Auch **Sibilla, Sibille:** ein Klassiker. Aus dem Griechischen. Der Name aus der Mythologie weist auf die Sibyllen hin, gottbegeisterte Frauen, die die Zukunft verkündeten. 17./18. Jh.: Anna Maria Sybille Merian, eine herausragende Naturforscherin, außerdem eigenständig und wagemutig. Und das nicht nur als Forscherin, sondern auch als Künstlerin. So hat sie wunderbare Kupferstiche von Pflanzen hinterlassen: förmlich ganze Bildbände. Abenteuerlich für ihre Zeit: Sie reiste in das südamerikanische Surinam, um dort zu forschen und zu malen. Varianten: Sybilla, Sybille, Sibyl, Sybil, Sybill. Abkürzungen: Billa, Bille, Billie, Bylla.

Sidonia, Sidonie: zeitlos, aber heute nicht unbedingt mitten im Blickfeld. Aus dem Lateinischen. Bedeutung: Frau aus Sidon. 18./19. Jh.: Sidonie hieß zum Beispiel die Schwester des romantischen Dichters Novalis. Abkürzungen: Donna, Ona, Sida, Sita, Sitta, Tona, Tonia.

Sieglind, Sieglinde. Auch **Siglind, Siglinde:** ein alter Name. Aus dem Althochdeutschen. Bedeutung: mild und Schild aus Lindenholz. Die Mutter des Nibelungenheldes Siegfried heißt Sieglinde. Auch bei Richard Wagner taucht dieser Name in der » Walküre« auf. Abkürzungen: Linda, Linde, Siggi, Siri.

Siegrid, Sigrid: traditionell. Ein nordischer Name. Bedeutung: Sieg und schön. In nordischen Sagen taucht eine geheimnisvolle und selbstbewusste Sigrid auf, »die Stolze« genannt, Tochter eines kühnen Wikingers. Sie soll erst mit König Erik dem Siegreichen verheiratet gewesen sein, später mit König Sven Gabelbart. Vielleicht war sie doch eine reale Person. Abkürzungen: Grid, Grit, Siggi, Siri.

Signe: hergeleitet von Signild. Aus dem Nordischen. Bedeutung: Sieg und Kampf.

Silja. Auch **Silia:** frisch wie eine nördliche Brise. Vor allem in Finnland, Schweden, Friesland bekannt. Kurzformen von Cäcilia. Aus dem Lateinischen. Erinnert an das römische Geschlecht der Cäcilier. Abkürzungen: Illa, Ille, Siri.

Silka, Silke. Auch **Sylke:** vor Jahren sehr beliebt. Die Liste berühmter Namensträgerinnen ist entsprechend lang. Verwandt mit → Cäcilie. Aus dem Lateinischen. Hinweis auf das römische Geschlecht der Cäcilier.

Silva. Auch **Sylva:** zeitlos, angenehm im Klang. Passt immer und überall. Das weibliche Pendant zu Silvius. Aus dem Lateinischen. Bedeutung: Wald. Abkürzungen: Illa, Ille, Siri.

Silvana. Auch **Sylvana:** eindrucksvoll, aber nicht abgehoben. Passt überall. Aus Italien. Die weibliche Form von Silvius. Aus dem Lateinischen. Bedeutung: Wald. 4. Jh.: Aus dieser Zeit ist eine Märtyrerin namens Silvana bekannt. Namenstag: 28. Februar. 20. Jh.: Die italienische Filmschauspielerin

Silvana Mangnano sorgte dafür, dass aus manchen Filmen ein Klassiker wurde. Abkürzungen: Ana, Cilli, Cilly, Silly, Sina, Siri, Vana.

Silvia, Sylvia: weibliche Form von Silvius. Aus dem Lateinischen. Bedeutung: Wald. In der römischen Mythologie ist von einer jungen, schönen Königstochter mit Namen Rhea Silvia die Rede. Laut Legende wurde ihr Vater von seinem Bruder abgesetzt, ihre Brüder wurden getötet und sie wurde gezwungen, Vestalin (Priesterin) zu werden. Der Grund: Sie sollte keine Nachkommen haben, die Rache üben könnten. Doch der Gott Mars verführte Rhea Silvia, und sie brachte Zwillinge zur Welt: Romulus und Remus, die Begründer der Stadt Rom. 20./21.: Die schwedische Königin Silvia ist nicht nur in ihrem Land beliebt. In Frankreich: Silvie, Sylvie; in Russland: Silvija. Abkürzungen: Lia, Silvi, Silvie, Sina, Sira, Siri, Sylvi, Sylvie, Vana, Viv, Vivi.

Silviana, Silviane. Auch **Sylvianana, Sylviane:** angenehm im Klang. Eine Weiterführung von → Silvia. Aus dem Lateinischen. Bedeutung: Wald. Abkürzungen: Ana, Ina, Lana, Lia, Silvi, Sira, Siri, Sylvie, Vana, Viv, Vivi.

Silvina, Silvine: Weiterführung von → Silvia. Aus dem Lateinischen. Bedeutung: Wald. Abkürzungen: Ina, Silvi, Sinje, Sylvie, Viv, Vivi.

Simona, Simone: angenehm im Klang, ansprechend. Vor einigen Jahrzehnten noch beliebter als heute. Weibliche Form von Simon. Aus dem Hebräischen. Bedeutung: Erhörung. 20. Jh.: Bereits zu Lebzeiten erregte die Schriftstellerin Simone de Beauvoir viel Aufmerksamkeit. Die Pariser »höhere Tochter« machte sich für ein selbstbestimmtes Frauenleben stark. Engagierte sich auch politisch. War Lebensgefährtin von Jean-Paul Sartre. Kosenamen: Simonetta. Abkürzungen: Mona, Sina, Siri, Siv.

Simonetta, Simonette: eine zärtliche Verkleinerung von → Simone. Aus dem Hebräischen. Bedeutung: Erhörung. Abkürzungen: Eta, Etta, Sina, Sita, Sitta, Siv.

Sina: ein wohlklingender Zweisilber, der überall verstanden wird, immer passt und immer beliebter wird. Eine moderne Kurzform von → Gesina, verwandt mit → Gertrud. Aus dem

Althochdeutschen. Bedeutung: Speer und Zauberkraft oder auch lieb, traut. Weitere Formen: → Sinja, Sinje.

Sinja, Sinje. Auch **Sinia:** unkompliziert, gut verständlich. Kurzform von → Gesina, verwandt mit → Gertrud. Aus dem Althochdeutschen. Bedeutung: Speer und Zauberkraft oder auch lieb, traut.

Sirena: in Italien bekannter als in unseren Breitengraden. Aus dem Griechischen. Der Name erinnert an die Sirenen aus der griechischen Mythologie, die durch ihren betörenden Gesang Seeleute vom richtigen Kurs abbringen wollten. Auch Odysseus musste ihnen trotzen. Abkürzungen: Rena, Sina, Siri.

Siska: attraktiv, modern. Ursprünglich Kurzform von → Franziska. Der Name bezieht sich auf den heiligen Franz von Assisi. Abkürzungen: Ika, Siri.

Sissi, Sissy. Auch **Sisi:** eine Kurzform von Namen wie etwa → Elisabeth, → Cecily oder → Cäcilia. 19. Jh.: Der Name kommt durch die wunderschöne und begabte Elisabeth, Kaiserin von Österreich und Königin von Ungarn, besser bekannt als Sissi oder auch Sisi, ins Gespräch.

Sita, Sitta: ein angenehmer Zweisilber, der sich überall anpasst. Ursprünglich eine Kurzform von Namen wie etwa → Citha, Rosita, Sarita oder → Zita.

Siv, Siw: aus dem Nordischen. Götternamen.

Sixta: kaum bekannt, vielleicht deshalb interessant. Die weibliche Form von Sixtus. Aus dem Griechischen. Bedeutung: die Feine. Kosename: Sixtina.

Sixtina: einschmeichelnder als der kurze Name → Sixta. Aus dem Griechischen. Bedeutung: die Feine. Abkürzungen: Sina, Sira, Sita, Siv, Sixta, Tina, Tine.

Skadi: nicht gerade alltäglich. Ein Name aus der nordischen Mythologie, in der Skadi Tochter eines furchterregenden Riesen ist. Abkürzungen: Ada, Adi, Aja, Kaja.

Sofia, Sofie: → Sophia, Sophie.

Solange: elegant. Aus dem Französischen. Bedeutung: feierlich. Abkürzungen: Lana, Sol.

Solveig: im hohen Norden gefragt. Aus dem Nordischen. Bedeutung: Halle und Kampf. Eine alte Namensform: Solvig. In Henrik Ibsens Drama »Peer Gynt« verliebt sich der Titelheld

S

in eine Solveig, die ihn erst nicht, später aber doch erhört. In Dänemark und Norwegen: Solvejk. Abkürzungen: Sol, Solvei, Solvey, Solvi.

Sonja, Sonya. Auch **Sonia**: zeitlos. Ursprünglich ein russischer Kosename für Sophia. 19. Jh.: In Leo Tolstois Roman »Krieg und Frieden« spielt eine Sonja mit, Cousine der kapriziösen Natascha, die aus Standesdünkel auf ihre große Liebe verzichten muss. Außerdem aus dieser Zeit: Sonja Kowalewskaja, russische Mathematikerin, erste Mathematikprofessorin überhaupt, dazu Frauenrechtlerin und Schriftstellerin. Ihre Kindheitserinnerungen waren ein großer Erfolg. Abkürzungen: Ona, Onja, Sona.

Sophia, Sophie. Auch **Sofia, Sofie**: auf der Hitliste beliebter Namen ganz oben. Ursprünglich ein spanischer Name. Aus dem Griechischen. Bedeutung: Weisheit. Seit Jahrhunderten en vogue. 18. Jh.: Sophie la Roche, war erstaunlich eigenständig und hatte einiges zu melden. War jahrelang Hofdame und Gesellschafterin, bevor sie selbst Kinder bekam. Gab eine Frauenzeitschrift heraus, schrieb Romane und empfing in ihrem Haus Intellektuelle und Künstler, wodurch sie bekannt wurde. → Bettina von Arnim war ihre Enkelin. Johann Wolfgang von Goethe ihr Freund. 20. Jh.: Sophie Scholl: während des Nationalsozialismus im Widerstand, zählte zum engsten Kreis der Münchener Widerstandsgruppe »Weiße Rose«. Wurde denunziert und festgenommen, als sie in der Universität München Flugblätter verteilen wollte, und zusammen mit ihrem Bruder Hans nach einem Eilverfahren im Februar 1943 zum Tode verurteilt und sofort enthauptet. Aus dem 20./21. Jh.: die italienische Schauspielerin Sophia Loren, umwerfend attraktiv. Viele ihrer Filme sind Klassiker geworden. In England: Sophy; in Polen: Zofia. Abkürzungen: Fee, Fi, Fia, Phia, Pia.

Sophinetta, Sophinette: aus Frankreich. Koseform von → Sophia. Aus dem Griechischen. Bedeutung: Weisheit. Abkürzungen: Etta, Sophy.

Stefana, Stephana: weniger bekannt als der beliebte Name Stephanie. Weibliche Formen von Stefan/Stephan. Aus dem Griechischen. Bedeutung: die Bekränzte.

Stefanie, Stephanie, Stephania. Seltener **Stefania, Stefana:** weibliche Formen von Stefan. Aus dem Griechischen. Bedeutung: die Bekränzte. 18./19. Jh.: Stéphanie Louise Adrienne de Beauharnais, eine zarte Schönheit und dazu Adoptivtochter von Napoleon. Später wurde diese Stéphanie die Frau des Erbprinzen von Baden. Geriet bald in den Mittelpunkt von Spekulationen: Lange hielt sich das Gerücht, ihr erstes Kind sei im Babyalter entführt worden und später als Kaspar Hauser wieder aufgetaucht. In Frankreich: Stéphine, Etiennette, Tienette; in Russland: Stefanida. Abkürzungen: Fan, Fani, Fanni, Fanny, Nini, Ninni, Steff, Steffe, Steffi.

Steffi: kurz, erfrischend. Kurzform von → Stephanie. 20./ 21. Jh.: In den vergangenen Jahren war der Name dank der deutschen Tennisspielerin Steffi Graf dauernd aktuell. Jahrelang gewann sie sämtliche Turniere, die man nur gewinnen kann. Inzwischen übernimmt sie zusammen mit ihrem Mann André Agassi viele soziale Aufgaben.

»MEIN NAME IST EIN STÜCK VON MIR!«

Der Vorname ist eng mit der Identität eines Menschen verknüpft. Ob ein Name alltäglich oder extravagant ist, das wirkt sich kaum darauf aus, wie stark sich ein Kind mit ihm identifiziert. Der eigene Vorname gehört zu ihm – so wie sein Kuscheltier oder sein Bilderbuch. Der Name ist eine feste Größe im Leben eines jeden Menschen. Die Frage, »Mag ich meinen Namen eigentlich oder nicht?«, ist eher eine theoretische und stellt sich meistens nur am Rande. Schwierigkeiten können sich allerdings dann ergeben, wenn die Assoziationen, die der eigene Name hervorruft, so gar nicht gefallen wollen:

- Wer möchte denn schon Helena heißen, wenn er der schönen Helena aus dem alten Griechenland kein bisschen gleicht?
- Und wer Gracia, wenn er alles andere als anmutig durchs Leben schwebt?

Solche Brüche können erfahrungsgemäß das Selbstwertgefühl das ganze Leben lang mindern.

Stella: sehr beliebte Kurzform von → Estella. Ursprünglich aus dem Lateinischen. Bedeutung: Stern. 19. Jh.: Der Schriftsteller und Dramatiker George Bernard Shaw führte einen intensiven Briefwechsel mit Beatrice Stella Campbell, einer herausragenden Schauspielerin. 20./21. Jh.: Stella McCartney, Tochter von Paul, Komponist und Sänger der Popgruppe »Beatles«, machte sich als erfolgreiche Modedesignerin einen Namen. Abkürzungen: Ela, Ella, Esta.

Stina, Stine: Ursprünglich Kurzform von → Christina und anderen Vornamen, die mit der Silbe »stina« oder »stine« enden wie etwa → Justina, → Ernestine. Eine seltene Variante: Stintje.

Sulamith: ein alter Name. Aus dem Hebräischen. Bedeutung: die Friedliche. Abkürzungen: Lara, Mina, Su.

Sunna: klingt gut. Passt immer. Aus dem Friesischen. Bedeutung: Sonne. In England: Sunny. Abkürzung: Sun.

Susa: in Italien üblicher als bei uns. Eine melodiöse Kurzform von → Susanna. Aus dem Hebräischen. Bedeutung: Lilie.

Susan: modern, unverbraucht, international. Vor allem in England und Amerika gefragt. Variante von → Susanna. Aus dem Hebräischen. Bedeutung: Lilie. 20./21. Jh.: Weit über die Grenzen der USA hinaus als Intellektuelle bekannt: Susan Sonntag. Erhielt 2003 den Friedenspreis des Deutschen Buchhandels. Dann: Susan Sarandon. Machte in den vergangenen Jahrzehnten in Hollywood eine beachtliche Schauspielkarriere. In Schweden: Susen. Abkürzungen: Sana, Sane, Sanna, Sanne, Sannerl, Sanni, Su, Sue, Susa, Suse, Susi, Suska, Sussu, Suzie.

Susanka: in osteuropäischen Ländern bekannte Form von → Susanna. Aus dem Hebräischen. Bedeutung: Lilie. Abkürzungen: Ana, Anka, Anke, Sana, Sane, Sanna, Sanne, Su, Sue, Susa, Susan, Suse, Susi, Suska, Sussu.

Susanna, Susanne. Auch **Susann:** aus dem Hebräischen. Bedeutung: Lilie. Die Legende von der schönen Susanna im Bade, wobei sie zwei Männer beobachten und bedrängten, führte dazu, dass der Name vom Mittelalter an bis heute immer Anhänger hatte. 18. Jh.: In der Oper »Die Hochzeit des Figaro« von Wolfgang Amadeus Mozart hat eine Susanna, Mündel und Kammerzofe der Gräfin, damit zu tun, den Avancen des Grafen zu entkommen. Schließlich ist sie Figaros Verlobte. Nach etlichen Irrungen wird alles gut. In Frankreich und England: Suzanne; in Spanien: Susana; in Polen: Suzanna; in Ungarn: Zsuska; in Tschechien: Zuzana. Abkürzungen: Sana, Sane, Sanna, Sanne, Sannerl, Sanni, Su, Sue, Susa, Suse, Susi, Suska, Sussu, Suzie.

Suse: beliebte, unkomplizierte Kurzform vorn → Susanna. Passt immer. Aus dem Hebräischen. Bedeutung: Lilie.

Susette, Suzette: fröhlich, liebenswert. Aus Frankreich. Verwandt mit → Susanna. Aus dem Hebräischen. Bedeutung: Lilie. Abkürzungen: Etta, Su, Sue, Suse, Susi, Suzie.

Svana, Svane: → Swana.

Svea: klingt einfach gut, vor allem in norddeutschen Ohren, und ist sicherlich deshalb so beliebt. Aus dem Schwedischen. Bedeutung: die Schwedin.

Svenja, Svenje. Auch **Svenia:** aus dem Nordischen. Weibliche Formen von Sven. Aus dem Nordischen. Bedeutung: der Junge. Auch: Swenia, Swenja. Abkürzungen: Ena, Eni, Jana, Swenni.

Swana, Svana: entstanden aus dem alten Namen Schwanhild oder niederdeutsch Swanhild. Aus dem Althochdeutschen. Bedeutung: Schwan.

Swantje. Auch **Swaantje:** vor allem im Norden beliebt. Aus dem Friesischen. Bezieht sich auf die alten, fast vergessenen Namen Schwanhild oder Swanhild. Aus dem Althochdeutschen. Bedeutung: Schwan. Weitere Namensformen: Schwantje, Swaneke. Abkürzungen: Antje, Wanja.

Swenia, Swenja: → Svenja.

Sybilla, Sybille, Sybil: → Sibylla.

Sylva: → Silva.

Sylvaine: charmant. Aus dem Französischen. Weibliche Form von Silvanus. Aus dem Lateinischen. Bedeutung: Wald. 20./21.Jh.: Sylvaine Ilario, hochbegabte Klaviervirtuosin. Gründete mit Mitgliedern der Wiener Philharmoniker das »Beethoven Ensemble Wien«. Abkürzungen: Silvi, Silvy.

Sylvia: → Silvia.

S

Tabea: hergeleitet vom biblischen Namen → Tabitha. Aus dem Hebräischen. Bedeutung: Gazelle. Auch → Tabitha, Tabita. Abkürzungen: Bea, Tammy.

Tabitha, Tabita: ein alter biblischer Name. Aus dem Hebräischen. Bedeutung: Gazelle. In der Apostelgeschichte wird eine Tabita durch Petrus wieder zum Leben erweckt. Abkürzungen: Bibi, Ita, Tammy, Tara.

Talena: in Friesland und den Niederlanden bekannter Name, verwandt mit → Adelheid. Aus dem Althochdeutschen. Bedeutung: edel. Ähnliche Formen: Talea, Taleja, Taletta. Abkürzungen: Lena, Talia, Tammy, Tara.

Talida: melodiös. Ursprünglich Kosename zu → Adelheid. Aus dem Althochdeutschen. Bedeutung: edel. Abkürzungen: Ida, Lida, Tammy, Tara.

Talina, Taline: verwandt mit → Talida und → Adelheid. Aus dem Althochdeutschen. Bedeutung: edel. Abkürzungen: Lina, Line, Tammy.

Tamara: zeitlos schön. Russischer Name, der bereits im Alten Testament erwähnt ist. Aus dem Hebräischen. Bedeutung: Dattelpalme. Abkürzungen: Mara, Tammy, Tara.

Tamina: ein angenehmer, weicher Dreiklang. Weibliche Form von Tamino. 18. Jh.: Durch die Oper »Die Zauberflöte« von Wolfgang Amadeus Mozart bekannter geworden. Abkürzungen: Mina, Minna, Tammy.

Tammy: flott und frisch. Aus dem Englischen. Häufig Abkürzung von → Tamara. Aus dem Hebräischen. Bedeutung: Dattelpalme. Eine weitere Form: Tami.

Tana: kurz und klar. Kurzform von → Tamara. Aus dem Hebräischen. Bedeutung: Dattelpalme.

Tania. Auch **Tanja, Tanya:** vor Jahrzehnten ein Hit. Kurzform vom russischen → Tatjana. Herkunft ungewiss. 19./20. Jh.: Die bekannte dänische Schriftstellerin → Karen Blixen veröffentlichte viele ihrer Bücher in Deutschland unter dem Pseudonym Tania Blixen. 20./21. Jh.: Tania Aebi umsegelte achtzehnjährig alleine die Welt. Abkürzungen: Ania, Tara.

Tara: ansprechend. Überall verständlich. Ein indischer Name. Bedeutung: Stern.

Tasja, Tassja: dynamisch, frisch. Ursprünglich Kurzformen von → Anastasia. Aus dem Hebräischen. Bedeutung: die Auferstandene.

Tatjana. Auch **Tatiana:** zeitlos. Herkunft ungewiss. Lässt sich vielleicht auf den Sabinerkönig Titus Tatius zurückführen. 19. Jh.: Durch den Dichter Alexander Sergejewitsch Puschkin und seinen Roman in Versen »Eugen Onegin« wurde Tatjana auch in Westeuropa bekannter. Die Liebesgeschichte wurde in der gleichnamigen Oper von Pjotr Iljitsch Tschaikowski noch einmal aufgegriffen und vertont. 20. Jh.: Tatjana hieß auch eine der schönen Töchter des letzten russischen Zaren, Nikolaus II., die zusammen mit ihrer Familie während der Oktoberrevolution 1917 ermordet wurde. In Finnland: Taina; in Serbien und Kroatien: Tajana. Abkürzungen: Iana, Jana, Tania, Tanja.

Teresa, Terese: → Theresa.

Terzia: attraktiv, ausgefallen. Schon bei den alten Römern beliebter Frauenname. Aus dem Lateinischen. Bedeutung: die Dritte. 1. Jh.v.Chr.: Mucia Terzia spielte in Rom als begehrte Heiratskandidatin eine Rolle. Vielleicht geht der Name auf sie zurück.

Tessa. Auch **Tess:** ansprechende Kurzformen von Namen wie → Theresa, → Vanessa oder → Felicitas.

Thea. Auch **Tea:** ansprechende und verselbstständigte Kurzformen von Namen wie etwa → Theresa, → Dorothea oder → Thekla.

Theda. Auch **Teda:** im Norden bekannter als im Süden. Aus dem Niederdeutschen. Verwandt mit friesischen Namen wie etwa Tela, Tele, hergeleitet von → Adelheid. Aus dem Althochdeutschen. Bedeutung: edel.

Thekla. Auch **Tekla:** klingt nach Friesland. Die Namen stammen aber aus dem Griechischen. Bedeutung: Gott und Ehre. Abkürzungen: Ela, Tea, Thea.

Theoda: Kurzform von Namen mit der Anfangssilbe »Theo« wie etwa → Theodora, Theolinde, Theodosia. Abkürzungen: Oda, Thea.

Theodora, Theodore: traditionell. Weibliche Form von Theodor. Aus dem Griechischen. Bedeutung: Gottesgeschenk. 11. Jh.: Theodora III. regierte als Kaiserin das oströmische Reich. 18./19. Jh.: Der Name taucht auch in Weimar auf: Luise Theodora Emilie war die einzige Tochter des berühmten Philosophen Johann Gottfried Herder. In Frankreich: Théodora; in Italien: Teodora; in Russland: Fjodora, Fedora. Abkürzungen: Dora, Thea, Theona.

Theresa, Therese, Teresa, Terese. Auch **Theresia:** ein Klassiker. Aus dem Griechischen. Erinnert an die Insel Thera. 16. Jh.: Die heilige Teresa von Avila. Kirchenlehrerin und Heilige der katholischen Kirche, gehörte dem Karmelitenorden an. Namenstag: 15. Oktober. 18. Jh.: Die mächtige österreichische Herrscherin, Erzherzogin Maria Theresia Königin von Ungarn und Böhmen, wird vom Preußenkönig Friedrich II. anerkennend als »einzig wahrer Mann auf dem Habsburger Thron« bezeichnet. Sie wurde kein Opfer der Habsburger Heiratspolitik, sondern heiratete Franz von Lothringen aus Liebe und bekam eine Menge Kinder. 20. Jh.: Die weltweite Bewunderung galt der Nonne Mutter Teresa, die in Kalkutta gegen Armut und Verzweiflung kämpfte. Erhielt 1979 den Friedensnobelpreis und wurde 2003 von der katholischen Kirche selig gesprochen. Andere Formen: Teres, Theres; in Ungarn: Terka. Kosenamen: Teresina, Teresita. Abkürzungen: Res, Resa, Rese, Reserl, Resl, Terry, Tes, Tessa, Thea, Thesy, Tracie, Tracy.

Thyra. Auch **Tyra:** ein alter, eingängiger Name aus Schweden, inzwischen international. Bezieht sich auf den Donnergott Thor (Wotan). 11. Jh.: Die erste Frau von Harald II., König von England, hieß Thyra. Die Ehe wurde getrennt, weil sie kinderlos blieb.

Tiffany: neueren Datums. Aus dem Englischen. Erinnert an »Frühstück bei Tiffany«, einen Filmklassiker und damit natürlich an die hinreißende Hauptdarstellerin → Audrey Hepburn und ihre großen Rehaugen.

Tilda, Tilde. Auch **Thilda, Thilde:** vor hundert Jahren ein Renner. Ursprünglich Abkürzungen von Namen mit den Endsilben »ilda« wie etwa Klothilda oder → Mathilda.

Tilla. Auch **Tilli, Tilly:** Kurzformen von Namen wie → Ottilie oder → Mathilda.

Tina: eigentlich ein Kosename zu → Christina. Aus dem Lateinischen. Bedeutung: zu Christus gehörend.

Tinka: Kurzform von Kathinka und damit von → Katharina. Aus dem Griechischen. Bedeutung: die Reine.

Tirza: schlicht und eingängig. Aus dem Hebräischen. Bedeutung: Liebreiz. Abkürzungen: Tira, Tissi.

Tiziana: klassisch, gleichzeitig ungewöhnlich. Weibliche Form von Tizianus. Aus dem Lateinischen. Bezieht sich auf einen römischen Familiennamen. Abkürzungen: Issy, Ita, Tissy, Titia, Tizia, Zissy.

Toni, Tony. Auch **Tonie:** Kurzformen vom beliebten Namen → Antonia. Aus dem Lateinischen. Erinnert an eine römischen Familie. 20. Jh.: Die berühmte Tony aus dem Roman »Die Buddenbrooks« von Thomas Mann will im Laufe der Geschichte einfach nicht aus Erfahrung klüger werden. Muss es aber doch. Eine weitere Form: Töny.

Tonia: in Italien gebräuchliche Abwandlung des Namens → Antonia. Aus dem Lateinischen. Hinweis auf ein römisches Geschlecht. Kosenamen: Tonina, Tonja, Tosja.

Tosca, Toska: in Italien üblicher als bei uns. Aus dem Lateinischen. Bedeutung: aus der Toskana. Erinnert an die Oper »Tosca« von Giacomo Puccini. Kosename: Tora.

Tracy, Tracey: im englischen Sprachraum üblicher. Ursprünglich ein Kosename zu → Teresa.

Traude, Traudel. Auch **Traute:** abgeleitet von Namen wie etwa → Gertraud, Hiltraut, Irmtraud oder Rotraud. Eine andere Form: Trauti.

Trixi, Trixie. Auch **Trixy:** eigenständige Kurzformen von → Beatrix. Aus dem Lateinischen. Bedeutung: die Beglückende. Mitte des vorigen Jahrhunderts ein Modename.

Trude, Trudel. Auch **Trudi, Trudy:** abgeleitet von alten Namen wie etwa → Gertrud, Hiltrud oder Irmtrud.

Tyra: → Thyra.

Uda, Ude: verwandt mit → Oda und → Odilia. Aus dem Althochdeutschen. Bedeutung: der Besitz.

Ulla, Ula: ursprünglich Kurzformen von Ursula. Aus dem
Lateinischen. Bedeutung: Bär. Im Schwedischen ist Ulla von
Hulda abgeleitet.

Ulrika, Ulrike. Auch **Ulrica, Ulrice:** aus Dänemark und Schweden. Vor fünfzig, sechzig Jahren sehr in Mode. Weibliche
Form von Ulrich. Aus dem Althochdeutschen. Bedeutung:
das Erbe und reich. 17. Jh.: Königin Ulrike Eleonore von
Schweden überrumpelte nach dem Tode ihres Bruders blitz-
schnell den Senat und ließ sich zur neuen Königin ausrufen.
Dennoch musste sie sich einer Wahl stellen, aber sie gewann.
18. Jh.: Der Name wird in Deutschland bekannter. Eine Stiefschwester des deutschen Dichters und Dramatikers Heinrich
von Kleist hieß Ulrike. 20./21. Jh.: Ulrike Nasse-Meyfahrt
machte sich einen Namen als Hochspringerin und zweifache
Olympiasiegerin. Weitere Formen: Ulricca, Ulricha, Ulrikka,
Ulrikke. Abkürzungen: Rika, Rike, Riken, Ulla.

Uma: eigenwillig und modern. 21. Jh.: US-amerikanische
Schauspielerin Uma Thurman, deren Großmutter für die
schöne Nackte an der Hafenpromenade im schwedischen
Trelleborg Modell stand.

Una: schlicht, eingängig. In England bekannter als bei uns.
Verwandt mit dem irischen → Oona. Aus dem Keltischen.
Bedeutung: die Schönste der Feenköniginnen.

Undine: märchenhaft, verspielt. Aus dem Lateinischen.
Bedeutung: Nixe. Auch die Undine aus der gleichnamigen
Oper von Albert Lortzing und dem Romantiker E. T. A. Hoff-
man ist ein geheimnisvolles Wesen und ähnelt der schönen
Seejungfrau, die so manchen Dichter wie etwa Friedrich de la
Motte Fouqué oder Wilhelm Tieck zum Träumen brachte.
Abkürzungen: Dina, Una.

Ursel: → Ursula.

Ursina, Ursine: vor allem in der Schweiz bekannt. Weibliche Variante von Ursinus. Aus dem Lateinischen. Bedeutung: die Bärenstarke. Kosename: Usetta. Abkürzungen: Ina, Sina, Su, Ulla, Ursel, Uschi.

Ursula, Ursel: mal mehr, mal weniger beliebt im Laufe der Jahrhunderte. Aus dem Lateinischen. Bedeutung: der kleine Bär. 4. Jh.: Der Legende nach unternahm Ursula, eine fromme und tugendsame Bretonin, in Begleitung von zehn Gefährtinnen und elftausend weiteren jungen Frauen eine Pilgerreise nach Rom. Auf dem Rückweg wurde sie in Köln überfallen und musste durch einen Pfeil sterben, weil sie die Liebe eines heidnischen Hunnenprinzen nicht erwiderte. Der Ursulinenorden, der sich vor allem der Erziehung von Mädchen widmet, wurde nach ihr benannt. Außerdem haben viele bedeutende Künstler die Legende der heiligen Ursula dargestellt. Namenstag: 21. Oktober. In Italien: Orsola, Orseline; in Spanien: Ursola; in Frankreich: Ursule; in England: Ursly, Usle; in Ungarn: Orsolya. Kosenamen: Ursulina, Ursuline. Abkürzungen: Ula, Ulla, Ursa, Ursch, Urschel, Ursel, Ursl, Usch, Usche, Uschi.

Ursulina, Ursuline: verwandt mit → Ursula. Aus dem Lateinischen. Bedeutung: der kleine Bär.

Urte, Urthe: selten. Herkunft und Bedeutung ungewiss, eventuell Kurzform zu Dorothea. Andere meinen die baskische Form von Ruth.

Uta, Ute. Auch **Utta:** alter Name, der sich auf → Oda bezieht oder auf die Ute aus dem Nibelungenlied, Mutter von Kriemhild. Ebenfalls bekannt: die Ute aus der Gudrunsage, Mutter von Hagen, der von Greifvögeln geraubt wurde. Im Mittelalter ist der Name nicht selten. 11. Jh.: Eine bildschöne Uta, Gräfin von Meißen. Eine der zwölf Stifterfiguren des Naumburger Doms, im 13. Jh. in Stein gemeißelt und lebensgroß dort aufgestellt. Gehört zu den bedeutendsten plastischen Bildwerken der frühen deutschen Gotik und wird heute noch bewundert. Und ist noch immer populär: In Kreuzworträtseln wird häufig nach einer Figur mit drei Buchstaben im Naumburger Dom gefragt.

Valenta, Valentia: leicht und luftig. Weibliche Variante von Valentin. In Italien zu Hause. Aus dem Lateinischen. Bedeutung: gesund, stark. In Spanien: Valencia. Abkürzungen: Cia, Cissy, Ela, Ella, Ena, Eni, Vally, Vivi.

Valentina, Valentine: mädchenhaft, verspielt. Aus dem Lateinischen. Bedeutung: gesund, stark. Abkürzungen: Ela, Ella, Ena, Eni, Tina, Tine, Vally, Vivi.

Valeria, Valerie: romantisch, fröhlich. Heute wieder sehr gefragt. Weibliche Form von Valerius. Aus dem Lateinischen. Hinweis auf das römische Geschlecht der Valerier. 1. Jh.: Valeria Messalin, die dritte Frau des römischen Kaisers Claudius, die in der Politik mächtig mitmischen wollte, aber schließlich an ihren Machtspielen scheiterte. 3. Jh.: Valeria von Limoges. Der Legende nach soll sie, gerade getauft, ihre Verlobung mit einem heidnischen Herzog gelöst haben. Dafür musste sie sterben. Namenstag: 9. Dezember. 19./20. Jh.: Erzherzogin Marie Valerie Mathilde Amalie von Österreich. Lieblingstochter von Kaiserin Elisabeth, bekannter als → Sissi (oder Sisi). In England: Valery; in Frankreich: Valérie; in Russland: Valerija. Kosename: Valetta. Abkürzungen: Eri, Ria, Vally, Vivi.

Valeriane: seltenere Koseform von → Valeria. Aus dem Lateinischen. Hinweis auf das römisches Geschlecht der Valerier. Abkürzungen: Ria, Vally, Vana, Vivi.

Valeska: attraktiv, aber doch nicht zu ausgefallen. Vor allem in Polen bekannt. Verwandt mit → Valerie. Aus dem Lateinischen. Hinweis auf das römische Geschlecht der Valerier. Weitere Form: Vlaska. Abkürzungen: Elsa, Eska, Leska, Vana.

Vanda: in Italien und Schweden vertraute Form von → Wanda. Bedeutung: die aus dem Wendland.

Vanessa: zeitlos, aus dem Englischen. 18. Jh.: Der englische Schriftsteller Jonathan Swift verfasste das Gedicht »Cadenus und Vanessa«, in dem er verschlüsselt eine geheime Geliebte feiert. 19./20. Jh.: Die englische Malerin und Innenarchitektin Vanessa Bell, ältere Schwester von → Virginia Woolf, gehörte der Bloomsbury Group an, einem Londoner Zirkel von Intellektuellen mit verschiedenen Tätigkeitsfeldern. 20./21. Jh.: Vanessa Redgrave, erfolgreiche englische Schauspielerin, wird seit Langem in Filmen und auf der Bühne bewundert. Abkürzungen: Ana, Ness, Nessie, Vana.

Vera: ein Klassiker. International. Verschiedene Wurzeln: Einmal aus dem Lateinischen. Bedeutung: die Wahrheit. Dann aus dem Russischen. Bedeutung: Glaube. 20./21. Jh.: Vera Lynn, britische Sängerin, war während des 2. Weltkriegs »The Forces' Sweetheart«. Mit dem Lied »Vera« aus dem Album »The Wall« von Pink Floyd wurde ihr ein Denkmal gesetzt. Kosename: Verina.

Verena: ein alter Name, heute noch beliebt. Einfach in der Schreibweise. Aus dem Lateinischen. Bedeutung: die Scheue. 3./4. Jh.: die heilige Verena, einst aus Ägypten in die Schweiz verschlagen, soll als Einsiedlerin in einer Höhle bei Solothurn gelebt und Kranke versorgt haben. Wenn die Nahrung wieder einmal ausging, sollen auf wundersame Weise immer neue Mehlsäcke vor ihrer Tür gestanden haben. Namenstag: 1. September. In Frankreich: Vérène. Abkürzungen: Ena, Eni, Nena, Rena, Vera.

Verona: klangvoll, nicht sehr häufig. Verwandt mit → Veronika. Aus dem Griechischen. Bedeutung: die den Sieg bringt. Manche denken möglicherweise auch an die norditalienische Stadt gleichen Namens. Abkürzungen: Ena, Nena, Ona, Rona, Vera, Vroni.

Veronica, Veronika: zeitlos. Immer gleichermaßen gefragt. Aus dem Griechischen. Bedeutung: die den Sieg bringt. Verwandt mit → Berenike. Der Legende nach soll eine Veronika auf dem Weg nach Golgota (auch Golgatha) Jesus den Schweiß abgewischt haben. Auf diesem Tuch soll der Abdruck des Gesichts zu sehen sein. Namenstag: 4. Februar. In Frankreich: Véronique; in Polen: Weronika. Abkürzungen: Ena, Ica, Ika, Ina, Inka, Nena, Nica, Nice, Ona, Rona, Vera, Vreni, Vrona, Vronerl, Vroni.

Veruschka: zärtlich wie ein Streicheln. Ursprünglich ein russischer Kosename von → Vera. Bedeutung: Glaube.

Vicki oder **Vicky:** frisch, nicht übertrieben. Passt immer. Ursprünglich Kurzform von → Victoria. Aus dem Lateinischen. Bedeutung: siegen. 19./20. Jh.: Die Schriftstellerin Vicki Baum hat mit ihrem erfolgreichen Buch »Menschen im Hotel« auch ihren Vornamen bekannter gemacht.

Victoria, Viktoria: traditionell, einfach zeitlos und einfach beliebt. Aus dem Lateinischen. Bedeutung: siegen. 3. Jh.: Viktoria von Rom, eine reiche, vornehme Jungfrau, wurde von einem verschmähten Liebhaber als Christin verraten und musste wegen ihres Glaubens sterben. Namenstag: 23. Dezember. Später war der Name in Königs- und Fürstenhäusern gefragt, was bei der Bedeutung nicht weiter verwundert. 19./Anfang 20. Jh.: Victoria, Königin von Großbritannien und Irland, Kaiserin von Indien. Im »viktorianischen Zeitalter« (von 1837 bis 1901) herrschte sie über ein Drittel der Menschheit. Glücklich mit ihrem Vetter Albert von Sachsen-Coburg verheiratet, brachte sie neun Kinder zur Welt. Ihre älteste Tochter, die ebenfalls Victoria hieß, heiratete den preußischen Thronfolger Friedrich. Später wurde sie deutsche Kaiserin. 20./21. Jh.: Eine attraktive Prinzessin unserer Zeit, die Königin werden wird: Kronprinzessin Victoria von Schweden. In Frankreich: Victorine. Abkürzungen: Kieke, Tony, Tonya, Vica, Vick, Vicki, Vicky, Vif, Viki, Vita, Viv.

Victorina, Victorine: Weiterbildung von → Viktoria. Aus dem Lateinischen. Bedeutung: siegen. Abkürzungen: Ina, Rina, Vica, Vick, Vicki, Vicky, Vif, Viki, Vita, Viv.

Vida: → Vita.

Vilma: international, doch heute sehr selten. Verwandt mit → Wilma und damit Wilhelm. Aus dem Althochdeutschen. Bedeutung: Wille und Helm.

Vinzenta, Vinzentia: weibliche Form von Vinzenz. Aus dem Lateinischen. Bedeutung: besiegen, siegen. Abkürzungen: Centa, Senta, Vinni, Zenta.

Viola, Violet: heiter wie ein Tanz. In vielen Ländern bekannt. Aus dem Lateinischen. Bedeutung: Veilchen. 16./17. Jh.: Durch die Komödie »Was ihr wollt« von William Shakespeare turnt eine besonders beschwingte Viola. Noch heute eine große Freude, ihr zuzusehen. In England: Violet oder Violett; in Frankreich: Violette, Violaine; in Italien: Violetta; in Spanien auch Violeta. Abkürzungen: Lana, Letta, Ola, Ota, Vi, Vio, Vita, Viv, Vivi.

Violante: wie ein warmer Wind. Weiterbildung von → Viola. Aus dem Lateinischen. Bedeutung: Veilchen. 13./14. Jh.: Violante von Aragon war Königin von Kastilien und deutsche Königin. 17./18. Jh.: Eine Violante Beatrix von Bayern, verheiratet in der Toskana, schrieb Theaterstücke, spielte Cembalo und Flöte, war ganz nebenher Gouverneurin von Siena und brachte die Stadt zum Erblühen. 18. Jh.: In der Oper »Die Gärtnerin aus Liebe« von Wolfgang Amadeus Mozart dreht sich alles um die Marchesa Violante Onesti, unter dem Namen → Sandrina als Gärtnerin verkleidet und natürlich in Liebesnöten, findet schließlich aber ihr Glück. In Frankreich: Violaine. Abkürzungen: Vica, Vio, Vivi.

Violet, Violett: modern, unverbraucht. Englische Variante von → Viola. Aus dem Lateinischen. Bedeutung: Veilchen. Abkürzungen: Eta, Etta, Letta, Vi, Viv, Vivi.

Violetta, Violette. Auch **Violete, Violeta:** vor allem in Italien gebräuchlich. Kosenamen von → Viola, Violet. Aus dem Lateinischen. Bedeutung: Veilchen. 19. Jh.: In der Oper »La Traviata« von Giuseppe Verdi geht es um das Leben und die Liebe einer Kurtisane namens Violetta. Abkürzungen: Letta, Lettie, Letty.

Virginia, Virginie: klassisch. Aus dem Lateinischen. Bezieht sich auf das Geschlecht Virginius. 19. Jh.: Die Italienerin Virginia Oldoini galt als eine der schönsten Prinzessinnen, war Fotomodell und später die Mätresse des französischen Kaisers Napoleon III. 20. Jh.: Virginia Woolf, britische Schriftstellerin von internationalem Ruf. Berühmt war der Jour fixe der Bloomsbury Group, der sie angehörte, einem Intellektuellentreff in London. Außerdem: Angeregt durch ihre Erfahrungen in der Geburtshilfe (sie soll bei 17 000 Geburten anwesend gewesen sein) entwickelte die Ärztin Virginia Apgar ein Bewertungssystem, das fünf entscheidende Merkmale der Gesundheit eines Neugeborenen überprüft. Dieses

V

System wird noch heute weltweit eingesetzt und ist nach ihr benannt. Auf die Frage, warum sie nie geheiratet habe, antwortete sie einmal: »Ich habe keinen Mann gefunden, der kochen kann.« Abkürzungen: Geena, Gina, Ginga, Ginger, Gini, Ginia, Ginny, Vica, Vivi.

Vita: kurz und aussagekräftig. Aus dem Lateinischen. Bedeutung: das Leben. 19./20. Jh.: Vita Sackville-West, englische Schriftstellerin, verzauberte Sissinghurst Castle im Süden Englands, indem sie einen wundervollen Garten anlegen ließ. Inzwischen im Besitz von National Trust und noch heute unbedingt einen Besuch wert.

Vittoria: italienische Form von Viktoria. Aus dem Lateinischen. Bedeutung: siegen. 16. Jh.: Vittoria Colonna, Markgräfin von Pescara, talienische Dichterin, wurde wegen ihrer Klugheit bewundert. Als ihr Mann starb, zog sie sich in verschiedene Klöster zurück. Später war sie in Rom mit Größen ihrer Zeit, beispielsweise mit Michelangelo, befreundet. Abkürzungen: Ria, Vita, Vitta.

Viveca, Vibeka: in Skandinavien gebräuchlich. Weitere Formen: Vivica, Vivika, Viweka. Verwandt mit → Wibke und somit mit Namen, welche die Anfangssilbe »Wig« haben, wie etwa Wigberta, Wigburga. Aus dem Althochdeutschen. Bedeutung: Kampf.

Viviana, Viviane: klassisch. Aus dem Lateinischen. Bedeutung: lebendig. Verwandt mit → Bibiana. Alte Form: Vivina, neuere Form: Vivianne. Abkürzungen: Ana, Anna, Ina, Vi, Vivi.

Vivien: munter, modern. Aus England und aus dem Lateinischen. Bedeutung: lebendig. 20. Jh.: Vivian Leigh, englische Schauspielerin, unvergessen als Scarlett O'Hara in dem verfilmten Bürgerkriegsepos »Vom Winde verweht« nach dem gleichnamigen Roman von Margaret Mitchell. Abkürzungen: Ena, Enna, Vi, Vivi.

Vivienne: luftig und leicht. Eine Weiterentwicklung von → Vivien. Aus dem Lateinischen. Bedeutung: lebendig. 20./21. Jh.: Vivienne Westwood, avantgardistische Modedesignerin mit oft schrillen Impulsen.

Vreni. Auch **Vroni:** Kurzformen von → Veronika. Aus dem Griechischen. Bedeutung: die den Sieg bringt.

Wanda: unkompliziert. Gut zu buchstabieren. International. Slawisch. Bedeutung: die aus dem Wendland. Bekannt geworden durch die Filmkomödie »Ein Fisch namens Wanda«, ein Juwelenraub mit haarsträubenden Verwirrungen. Abkürzungen: Ana, Andy.

Wendela: hergeleitet von Wendel. Weist auf den Stamm der Wandalen hin. Weitere Formen: Wendila, Wendula. Abkürzungen: Dela, Dila, Wendie, Wendy.

Wera: hat verschiedene Wurzeln: einmal aus dem Lateinischen. Bedeutung: Wahrheit. Dann aus dem Russischen. Bedeutung: Glaube.

Wiebke, Wibke: aus dem Norden. Verwandt mit Namen mit der Anfangssilbe »Wig«. Bedeutung im Althochdeutschen: Kampf. Andere Formen: Wibeke, Wipka; in Skandinavien: → Viveca. Abkürzungen: Wika, Wivie.

Wilhelma: verwandt mit Wilhelmina. Aus dem Althochdeutschen. Bedeutung: Wille und Helm. Abkürzungen: Helma, Maja, Willa, Wilma.

Wilhelmina, Wihelmine: im 19. Jh. beliebt. Weibliche Form von Wilhelm. Aus dem Althochdeutschen. Bedeutung: Wille und Helm. 18./19. Jh.: Wilhelmine Gräfin von Lichtenau, offizielle Mätresse des Preußenkönigs Friedrich Wilhelm II. und Mutter von fünf gemeinsamen Kindern. Später schenkte ihr der König ein Schloss und verheiratete sie mit seinem Kammerdiener. Kosename: Minette. Abkürzungen: Helma, Ima, Imma, Ina, Mina, Mine, Minja, Minka, Minna, Wemke, Wilja, Willa, Winda.

Wilma: verwandt mit Wilhelm. Aus dem Althochdeutschen. Bedeutung: Wille und Helm. 20. Jh.: Wilma Rudolph, schwarze US-Amerikanerin, von ihrer Kinderlähmung geheilt, gewann 1960 in Rom als Kurzstreckenläuferin drei olympische Goldmedaillen.

Xaviera: weibliche Form von Xaver. Bezieht sich auf das Schloss in Spanien, aus dem der heilige Xaver stammt. In Frankreich: Xavière. Abkürzung: Xisa.

Xena: kurz und einprägsam. Wird auch als Kurzform von Polyxenia verstanden. Aus dem Griechischen. Bedeutung: viel und Gast.

Xenia: wird langsam immer beliebter. Aus dem Griechischen. Bedeutung: die Gastfreundliche. Gilt auch als Kurzform von Polyxenia. Aus dem Griechischen. Bedeutung: viel und Gast. 20./21.Jh.: Xenia Hausner, begabte Malerin und Fotografin. Eine weitere Form: → Zenia. In Russland: Axinja, Xenja.

Yade: aus dem Türkischen. Bedeutung: das Andenken.

Yaira. Auch → **Jaira:** weibliche Form von Jairus aus dem Neuen Testament. Bedeutung: die Lichtbringende.

Yakira: ausgefallen, besonders, aber nicht zu exotisch. Aus dem Hebräischen. Bedeutung: kostbar. Abkürzungen: Ira, Kira, Yara.

Yamila: aus dem Arabischen. Bedeutung: die Hübsche. Abkürzungen: Mila, Milla, Yana.

Yamina: aus dem Arabischen. Bedeutung: glücklich. Abkürzungen: Mina, Mine.

Yana: andere, seltenere Schreibweise für → Jana. Kurzform so unterschiedlicher Namen wie etwa → Johanna, → Ariana oder → Juliana.

Yanna: originell. Andere Schreibweise von → Janna und damit wahrscheinlich eine Kurzform von Namen wie → Marianne oder → Christiane.

Yannika: Entstanden als weibliche Form von Yannik, verwandt mit Jan, Johannes. Aus dem Hebräischen. Bedeutung: Gott ist gnädig. Abkürzungen: Ika, Yana.

Yara: aus dem Arabischen. Bedeutung: Göttin/Königin des Wassers. Der Name ist aber auch bei den Indianern im Amazonasgebiet bekannt. In Griechenland gilt er als Kurzform von → Irene.

Yasmin, Yasemina, Yasemine: aus dem Türkischen, Persischen, Arabischen. Weist auf die wohlriechende Pflanze Jasmin hin. Abkürzungen: Mina, Mine, Yana.

Yelena: vor allem im Englischen übliche Form von → Jelena. Aus dem Griechischen. Bedeutung: die Strahlende. Abkürzungen: Lena, Yella.

Yella, Yelle: vor allem in den Niederlanden und in Friesland bekannt. Abgeleitet von dem Namen Jael, einem biblischen Namen, sagen manche. Bedeutung: Steinbock oder Bergziege. Andere sehen darin einen Kosenamen, abgeleitet von → Gabriele, der weiblichen Form von Gabriel. Aus dem Hebräischen. Bedeutung: Mann Gottes.

Yolanda, Yolande: vielleicht aus dem Germanischen, vielleicht auch aus dem Altfranzösischen – noch weiß es keiner wirklich. Manche sagen sogar, der Name stamme aus Griechenland. Bedeutung dann: Veilchen. 13. Jh.: Yolanda, Tochter des Grafen Heinrich I., auf Schloss Vianden geboren. Der Legende nach wollte sie bereits als Neunjährige anlässlich eines Besuchs bei ihrer Tante im Kloster bleiben. Hat später ihr Vorhaben verwirklicht und wurde Priorin des Klosters Marienthal. Abkürzungen: Lana, Lany, Yola.

Yvetta, Yvette: weibliche Varianten der Namen Yves, Ivo. Aus dem Althochdeutschen. Bedeutung: Eibe. Abkürzungen: Eta, Etta, Yva, Yvi.

Yvonne: → Ivonne.

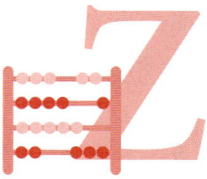

Zahra: aus dem Arabischen. Bedeutung: blühen.

Zäcilia, Zäcilie. Auch **Zäzilia, Zäzilie:** traditionell. Aus dem Lateinischen. Hinweis auf das Geschlecht der Caecilier. Abkürzungen: Celia, Cessie, Cia, Cilia, Cilja, Cilla, Cilli, Cillia, Cillie, Cillja, Cilly, Lia, Lil, Lilia, Lilja, Lill, Silia, Zilia, Zilja, Zilla, Zilli.

Zandra: ungewöhnliche, seltene Schreibweise, verwandt mit → Sandra und → Alexandra, hergeleitet von Alexander. Aus dem Griechischen. Bedeutung: schützen, verteidigen und Mann. Abkürzungen: Ana, Andy, Ria.

Zara, Zarah: verwandt mit → Sara. Aus dem Hebräischen. Bedeutung: Fürstin. 20. Jh.: Die schwedische Sängerin Zarah Leander, deren unverwechselbar tiefe Stimme heute noch manche im Ohr haben, feierte viele Triumphe.

Zelia: originell. Lautmalerei mit drei verschiedenen Vokalen. Von Zelos. Aus dem Griechischen. Bezieht sich wahrscheinlich auf den Gott Zelios.

Zelda: aus England. Kurzform von Griselda. Aus dem Althochdeutschen. Bedeutung: grau und Held. Abkürzungen: Ela, Ella.

Zelma: verwandt mit → Selma. Kurzform von → Anselma, der weiblichen Form von Anselm. Aus dem Althochdeutschen. Bedeutung: Gott und Helm.

Zena: in England bekannter. Kurzform von → Zenobia. Erinnert an die Königin von Palmyrene.

Zenia: eine andere Schreibweise von → Xenia. Aus dem Griechischen. Bedeutung: die Gastfreundliche, viel und Gast. Abkürzungen: Ena, Nia.

Zenobia: extravagant. Erinnert an die Königin von Palmyrene, die Palmyra im 3. Jh. zu einem kulturellen Mittelpunkt machte. In England: Zenab, Zenaida; in Frankreich: Zenobie, Zenaide. Abkürzungen: Nona, Ona, Zena, Zeta.

Zenta: vor allem im Süden bekannt. Kurzform von → Vinzenta oder → Kreszentia. Aus dem Lateinischen. Bedeutung: besiegen, siegen.

Zerlina, Zerline: ursprünglich Kosenamen zu → Marcelina, Marceline, abgeleitet von dem männlichen Vornamen Marcel. Aus dem Lateinischen. Erinnert an ein römisches Geschlecht. 18. Jh.: In der Oper »Don Giovanni« von Wolfgang Amadeus Mozart trägt das Bauernmädchen Zerlina dazu bei, die Machenschaften von Don Giovanni aufzuklären und geht anschließend mit Bräutigam Masetto zufrieden nach Hause. Abkürzungen: Lina, Line, Zeta, Zia.

Zilia: vor allem in Nordspanien bekannte Kurzform von → Zäzilia, Zäzilie. Aus dem Lateinischen. Hinweis auf ein altrömisches Geschlecht. Abkürzungen: Zia, Zylli.

Zinnia: liebenswert. Aus England. Ein Blumenname. Abkürzungen: Nina, Ninni, Zia, Zizzy.

Zita. Auch **Zitta:** kurz, angenehm in Schreibweise und Klang. Aus dem Italienischen. Bedeutung: Glück und das junge Mädchen. Gilt auch als Kurzform von → Felicitas. 13. Jh.: Der Legende nach speiste die damals zwölfjährige Zita Arme gegen den Willen ihrer Herrschaft. Die harten Strafen, die sie als Magd dafür und für andere Wohltaten zu erleiden hatte, betrachtete sie als Prüfung ihres Glaubens. Sie gilt als Schutzpatronin der Haushälterinnen, Hausangestellten und Dienstboten. Namenstag: 27. April.

Zoe, Zoé: recht beliebt. Romantisch. Aus dem Griechischen. Bedeutung: das Leben. 11. Jh.: Eine Kaiserin Zoe regierte damals das oströmische Reich. In Spanien: Zoa.

Zölestina, Zölestine: weibliche Form von Zölestin. Aus dem Lateinischen. Bedeutung: himmlisch. In Italien: Celestina. Abkürzungen: Lina, Line, Stina, Stine, Tina, Tine, Zelia, Zella, Zena, Zoe.

Zora: Kurzform von → Aurora. Aus dem Lateinischen. Bedeutung: Morgenröte. 20. Jh.: »Die rote Zora«, ein packendes Jugendbuch über eine Bande, die kriminell wurde, um zu überleben, und deren oberstes Gebot Solidarität war. Während des 2. Weltkriegs unter dem Pseudonym Kurt Held veröffentlicht und jüngst verfilmt.

Z

Service

Hitlisten im Wandel der Zeit

1890:	1950:	2007:
1. Martha	1. Brigitte	1. Marie
2. Anna	2. Renate	2. Sophie, Sofie
3. Frida/Frieda	3. Karin	3. Maria
4. Berta	4. Angelika	4. Anna, Anne
5. Marie	5. Monika	5. Leonie
6. Emma	6. Ursula	6. Lena
7. Maria	7. Ingrid	7. Johanna
8. Erna	8. Marion	8. Charlotte
9. Margarethe	9. Gisela	9. Hannah, Hanna
10. Elsa	10. Barbara	10. Sophia, Sofia

Derzeit sind die Mädchennamen Amalie, Emma, Luise und Mia auf dem Vormarsch, außerdem Clara und Helene. Es ist die Frage, ob sie es bald unter die Top Ten schaffen werden.

Adressen, die weiterhelfen

- Namensberatung der Universität Leipzig Augustusplatz 10/11 04109 Leipzig Tel.: 09001/887735 (kostenpflichtige Hotline, 1,86 €/Min.)

- Gesellschaft für deutsche Sprache – Sprachberatung – Spiegelgasse 13 65183 Wiesbaden Tel.: 09001/888128 (kostenpflichtige Hotline 1,86 €/Min.)

Im Überblick: Informationen rund um die Namensgebung

Impressum

Programmleitung: Ulrich Ehrlenspiel
Redaktion: Ilona Daiker, Monika Rolle
Lektorat: Rita Maria Güther
Fotos: Vordere Umschlagseite: Marcel Weber
Hintere Umschlagseite: Superbild (links), Picturepress (rechts)
Illustrationen: Isabelle Fischer
Gestaltung und Layout: independent Medien-Design
Herstellung: Markus Plötz
Satz: Filmsatz Schröter, München
Druck und Bindung: Druckerei Auer, Donauwörth

Wichtiger Hinweis:
Die Informationen in diesem Buch wurden von der Autorin nach bestem Wissen erstellt und sorgfältig geprüft. Weder die Autorin noch der Verlag können für eventuelle Nachteile oder Schäden, die aus den im Buch gegebenen Hinweisen resultieren, eine Haftung übernehmen.

ISBN 978-3-8338-1028-2

1. Auflage 2008

GRÄFE
UND
UNZER

Ein Unternehmen der
GANSKE VERLAGSGRUPPE

Umwelthinweis:
Dieses Buch wurde auf chlorfrei gebleichtem Papier gedruckt.
Um Rohstoffe zu sparen, haben wir auf Folienverpackung verzichtet.

Die **GU Homepage** finden Sie im Internet unter **www.gu-online.de**